KB128881

행복은
어디에서
오는가

손봉호 | 전 영 | 강선보 | 우문식 | 노동영
김영순 | 전성수 | 이철원 | 정창우

행복은
어디에서
오는가

학지사

머리말

일찍이 고대 철학자 아리스
토텔레스는 인간이 지향할 궁극적인 가치를 행복한 삶이라고 규정하고,
행복은 삶의 의미이며, 목적이고, 인간 존재의 총체적 이유라고 했다.
같은 맥락에서 긍정심리학자들을 비롯하여 세계 석학들이 모여 '행복은
무엇인가?' '행복은 어디에서 오는가?' '어떻게 하면 더 행복할 수 있을
까?'라는 질문에 대답하고자 끊임없이 연구해 왔다. 같은 문제의식에서
출발하여 각 분야에서 우리 시대를 대표하는 학자들이 한자리에 모여
삶을 가치 있게 바라보고 행복을 실천할 수 있는 행복론을 펼쳐 보인다.

서울대학교 의과대학교수 겸 서울대학교병원 강남센터 원장 노동영
교수는 한국의 대표적인 암 전문가로서 유방암 분야의 세계적인 권위자
로 알려져 있다. 그는 행복에 대한 근원적이고 철학적인 질문을 던진다.
그가 말하는 행복은 바로 마음과 결부되어 있다. 그는 의사로서 환자들
과의 일상을 나누는 일도 서슴지 않으며, 유방암 여성들의 아픔을 덜어
주고자 환우들의 모임인 비너스회를 창립하였다. 특히 그가 매일 답을

5

달고 있는 유방암 Q&A는 4만 5천 건에 달한다. 그의 행복론은 매일 같이 사랑을 실천하면서 얻은 결론이다. 행복은 마음먹기에 달려 있다.

학생들이 짝을 지어 질문하고 대화, 토론, 논쟁하면서 공부하는 방법으로 잘 알려진 유대인의 특별한 교육법인 하브루타를 전국에 확산시키는 데 혁혁한 기여를 한 전 부천대학교 유아교육과 전성수 교수는 '어떻게 하면 행복한 미래가 오는가'라는 명제를 던진다. 그는 성공과 행복을 동시에 해결하는 방법으로 질문과 토론 문화를 정착시키는 데 필요한 행복의 비밀을 구체적으로 제시한다.

한국여가레크리에이션학회장과 한국레저사이언스학회장을 역임한 국내 최고의 여가학 전문가인 연세대학교 이철원 교수는 일상의 삶에서 행복을 자주 경험하는 비법으로 여가 몰입을 제안한다. 그는 여가는 행복의 원천으로 재미, 의미, 리추얼, 환희, 즐거움, 신명, 열락 등과 같은 경험을 잉태시킨다고 주장한다. 행복한 사람이 여가를 잘 보내는 것이 아닌, 여가를 멋지게 보내는 사람이 행복의 문에 들어갈 수 있다.

동덕여자대학교 총장을 역임한 서울대학교 명예교수, 나눔국민운동본부 손봉호 대표는 나눔 문화의 확산과 따뜻한 공동체를 실현하려고 노력하고 있다. 그는 인간은 더불어 사는 존재로서 아무도 혼자서는 행복해질 수 없다고 주장한다. 다른 사람이 도와주는 것이 아무리 작아도 해롭게 해서는 안 된다. 이웃이 나를 행복하게 해 주기를 바란다면 내가 먼저 이웃을 행복하게 해야 한다. 이기적인 욕망을 절제해야 윤리적인 사람이 될 수 있고 이웃을 행복하게 할 수 있다고 역설한다.

현재 인하대학교 교육대학원 원장직을 수행하고 있는 김영순 교수는 모든 사람이 행복해지는 날을 꿈꾸는 '행복 이상주의자'이다. 특히 청년 대학생들이 행복한 사회를 만들기 위해 인하대학교에 한국 최초의 행복학 교양강좌를 개설하여 현재까지 운영해 오고 있다. 그는 한국인만이 지닌 고유의 행복 유전자에 대해 역설한다. 특히 심리학에서 본 한국인 특유의 행복 인식은 행복의 조건을 이해하는 데 매우 유용하다. 우리는 신명과 흥이 나고, 조화와 어울림을 통해 정이 생겨나고 사랑을 나눌 수 있다.

고려대학교 교무부총장을 역임한 고려대학교 사범대학 교육학과 강선보 교수는 인간에게 있어서 삶과 죽음은 큰 의미를 지닌다고 힘주어 말한다. 죽음은 삶의 종말로 끝나는 무위한 것이 아니라 삶에 영향을 미친다. 죽음에 대한 태도 또한 삶에 영향을 미친다. 결국 죽음은 삶에 영향을 미치며, 그 역의 경우도 마찬가지이다. 죽음의 문제가 삶의 문제이고, 삶의 문제가 인간의 문제라면 그것은 결국 행복한 삶, 교육의 문제이므로 교육에서 이를 수용하여야 한다.

서울대학교 인성교육연구센터장을 맡고 있는 서울대학교 윤리교육과 정창우 교수는 행복한 삶의 여정을 위한 준비물이 무엇인가를 질문한다. 이에 대해 그는 나로서 사는 삶이 무엇인지, 무엇을 위해 살아야 할 것인지에 대한 고민을 통해 삶의 목적을 정하는 것이라고 말한다. 진정한 행복은 삶의 목적과 방향을 부여하는 자신의 인생철학에 의해 영위되고 유지된다는 것이다.

월드피스코아카데미대학원 원장 및 교수를 역임한 인하대학교 교육대학원 전영 교수는 '감사하면서 사는 사람이 가장 행복하다.'라는 명제를 던져 놓고 뇌과학과 관련시켜 뿌린 대로 거두는 감사 원리를 오래도록 연구해 온 '행복전도사'로서 '관계'라는 관점에서 행복에 주목한다. 운동을 하면 근육이 생기는 것처럼 행복도 연습하면 내 것이 된다는 확신을 갖고 있다. 매일 일상에서 좋은 일을 찾아내고 감사하는 습관은 우리를 긍정적으로 이끌고 무한한 잠재력을 이끌어 낸다.

2003년 우리나라에 긍정심리학을 처음 도입한 우문식 박사는 안양대학교 교수를 역임하고 안양대학교 사회과학연구소 전문연구위원, 한국긍정심리연구소 소장으로 재직 중이다. 그는 지금까지 추상적이고, 관조적이며, 조건적이고 감정적인 행복이 아닌, 지난 15년 동안 오직 긍정심리학과 행복만을 연구한 학자로서 몸소 실천하고 과학적으로 검증된 행복에 대해 역설한다. 그는 긍정심리학의 행복 연습 도구를 이용해서 누구나 행복을 만들 수 있는 방법까지 알려 준다.

자신의 전문 분야에서 권위를 인정받은 학자들이 내놓은 행복의 가치와 의미가 이토록 다양할진대, 내가 바라는 행복의 모습을 각자 찾아보는 노력이 필요하다.

『행복은 어디에서 오는가』에서는 내가 사는 삶 속에서 인생의 진정한 의미를 깨닫고 그 안에서 나만의 진정한 행복 찾기를 원하는 이들에게 진정한 행복은 무엇이고, 진정한 행복은 어디에서 오고, 어떻게 하면 행복한 미래가 오는가에 대한 질문을 스스로 던지고 그 나름대로 해답을 찾고 행복해지는 방법을 제시하고자 한다.

끝으로 이 책이 나오도록 처음부터 마무리까지 소처럼 우직하게 아낌없는 성원과 보살핌을 주신 '행복연구전문가' 인하대학교 전영 교수, 강선보 교수(고려대), 우문식 교수(안양대), 노동영 교수(서울대), 김영순 교수(인하대), 전성수 교수(前 부천대), 이철원 교수(연세대), 정창우 교수(서울대)님들께 감사의 마음을 전하지 않을 수 없다. 그리고 이 책의 출판을 쾌히 승낙해 주신 학지사 김진환 사장님과 편집부 직원들에게 깊은 감사를 드리며 이 책을 보는 많은 독자분도 하루하루 행복한 삶의 주인공이 되기를 기원한다.

2019년
서울대학교 명예교수
저자 대표 손봉호

01

행복은
마음먹기에 달려 있다

노동영

서울대학교병원 외과 교수, 대한암협회장

암환자 곁에서 나는 행복이 어떻게 시작되는지 깨달았다. 행복은 바로, 마음이 좌우했다. 어떻게 마음을 먹느냐에 행복이 달려 있다. 많은 암환자는 괴로움과 고통을 이기며 행복을 마주했다.

행복은 마음먹기에 달려 있다

행복의 시작

행복. 그 출발은 어디인가.

나는 지난 수십 년간 줄곧 죽음과 싸우는 암환자들을 치료해 왔다. 그들은 암과 완전히 결별하기까지 수많은 불안과 절망, 괴로움과 만났고 이겨 내야 했다. 암환자 곁에서 나는 행복이 어떻게 시작되는지 깨달을 수 있었다. 행복은 바로, 마음에서 좌우했다. 어떻게 마음먹느냐에 행복이 달려 있다. 많은 암환자는 괴로움과 고통을 이기며 행복을 마주했다.

암환자들을 보면서 나는 인간은 정신적 존재임을 체감했다. 아프고 고통스럽게 그것도 오랜 시간 싸워야 하는 암환자들의 육체적인 고통. 그것을 다스리고 지배하며 극복할 수 있는 원동력은 바로 마음과 생각이었다. 암환자들은 암세포와 싸우면서 자기라는 존재의 가치를 깨닫기도 했다. 어떻게 사는 게 진정한 행복인지 깨달으며, 삶을 재무장한다.

내가 만난 유방암 환자의 글을 소개한다. 2001년 어느 날, 그녀는 환우들의 모임인 비너스회 홈페이지에 다음 글을 스스로 올렸다.

2001년 10월 28일 요양병원을 빠져 나가는 남편 차를 바라보며, '이제 나는 저 평범한 인간 세상의 사람들과는 다른 길을 걸어가야 하는 것일까? 다시는 저들과 같은 길을 갈 수는 없겠지.' 하는 생각이 들었다.

퇴원 후 이제 비로소 혼자가 되었다. 병실로 올라와 아직 붕대도 풀지 않은 가슴을 끌어안고 눈물을 삼키며 바라보는 창밖의 단풍은 왜 저리 찬란한지. 여기가 혹시 가을 단풍 구경 하러 내가 놀러 나온 곳이고 나는 지금 꿈을 꾸고 있는 것은 아닐까? 유방암 진단을 받고, 열흘 전 수술 후 내게 다가온 현실은 나치가 등장하는 영화에서 가스실로 끌려가야 할 유대인은 이쪽, 아닌 사람은 저쪽 줄로, 생과 사를 구분했던 것처럼 나도 이제 죽음을 향해서 바로 가야 할 그런 운명의 줄에 세워진 것 같은 그런 심정이었다.

앞으로 건강하게 5년은 살 수 있을까. 얼마 후 칼로 살을 에는 것 같다는 그런 고통 속에 죽어야 하는 것은 아닐까. 몇 년씩 아파 누워서 정신적으로나 경제적으로 가족에게 막대한 피해를 주는 것은 아닐까?

수술 3주 후 선생님께서 이제는 붕대 풀고 샤워를 하라고 하는데도, 한쪽이 완전 절제된 수술 부위 보기가 너무도 두려워서 일주일 정도를 벼르다가 샤워실에서 불을 다 끄고 천천히 어둠 속에서 살펴보았다. 울퉁불퉁 하면서 끔찍하리

01 행복은 마음먹기에 달려 있다

라고 생각했던 것보다는 괜찮았다. 그래, 이게 이제 내 몸이야. 사랑할 거야.

요양병원에서의 4주간은 식생활과 운동, 생활 여건은 다 좋았지만 입원환자가 거의 암환자여서 서로 바라보며 안쓰러운 마음에 우울해지곤 했다.

11월 26일 드디어 항암치료의 두 번째 단계인 주사가 시작되었다. 항암 주사 8차례, 그 후 25회 이상의 방사선 치료 예정이란다. 공포의 빨간 주사약(항암치료자들은 흔히 이렇게 불렀다) 4번. 탁솔 주사약 4번. 병원 대기실에서 만난 선배들이 3시간 후면 신호가 오니까 그 안에 얼른 집으로 가야 한다나.

그날 밤 4시간 정도 지난 후부터 시작된 고통이란…… 온몸의 세포 하나하나가 폭발하는 것 같은 느낌이었다. 밤을 꼬박 새고 구토와 어지러움으로 물만 삼키고 누워서 생각해 보았다. 이대로는 8번의 주사를 감당 못할 것 같았다. 낮에 혼자 집에 있으면서는 육체적 고통과 함께 몰려오는 정신적 방황을 견딜 수 없을 것 같아서 인천에 사는 시누이에게 전화를 걸어 무조건 그 집으로 갈 테니 받아달라고 했다.

그 후로 5번째 항암 주사까지 주사로 고통이 심한 2~3일 후부터는 바로 시누이네로 가서 지냈다. 끼니 때마다 이것저것 식단을 바꾸어서 정성껏 차려 주는 밥상, 아직 외숙모가 아픈 줄 모르는 유치원생과 초등학교 1학년생 두 조카가 잠시도 쉴 틈을 주지 않고 계속 같이 놀자고 매달렸는데 그

것이 정신적, 육체적 고통을 잊게 해 주었다.

3월 중순경 5번째 항암 주사 후 비로소 집으로 돌아왔다. 탁솔 주사약은 약간의 가려움증 외에 별다른 고통이 없어서 견딜만 했다. 저녁 무렵이면 집 뒷산에 오르면서 체력을 키웠다. 낮에는 창가에 앉아서 『로마인 이야기』 등 책 읽는 재미로 하루가 훌쩍 지나가곤 했다.

20여 년의 직장생활, 직장을 그만둔 후 3년여 동안 발병하기 전까지는 다시 다른 직업을 찾아보겠다고 이리저리 헤매느라 학창 생활 이후로 이렇게 아무 생각 없이 책에만 푹 빠져서 살아 본 적이 없었던 것 같다.

지난 4월 초. 평소 기관지가 약해 워낙 감기에 잘 걸리던 터라 무척 조심하였지만 감기와 눈병이 같이 찾아왔다. 눈은 충혈되고 아침에 일어나면서부터 조금만 움직여도 기침이 나와 컨디션도 최악이 되어 버렸다. 한 번은 가래에 피가 조금 섞여 나오는 것을 보고 또 가슴이 철렁 내려앉았다. 눈병과 감기만 나아도 모든 걸 다 감사하게 받아들일 수 있을 것 같았다. 며칠이 지나도 기침이 그치지 않자 남편이 따뜻하고 공기 좋은 곳으로 가야겠다고 제주도로 떠밀었다.

서귀포에서 며칠 머문 후 절물자연휴양림이라는 곳으로 들어갔다. 70여만 평의 숲속에서 밤이면 혼자가 되었지만 기침 때문에 산책도 못하고 베란다까지만 겨우 나갔다. 그때 홀로 켜 본 TV에서 '눈물의 웨딩드레스'라는 제목의 프로그램을 보게 되었다. 결혼식을 이삼일 앞두고 위암으로

01 행복은 마음먹기에 달려 있다

어린 딸을 남겨 두고 떠나는 26세의 젊은 여성 이야기가 닷새간 소개되었다. 홀로 눈물을 줄줄 흘리며 보면서, 그래도 나는 저 주인공보다 20년은 더 살았으니 덜 억울한 것일까? 방 안에서 꼼짝하지 않고 정양한 탓인지 서울로 오기 전날부터 기침이 멈추었다.

마지막 항암 주사를 맞은 5월 중순, 남편이 옆구리에 있던 혹을 제거하기 위해 병원을 찾았는데 의사 선생님은 악성이 아닐 가능성이 높지만 결론은 수술 후 조직 검사를 해야 확실히 알 수 있다고 했다. 그동안 남편도 아닌 척 했으나 속으로는 무척 가슴을 졸였나 보다. 남편이 자신의 종양은 확실히 악성이 아니라고 병원에서 전해 들은 날, 집으로 돌아와서는 대뜸 미국 여행을 다녀오란다.

내 계획으로는 방사선 치료를 마친 후 가을 즈음에, 언니 오빠가 살고 있는 미국에 다녀올까 하고 있었는데 암의 문턱을 넘지는 않았지만 내 심징이 조금은 가슴으로 다가온 것일까. 남편은 막무가내로 미국엘 다녀오라고 야단이었다.

방사선 치료까지는 한 달의 여유가 있었다. 그다음 날 여행사에서 비행기 표를 끊고 3일 후 미국으로 출발했다. 4주 정도의 여행이었는데 서울에서는 내가 암환자라는 것을 가끔 잊어버렸는데 거기서는 이따금씩 내가 암치료 중이라는 사실이 떠올랐다. 환경의 변화가 몸도 마음도 이전의 나로 많이 되돌려 놓은 것 같았다.

7월 4일부터 방사선 치료가 시작되었다. 총 28회. 항암 주사에 비하면 아무것도 아니라지만 그래도 만만치 않다고 대기실에서 선배들이 충고한다. 방사선 조사실에서 "삑" 하는 시작 소리를 들으며 열심히 기도했다. '내가 감당할 수 없는 고통은 내게 없을 것이라고…….'

가슴에 치료 부위를 그렸기 때문에 목욕은 물론 샤워도 금지. 간신히 그림 없는 곳만 물수건으로 살살 닦으면서 뜨거운 여름날들이 지나가기를 기다렸다. 달력에 1회부터 28회까지 횟수를 써보니 8월 13일이 되어야 끝난다. 8월 10일경. 그동안 연락을 않고 지낸 친구에게 전화를 걸어서 13일이면 모든 치료가 끝나니 나를 위한 파티를 해 달라고, 무슨 개선장군이나 된 듯이 말했다. 이것으로 모든 치료가 끝이어야 하는데…….

병원에 갈 때마다 수술한 부위나 다른 부위로 전이되어서 다시 병원을 찾는 사람들을 보면 나 또한 두려움에 가슴을 떨고 며칠씩이나 우울해지곤 했다.

방사선 치료 받은 곳이 빨갛게 변해 가고 땀띠도 나고 몸은 점점 피곤해졌다. 그래도 항암 주사 맞으면서부터 방사선 치료까지, 항암 주사 연기(항암과 방사선 치료 시 피검사를 하면서 몸 상태를 체크한 후 치료 지속 여부를 결정함)는 한 번밖에 없었고 수혈도 받지 않은 채 무사히 긴 터널을 빠져 나왔다.

치료를 받으면서 머리 빠짐, 구토 그리고 어지럼증 등의 육체적 고통은 얼마든지 견딜 수 있었는데 재발에 대한 두

01 행복은 마음먹기에 달려 있다

려움으로 인한 정신적 고통을 극복하는 것이 무척 힘들었다. 아직도 문득문득 '내가 왜? 하필 내가 왜 암에 걸렸나' 하는 생각이 들면 자다가도 벌떡 일어나진다.

질병에 대한 미움 때문에 신문이나 TV 등에서 장수하려면 어찌해야 하고 병에 안 걸리려면 이렇게 해야 한다는 기사를 보면 시선을 돌려 버리게 된다. 이제 건강은 더 이상 나에게는 필요한 주제가 아닌 것 같아서…….

비너스 모임에 나가서 8년, 9년이 지나도록 건강히 살고 있는 선배들을 보면 그렇게 고마울 수가 없다. '나도 저렇게 건강하게 살 수 있을 거야.'라고 다짐해 본다.

10개월간의 긴 여행의 끝, 지금 나는 어디쯤 와 있는지…… 인생의 종착역을 향한 지름길에 와 있는지도 모르겠다. 하지만 우리가 아직 가 보지 않은 길을, 어느 길이 더 좋은 아름다운 길이라고 누가 말할 수 있으랴?

평소 죽음에 대해 준비는커녕 나와는 상관없는 일이라고 생각하곤 했었는데 이제는 죽음이라는 것이 막연히 피할 것이 아니라 당당히 받아들이고 준비하며 살아가야 하는 것이라는 생각이 든다. 죽음에 대해서 많이 생각하고, 준비하고, 나에게 주어진 시간이 얼마만큼인지는 몰라도 예전과 다른 시각으로 인생을 바라보면서 열심히 살리라.

내가 유방암에 걸렸다는 사실을 알린다는 것이 자존심 상하고 약이 오르기도 해서 이 핑계 저 핑계로 피해 왔기 때문에 10개월이 지나도록 친구들이나 후배 중에도 모르는 사람이 더 많다. 이제 조금 여유를 갖게 되니 우선 주위 사람들에게라도 여성으로서 가장 걸리기 쉬운 유방암에 대한 경각심을 주고 조기 발견을 위한 도움을 주기 위해서 나도 그들 앞에 나서야겠다는 생각이다. 솔직히 그간의 사정을 이야기하고 '자가 검진법'도 알려 주는 것이 그동안 내가 찾던, 내가 할 수 있는 사회적 봉사가 아닌가 하는 생각이 든다.

자, 두려움 떨쳐 버리고 이제 일어나야지…….

그녀는 이후 비너스회에서 열심히 활동했고 리더가 됐다. 나와 함께 설악산, 지리산, 한라산, 백두산은 물론이고 알프스, 히말라야 5000m 고산지대까지 환자들을 이끌고 다녀왔다. 지금은 환우들로 구성된 합창단을 데리고 전국을 누비며 희망을 전하고 있다. 몸이 아주 건강해져서 지인들과 여행도 자주 다닌다.

암, 예방이 최선이다

우리나라 세 명 중 한 명이 암에 걸린다는 사실을 알고 있는가. 이제 암은, 특별한 사람이 걸리는 병이 아니다. 다행히 암의 치료 성적은 매년 좋아지고 있어 앞으로는 만성병처럼 다뤄질 것으로 기대한다. 하지만 암은 여전히 불치병으로 받아들여지고, 죽음의 선고처럼 들린다. 환자들은 절망과 공포, 고통 속에서 수많은 악몽에 시달리고 있다.

암을 가장 슬기롭게 맞이하는 방법이 있다. 바로 가장 늦은 나이에, 가장 초기에 발견하는 것이다. 이제부터 가장 늦게 암에 걸리는 방법을 소개할 것이다. 물론 암에 걸리지 않는 방법이기도 하다. 다음 예방 수칙을 잘 읽어 보자.

- 담배를 피우지 말고, 남이 피우는 담배 연기도 피하라.
- 채소와 과일을 충분히 먹고, 다채로운 식단으로 균형 잡힌 식사를 하라.
- 음식을 짜지 않게 먹고, 탄 음식을 먹지 말라.
- 암 예방을 위하여 하루 한두 잔의 소량 음주도 피하라.
- 주 5회 이상, 하루 30분 이상, 땀이 날 정도로 걷거나 운동하라.
- 자신의 체격에 맞는 건강 체중을 유지하라.
- 예방접종 지침에 따라 B형 간염과 자궁경부암 예방접종을 받자.
- 성 매개 감염병에 걸리지 않도록 안전한 성생활을 하라.
- 발암성 물질에 노출되지 않도록 작업장에서 안전 보건 수칙을 지켜라.
- 암 조기 검진 지침에 따라 검진을 빠짐없이 받자.

면역력을 키우라

이 수칙들은 실제로 몸의 면역력도 높다. 인체 시스템이 정상으로 기능하기 위해서는 균형과 조화가 매우 중요하다. 어떤 사람은 특정 생활 습관이나 음식, 영양 성분에 의존하는데, 이것들이 인간의 면역력을 높이는지에 대한 과학적인 근거는 아직 부족한 상황이다. 즉, 면역력을 높이는 특별한 단일 음식이나 방법은 없다고 봐야 할 것이다. 면역력을 높이기 위해서는 무엇보다 올바른 생활 습관이 가장 중요하다. 자기 생활 속에 건강한 습관을 문화화해서 올바른 라이프스타일이 자리 잡도록 노력해야 한다.

면역력, 운동이 최고다

면역력을 유지하는 가장 좋은 방법은 단연 운동이다. 운동은 몸을 건강하게 할 뿐 아니라 활력과 즐거움, 긍정적인 마음도 동반한다. 특히 유산소 운동이 스트레스 호르몬에 영향을 주어 면역력 증강에 도움이 된다는 동물 실험 결과가 많다. 운동이 긍정적인 스트레스로 작용해서 백혈구, 대식세포, 림프구 등을 활성화킨다. 세포매개 면역 반응, 항체 매개 면역 반응과 같은 적응성 면역 반응(adaptive immune response)도 향상시킨다.

림프구는 신체의 전체 면역 반응을 담당해 흔히 면역체계에서 지휘자로 비유된다. 규칙적인 운동은 이러한 림프구 수를 늘려 주고, 자극에 반응하는 반응력을 증가시켜 림프구의 기능을 좋게 만들어 준다.

세계보건기구(WHO)는 건강하기 위해서는 일주일에 최소 600대사활동량(MET-minute)을 활동해야 한다고 권고하고 있다. 이는 일주일에 빨리 걷기 150분이나 달리기 75분과 동일한 활동량이다. 즉, 매일 30분씩 주 5회 정도 운동하면 된다. 이보다 5배는 더 움직여야 만성질환 발병 위험이 낮아진다는 연구도 발표되었다. 결국 활동량이 많을수록 질병에 걸릴 위험도 줄어든다.

면역력은 비만과 영양 상태가 좌우한다

암에 걸리지 않기 위해 주의해야 할 것 중 하나가 고지혈증이다. 동물 실험 모델을 보면, 비만은 면역력을 감소시키는 주된 요인으로 밝혀졌다. 비만은 면역력에 영향을 미치는 만병의 근원이 되기 때문에 콜레스테롤 수치를 낮춰 적절한 체중을 유지하는 것이 매우 중요하다.

단백질과 열량 부족 영양실조(protein-calorie malnutrition) 및 비타민 부족 등 영양 상태 또한 면역력에 심각한 문제를 일으킨다. 특히 고령자는 비타민이 부족하고 영양 상태가 불량할 경우 면역력에 바로 영향을 준다.

영양은 식이로 섭취하는 것이 가장 좋다

여러 역학 연구를 종합해 보면, 과일과 채소를 골고루 자주 먹는 사람은 그렇지 않은 사람보다 암 또는 심혈관 질환 등의 질병이 적다. 또한 비타민 보충제 등이 도움이 된다는 확실한 근거는 없으며, 오히려 과량 섭취가 문제가 되는 경우가 많아 가급적 음식을 통해 섭취하는 것이 좋다. 세계보건기구는 다양한 과일과 채소를 하루에 400g 이상, 색깔이 다른 다섯 가지 과일과 채소를 섭취할 것을 권하고 있다.

스트레스를 받으면 면역세포가 준다

정신적 스트레스 역시 면역력에 영향을 준다. 사고나 상실 등의 정신적 스트레스는 림프세포의 수를 줄이고 활동성에 영향을 미친다. 아울러 숙면을 충분히 취하는 사람과 그렇지 못한 사람에서 면역세포의 수가 다르다. 이렇듯 스트레스 자체가 우리 삶에 미치는 영향은 지대하다.

암, 정기검진이 최선책이다

예방이 보다 암의 근본적인 방책이라면 조기검진은 이차적인 최선책이 될 수 있다. 앞으로 과학이 더욱 많이 발전하여, 조기발견의 가능성을 더욱 높이겠지만, 역시 자신의 신체에 관심을 가지고, 규칙적으로 정기검진을 받아야 한다. 거의 모든 암은 조기에 발견하면 완치에 가까워질 수 있다. 우리나라에서 권하는 정기검진의 권고사항은 다음과 같다 (2019년부터 폐암의 국가검진도 시잘할 예정이어서 6대암의 검진이 시작된다).

- 만 50세 이상 남녀: 대장암 – 검진주기 1년
- 만 40세 이상 남녀: 간암발생 고위험군(해당자: 간경변증, B형 간염항원 양성, C형 간염항체 양성, B형 또는 C형 간염 바이러스에 의한 만성 간질환 환자) – 검진주기 6개월
- 만 40세 이상 남녀: 위암 – 검진주기 2년
- 만 40세 이상 여성: 유방암 – 검진주기 2년
- 만 20세 이상 여성: 자궁경부암 – 검진주기 2년

위암

① 기본 검사: 본인의 희망에 따라 위장조영검사(UGI)와 위내시경검사 중 한 가지를 1차 검진 방법으로 선택한다.

② 추가 검사: 위장조영검사 결과 위암이 의심되는 경우에 위내시경검사를 실시하고, 위내시경검사 과정 중 필요한 경우에 조직 진단을 실시한다.

간암

① 기본 검사: 간초음파검사와 혈청알파태아단백검사(정성법 또는 정량법)를 병행한다.

② 추가 검사: 비용 지원 없다.

대장암

① 기본 검사: 분변잠혈검사(Fecal Occult Blood Test: FOBT)를 검진 방법으로 한다.

② 추가 검사: 분변잠혈검사에서 양성(대변에 피가 섞여 나옴)으로 판정받은 경우, 결과에 따라 대장내시경검사 또는 대장이중조영검사를 선택하여 실시할 수 있으며, 대장내시경검사 과정 중 필요한 경우에 조직 진단을 실시한다.

유방암

① 기본 검사: 유방 촬영(Mammography)을 원칙으로 하며 숙련된 의사의 유방 촉진(Clinical Breast Examination: CBE)을 병행하도록 권장한다.

② 추가 검사: 비용 지원 없다.

자궁경부암

① 기본 검사: 자궁경부세포검사(Pap smear test)를 검진 방법으로 한다.

② 추가 검사: 비용 지원 없다.

물론 정기검진을 열심히 해도, 암에 걸리는 것을 근본적으로 피할 수는 없다. 암에 걸리면 어떻게 해야 할까? 다행히 우리나라를 비롯한 선진국의 의료에서는 진단에서 치료, 재활까지 잘 준비되고 있다.

그러나 치료를 통해서 겪는 신체의 손상과 정신적 고통, 사회적 편견, 가족과의 문제 등 이루 말할 수 없는 힘든 과정을 거쳐야 한다.

암 치료, 긍정적 마음이 중요하다

나는 의사로서 무엇보다 환자에게 믿음을 요구하고 싶다. 의료진에 대한 신뢰야말로 가장 큰 버팀목이 되기 때문이다. 올바른 정보와 지식을 습득하는 것도 중요하다. 좋은 선배와 환자분을 만나는 것도 아주 큰 도움이 될 수 있다. 물론 가족의 사랑과 관심, 친구들의 도움은 회복의 바탕이 된다.

그러나 가장 중요한 것은 자기 자신이다. 자신을 이해하고, 마음을 다스리고 이끄는 것은 절대적으로 스스로의 몫이기 때문이다. 행복하기 위한 아홉 가지 요소를 아는가. 감사하라. 관점을 바꾸라. 비교하지 말라. 꿈과 목표를 가지라. 현재의 즐거움을 키우라. 좋은 인간관계를 맺으라. 용서하라. 몰입하라. 나누고 베풀라. 이 아홉 가지는 암환자에게도 동일하게 필요하다.

놀랄 만한 일이지만, 환자들 중 많은 사람이 암에 걸린 것이 차라리 잘된 일이라고 말한다. 그들은 긍정적인 마음을 갖게 되면서 행복을 찾았다. 암에 걸리기 전에는 삶의 의미를 잘 모르고, 그저 평범한 가족의 일원, 엄마로서 일상을 보내는 정도였기 때문이다. 암을 겪고 나서는 하루하루를 소중히 여기면서 의미 있게 만들려고 애쓰고, 사소한 경험, 일상도 소중하게 받아들일 수 있었다. 여행도 더욱 자주 다니게 되었다. 또 가족이나 친구들도 자신을 더욱 아끼고 위해 준다는 것이다. 그러니 잘된 일이라고 말한다.

물론 모든 암환자가 다 그렇게 되는 건 아니다. 반대로 철저히 고통을 받는 분도 매우 많은 현실이다. 마지막으로 믿음과 긍정적인 마음으로 암의 고통을 극복한, 또 다른 사례를 소개한다.

내가 불치병에 걸렸다는 사실을 알고서는 내 삶은 끝이 없는 어두운 터널 속이었고 나는 영화 속 비련의 주인공이었습니다. 암 선고를 받았을 때는 남편, 가족, 형제, 친구도 아무런 도움이 되지 않았습니다. 오직 나 혼자였습니다. 세상에서 나 혼자만 해결할 수 없는 고통을 안고 있는 것 같이 느껴졌습니다. 무서웠습니다.

"항상 기뻐하라." 예전에는 생각 없이 스쳐갔던 말씀이 떠올랐습니다. 설거지를 하면서도, 화장실에 가면서도, 청소를 하면서도, 이불을 뒤집어쓰고서도 실없는 사람처럼 웃었습니다.

"항상 기뻐하라."는 말씀을 생각하면서 나는 웃었습니다. 그 말씀을 생각하면 내가 불치병에 걸렸다는 사실도 웃을 수 있었습니다. 너무 좋았습니다. 그런 저를 보는 남편은 화를 냈습니다. 그리고 제게 소리쳤습니다.

"제발 듣기 싫으니 울어라. 우는 게 차라리 낫다……."

그런 남편을 바라보면 제 가슴은 저렸습니다. 저는 가족을 모아 놓고 30분 동안 이해를 시켰습니다. "나 좀 가만히 놔둬라, 그래야 내가 살 것 같다. 도와 달라." 저를 만나는 사람들은 같이 웃었습니다. 그때 주님은 저에게 평안을 주시고 함께하셨습니다.

지금 저는 아프기 전보다 더 행복하고 기쁘게 살고 있습니다. 할 일도 많고 하고 싶은 것도 많고 나를 필요로 하는 곳이 너무 많기 때문입니다. 몸이 하나인 것이 아쉬울 정도이지요. 친구들에게 저는, 내 팔자가 상팔자라고 말합니다.

02

어떻게 하면
행복한 미래가 오는가

전성수
前 부천대학교 유아교육과 교수

일방적으로 강의하고 설명을 듣고, 혼자 책과 씨름하는 공부는 소통하지 못하는 사람을 만든다. 그렇게 외운 지식은 스마트폰 하나면 모두 해결되는 시대다. 공부 방법을 소통과 질문, 토론으로 바꾸는 것은 한국 문화를 바꾸는 것이고, 한국의 미래를 창대하게 하는 것이다.

무엇이 세종 시대를 만들었는가

황희 정승을 비롯하여 맹사성, 허조, 성삼문, 박팽년, 정인지, 신숙주, 이개, 김종서, 박연, 장영실 등은 우리에게 익숙한 학자들이다. 이들의 공통점이 무엇일까? 모두 한 시대 사람들이다. 바로 세종 시대 사람들이다. 특별히 세종이 왕이었을 때 천재나 인재들이 많이 태어났던 것일까? 그것은 아닐 것이다. 왜 수많은 왕 중에서 세종 시대에 이런 인재들이 배출되었을까? 인재들이 자신의 능력을 최대로 발휘할 수 있게 하였기 때문에 가능한 일이다.

우리나라 역대 최고의 왕은 누구인가? 그 누구든 세종대왕을 꼽을 것이다. 왜 세종대왕 시대에 한글이 창제되고, 각종 과학기술 발명품이 쏟아지고, 백두산과 두만강까지 땅을 넓히고, 대마도를 정벌할 수 있었을까? 세종은 어떻게 했기에 많은 신하가 각자의 능력을 최고조로 발휘할 수 있었을까?

『세종실록』에는 세종이 왕이 된 다음에 가장 먼저 한 말이 나와 있다.

세종은 왕이 된 다음에 가장 먼저 어떤 말을 했을까? 바로 "의논하자."였다. 나와 토론해 보자는 것이었다. 왕이 모든 인물을 잘 알 수 없으니 신하들과 하나하나 의논하여 관리를 임명하자고 하였다. 세종은 한마디로 토론과 소통의 대가였다. 무엇이든 신하들과 토론했다. 토론을 하는데는 상하가 따로 없는 치열한 논쟁의 연속이었다.

한글 사용을 반대하고 불교 배척에 앞장섰던 최만리와 세종의 논쟁은 특히 유명하다. 그야말로 군신 관계를 뛰어넘는 인간 대 인간의 논쟁이었다. 『세종실록』에 따르면, 최만리는 "고개를 들어 임금의 눈을 똑바로 쳐다보면서 소리를 높여" 왕에게 대들 듯 따지고 들었다. 다른 왕이었으면 이런 무례한 신하를 어떻게 했을지는 자명하다. 그러나 토론과 논쟁을 하는 자리에서 세종의 첫마디는 그 어떤 경우에서도 똑같았다고 한다.

"너의 말이 참으로 아름답다. 그러나 나는 이런 이런 이유로 그것에 반대한다."

1430년 세종은 조선왕조의 조세 제도를 개혁하였다. 세종이 전국 17만 2806명에게 여론 조사를 하여 17년간 토론 후에 이루어진 일이다. 조세 제도 하나를 바꾸기 위해 장장 17년 동안 토론한 것이다. 진정 무엇이 백성을 위한 길이고 나라가 부강해지는 길인지 토론하고 토론했다.

세종이 가장 많이 썼던 말은 무엇일까? 바로 "경의 생각은 어떠시오."라는 말이다. 신하들의 생각과 의견을 끊임없이 물었다. 신하들의 생각을 계속 끄집어 내어 자신이 가진 생각과 능력을 100% 펼칠 수 있도록 했다. "네 생각은 어때?"란 질문을 받고 신하가 자신의 생각이나 의견을

02 어떻게 하면 행복한 미래가 오는가

이야기하면 세종은 또 물었다.

"왜 그렇게 생각하시오?"

이 글은 "네 생각은 어때?"와 "왜 그렇게 생각해?"란 질문이 어떻게 국가의 미래와 연결되는지를 규명하기 위한 것이다. 왜 공부 방법이 국가의 미래를 결정하는지, 왜 이 두 질문이 국가의 운명을 좌우하는지를 밝히고자 한다.

공부 방법이 국가의 미래를 좌우한다

삶에 정답이 있는가

세종과 같은 좋은 왕과 독재자를 가르는 방법은 너무도 간단하다. 왕이 지시와 명령을 많이 하면 독재자이고, 질문과 토론을 많이 하면 세종 같은 왕이 된다. 지시와 명령을 많이 한다는 것은 자신의 생각을 강조하고 다른 사람의 생각은 무시한다는 뜻이다. 질문과 토론을 많이 한다는 것은 다른 사람의 생각을 묻고 듣고 존중한다는 말이다. 독재자는 한 명이나 소수의 의견에 따라 결정하고, 좋은 왕은 여러 사람의 생각을 물어 공동의 선을 추구한다는 것이다.

좋은 리더냐, 그렇지 않은 리더냐의 기준도 너무나 명백하다. 지시와 명령을 많이 하면 독재자 유형의 리더이고, 질문과 토론을 많이 하면 민주형 리더이다. 사람은 그 누구도 완벽할 수 없다. 그 어떤 사람도 100% 옳은 결정만 내릴 수 없다. 지시와 명령이 정당화되려면 100% 완벽한 결정을 할 수 있을 때만 가능하다. 사람은 그럴 수 없기 때문에 사회적 동물이고, 더불어 살아간다. 다른 사람들과 의견을 조율하면서 최상의 방법을 찾아가는 것이다. 그것이 민주주의이고 집단지성이다.

우리는 정답만 찾는 공부만 한다. 시험에 나올 만한 정답만 외운다. 삶에 정답이 있는가? 가장 좋은 교육은 삶과 가장 밀접한 관련이 있는 교육이다. 삶에 정답이 없는데 왜 교육에서는 정답만 찾는가?

삶에 정답이 없다는 것은 최상의 해답을 찾아가는 선택의 연속이란 의미이다. 정답과 해답의 차이는 하나의 정해진 답이냐, 풀어 낸 답이냐의 차이이다. 해답은 하나가 아니라 많을 수 있고, 상황이나 사람에 따라 최상의 해답은 달라질 수 있다. 삶에서 이 사람에게 좋은 결과를 가져온 것이 모든 사람에게 좋은 결과를 가져오는 것이 아니다. 사람이나 상황에 따라 달라진다. 그러므로 사람과 상황 등에 따라 해답은 달라진다. 자신에게 가장 맞는, 지금 현 시점에서 가장 적합한 최상의 해답을 찾아야 한다.

여러 가지 해답 중에서 최상의 해답을 찾아 선택해 가는 과정이 삶이다. 결혼을 예로 들어 보자. 결혼은 사람이 삶에서 해야 할 가장 큰 결정과 선택 중 하나이다. 어떤 여자나 남자와 결혼하는 것이 가장 좋은 것인지 정해진 정답이 있다고 해 보자. 그래서 교과서에 이런 사람과 결혼하라고 명시되어 있다고 해 보자. 그렇게 정답에 해당하는 여자나 남자가 몇 명이나 되겠는가? 그런 정답의 상대방이 있기는 하겠는가? 만일 그런 정답에 해당하는 사람이 있다 하더라도 그 사람이 수많은 사람과 결혼할 수는 없다. 결혼은 그 사람의 입장에서, 그 사람의 상황에서 최선의 배우자를 선택하고 결정하는 것이다. 자신이 최상의 선택이라고 생각하는 사람을 찾아가는 것이다. 우리에게 필요한 것은 이상적인 배우자에 대한 정답이 아니라, 최선의 선택을 할 수 있는 안목을 길러 주는 일이다. 그런 안목은 그냥 생기지 않는다. 수많은 생각과 경험을 해야 가능한 일이다.

교육의 본 뜻을 기억하라

교육을 뜻하는 'Education'의 원래 의미는 '안에서 밖으로 이끌어 내다.'라는 뜻을 가지고 있다. 밖에서 안으로 집어넣는 것이 아니라 안에서 밖으로 끌어내는 것을 Education이라고 한다. 그런데 우리의 현재 교육은 안에서 밖으로 끌어내는 것이 아니라 밖에서 안으로 집어넣는 데 온 힘을 기울이고 있다.

이것이 어떤 의미인지 사랑을 예로 설명해 보겠다. 내가 당신을 사랑한다고 하면서 사랑과 정반대되는 행동을 하는 것을 뜻한다. 왜냐하면 교육이 안에서 밖으로 이끌어 내는 건데 정반대로 집어넣으면서 교육이라고 하기 때문이다.

학교의 시작인 스콜레는 어떤 곳이었을까? 헬라어는 그리스어를 말한다. 그리스는 민주주의가 발달했다. 그래서 모든 것을 토론으로 결정했다. 성경에는 바울이 그리스 여러 도시를 방문할 때마다 심하게 토론하고 논쟁하는 장면이 많이 나온다. 그만큼 철학이나 삶, 교육 등의 여러 문제를 놓고 치열하게 토론과 논쟁을 한 민족이 그리스 민족이다. 그래서 커다란 토론 광장이 있었다. 이 토론 광장이 우리에게 너무나 익숙한 단어인 아고라이다.

아고라는 그리스인이 어떤 문제를 놓고 그룹을 지어 토론했던 광장을 말한다. 비나 눈이 올 때나 저녁에는 아고라 광장에서 토론하기가 어려웠다. 그래서 실내의 토론 공간이 필요했다. 실내의 토론 공간, 그것이 바로 스콜레이다. 스콜레는 토론하는 공간이었다.

유대인 저력의 비밀, 하브루타

한국과 이스라엘은 여러 측면에서 닮아 있다. 나라와 민족이 수많은 고난과 박해와 침략을 받은 것이 그렇고, 지정학적으로 열강의 틈바구니 속에 있는 것이 그렇다. 작은 땅과 소수의 인구가 유사하고 세계 각국에 퍼져 있는 디아스포라가 그렇다. 자녀교육에 매우 열심이고 단기간에 기적적인 경제성장을 보인 것도 그렇다. 두 나라 모두 국방비와 교육비에 가장 많은 돈을 쏟아 붓고, 나라가 독립을 선포하고 정부를 세운 것이 1948년으로 동일하다.

유대인과 한국인은 비슷한 점이 많으면서도 크게 다르다. 한국은 지능이 세계에서 가장 높은 나라이다. 학생들이 공부하는 시간으로도 단연 세계 최고이다. 부모의 교육열도 유대인보다 한국인이 더 높다. 자녀교육에 극성스러운 유대인 어머니를 빗댄 'Jewish Mom'이란 숙어가 등장할 정도로 유대인은 교육열이 높다. 그러나 유대인에게 기러기 아빠는 결코 존재할 수 없다.

왜 우리는 최고의 지능과 최고의 노력, 그리고 최고의 교육열을 가지고서도 유대인을 따라잡지 못하는가? 하버드대학교 재학생 중에서 유대인은 30% 정도를 차지하지만, 한국과 중국, 일본계 학생을 모두 모아도 5% 미만이다. 하버드대학교에 재학 중인 한국계 학생은 250~300명 수준으로 1%에 이르지 못한다. 어렵게 들어간 아이비리그에서도 한국계 학생은 중도 탈락률이 44%에 이르지만 유대인은 12% 정도에 머문다. 우리 학생들의 중도 탈락률이 유대인의 네 배에 가깝다. 『포춘』이 선정한 500대 기업의 중간 간부 중 유대인은 41.5%를 차지하는데, 한국계 비율은 0.3%에 불과하다. 유대인은 1,500만 명도 안 되는 인구로 노벨상의 30% 정도를 가져가는데, 우리는 5,000만 인구를 가지고 단 한 명의 노벨평화상 수상자만이 있을 뿐이다. 북한을 포함해 세계에 흩어져 있는 한국인을 모두 합하면 8,000만 명이 넘지만 그중에서 노벨상을 받은 이는 단 한 명이다. 이것이 세계 최고의 지능과 세계 최고의 노력과 세계 최고의 교육열을 가지고 이루어 낸 결과물이다.

우리가 유대인에게 뒤지는 게 한 가지 있다. 공부 방법이다. 우리의 교육은 한마디로 '듣고 외우고 시험 보고 잊어버리고'의 끊임없는 반복이다. 유대인의 공부는 짝을 지어 질문하고 토론하는 '하브루타'이다. 이 공부 방법의 차이가 유대인과 우리의 차이를 만들었다고 생각한다.

유대인은 수천 년 동안 수많은 핍박을 받으면서 살아왔다. 창조를 위해서는 배움이 필요했지만, 배울 공간이 자유롭지 않았고 스승을 찾거나 모실 여건이 되지 않는 경우가 많았다. 그래서 그들은 스승 없이도 스스로 배울 방법을 찾아냈다. 그것이 '하브루타'이다. 하브루타는 히브리어로 친구 또는 공부하는 짝이라는 뜻이다. 이것은 둘이 배우는 방법이다. 제자와 스승의 관계가 아닌 동등한 친구 사이로 서로 배우고 가르치는 것이다. 하브루타는 1+1=2가 아니라 그 이상의 시너지 효과를 볼 수 있는 학습 방법이다.

한 명은 선생이 되고 또 다른 한 명은 학생이 되어 토론을 한다. 토론이 끝나면 서로 역할을 바꾸어 다시 한번 토론한다. 이렇게 역할을 바꾸어 토론하는 과정에서 서로의 의견을 설득하기도 하고, 다른 사람의 의견을 들으면서 자신의 의견을 굽히기도 한다. 이런 과정을 거치면서 정확하게 알지 못했던 내용을 깨달으며 이해하게 된다. 교사와 학생으로 수직 관계가 아닌 수평 관계에서 서로 많은 것을 배운다. 하브루타는 나이, 학력, 직책에 관계없이 서로 배울 수 있는 효과적인 토론식 교육법이다.

한국의 교사와 학생과의 관계에서는 웃어른에 대한 조심성과 예의로 인해 자신의 의견을 제대로 표현하지 못할 수도 있다. 반론을 제기하는 것은 큰 용기가 필요하기 때문이다. 상대방은 낮고 나는 높다라는 생각을 가지고 있어도 창의적인 생각이 나오기 힘들다. 수직 관계에서는 창의적인 생각이 나오기 어렵다.

이런 수직 관계의 단점을 보완하는 것이 하브루타이다. 동등한 위치에서 공부할 내용을 집중 토론하면 수평 관계가 될 수 있다. 상대방을 이해시키기도 하고 상대방의 창의적인 생각을 경청할 수도 있다. 수평 관계에서 토론을 하면 패한 사람도, 승리한 사람도 있을 수 없다. 하브루타는 춤추는 것과 같다. 상대가 리드할 수도 있고 내가 리드할 수도 있다.

하브루타에서는 내가 학생일 수도, 스승일 수도 있다. 매 시간 바꾸어서 진행한다. 주면 받고, 받으면 준다. 모든 것을 내려놓고 많은 시간을 같이 하기 때문에 마음속에서 서로 교감을 주고받을 수 있다.

혼자 하는 공부가 어떤 문화를 만드는가

우리에게 공부란 주로 혼자 하는 것이다. 공부방에서든 독서실이든 도서관이든 고시원이든 혼자 책상에 앉아 책과 씨름한다. 책에 밑줄을

치고, 별표를 하고, 형광펜으로 칠하면서 공부한다. 지식을 공책에 필기하면서 외우고 또 외운다. 도서관이든 독서실이든 가장 많이 써 있는 글자는 '조용히' 또는 '정숙'이다.

도서관이나 독서실에는 칸막이 책상이 있다. 그 칸막이로 공간을 나누고 혼자 공부한다. 이것이 좀 더 커지면 고시원이다. 닭장처럼 똑같은 구조의 고시원에서 혼자 먹고, 혼자 지내면서 혼자 공부한다. 잠을 줄이고 책상 앞에 오래 앉아 있는 것이 공부이다.

공부는 인내하는 것이고 견디는 것이다. 학생들 책상 앞에는 이런 말이 써 있다. '인내는 쓰나 열매는 달다.'

인내해야 하고 견뎌야 하는 공부는 평생 하기 어렵다. 그래서 수능이 끝나면 책을 불태우고, 국제올림피아드에서 좋은 성적을 거두면 그 뒤로 그 과목은 쳐다보지도 않는다.

혼자 공부하니 서로 소통하고 대화할 시간이 없다. 친구는 이겨야 할 대상이다. 그래서 공부를 잘하는 사람일수록 독불장군으로 큰다. 남과 대화하고 타협하고 협상하려 하지 않는다. 소통할 줄 모른다. 혼자 판단하고 결정해 지시하는 사람이 되거나 시키는 일만 하는 사람이 된다.

하지만 세상은 혼자 사는 곳이 아니다. 모든 사람은 공동체의 관계 속에서 살아간다. 어쩔 수 없이 남과 의견을 나누고 협상하고 소통하면서 살아가야 한다. 20년 동안 해야 하는 공부를 소통과 토론, 대화로 하지 않으면 사회성 있는, 인간관계가 좋은 사람으로 성장하기 어렵다.

가치관이 형성되고 습관이 만들어지고 성품이 형성되는 20년 동안 혼자 하는 공부가 가져오는 결과는 너무나 심대하다. 그 결과는 무엇인가? 소통이 가장 안 되는 국가가 되었다. 우리의 지도자들이 소통과 협려, 협상, 토론을 가장 어려워하게 되었다. 정부에 대한 가장 많은 비판이 불통의 정부라는 것이다.

혼자 하는 공부에 익숙해진 결과, 결혼을 하지 않으려고 하고, 자녀를 낳으려고 하지 않고, 1인 가구가 폭증한다. 독거노인이 늘고 고독사가 증가한다. 원룸 같은 소규모 주택이 늘어난다. 협력하고 상생하기보다 경쟁하고 시기하고 질투하고 이기려 하고 끌어내리려 한다. 그래서 혼자만 잘나고 협력할 줄 모르는 '모래알'이 되는 것이다.

유대인 교육법 하브루타의 위력

유대인은 이미 2000년 전에 무상의무교육을 시작한 민족이다. '예시바'라는 학교를 시작한 사람은 요하난 벤 자카이(Yohanan ben Zakkai)이고, 무상의무교육의 계기가 된 사람은 랍비 힐렐(Robbi Hillel)이다.

이스라엘이 로마 식민지 상태이던 AD 66년에 강경파들은 로마를 향하여 반란을 일으켰다. 로마는 반란을 진압하기 위해 군대를 파견했다. 그때 로마의 군 사령관이 베스파시아누스이었다. 그 아들이 티투스 장군이었다. 베스파시아누스는 반란군의 항복을 받아내려고 노력했다. 그는 서서히 이스라엘 전체를 조금씩 진압하여 마지막 남은 예루살렘 성을 포위하였다.

3년 동안 포위가 이어지자 예루살렘 성 안에는 굶어 죽어 가는 사람들이 점점 늘어갔다. 베스파시아누스 장군은 항복하면 살려 주고 그렇지 않으면 다 죽이겠다고 했다. 이때 예루살렘 성 안에서는 강경파와 온건파가 치열하게 싸웠다. 온건파는 항복해서 나라를 보존하자는 입장이고 강경파는 끝까지 싸우자는 입장이었다. 강경파들은 항복하려고 성을 빠져 나가는 사람은 배신자로 간주하여 다 죽였다.

그때 온건파 중에 랍비인 요하난 벤 자카이라는 사람이 있었다. 그는 강경파의 무장투쟁이 성공하지 못할 것이라는 것을 알았다. 하지만 예루살렘 성을 빠져 나갈 수 없었다. 자카이는 제자들에게 자신이 흑사병에 걸린 것으로 소문 내게 하였다. 그리고 관 속에 들어가 장례식처럼 꾸며 예루살렘 성을 빠져 나왔다. 성을 나온 벤 자카이는 베스파시아누스 사령관을 찾아갔다. 그는 그를 보자마자 "당신이 머지않아 로마의 황제가 될 것"이라고 예언하였다. 그리고 자신의 예언처럼 만일 황제가 되면 유대 경전을 공부할 수 있는 조그마한 마을만은 파괴하지 말아달라고 부탁한다.

과연 벤 자카이의 예언대로 68년 반란의 소용돌이 속에서 네로 황제가 자살하고, 갈바와 오토, 비텔리우스의 세 정치 군인이 몇 달 만에 암살되었다. 이듬해인 69년 원로원은 유대 반란군을 진압하던 베스파시아누스 장군을 급히 황제로 추대하였다. 로마로 금의환향한 베스파시아누스는 벤 자카이와의 약속을 지켜 야브네에 최초의 예시바 설립을 허락했다. 그는 남은 예루살렘 정벌은 아들 티투스에게 맡겼다.

이듬해인 70년에 티투스에 의해 예루살렘 성이 함락되어 처참한 살육과 파괴가 이루어졌다. 그 파괴는 그야말로 돌 위에 돌이 얹어 있는 경우가 없을 정도로 처참했다. 여기서 남은 패잔병 960명이 천혜의 요새인 마사다로 피신하였다. 그들은 다시 3년간 세계 최강 로마 군단을 조롱하였고, 73년에 결국 전원이 자결하면서 장렬한 최후를 맞았다.

이것이 유대인의 전통교육기관인 예시바의 기원이다. 예시바로 인해 유대인은 나라 없이도 교육을 통해 유대인의 정체성을 전수할 수 있었고, 랍비를 길러 내 각 나라와 지역으로 파견할 수 있었다. 지금도 예시바는 유대인이 모여 사는 곳에는 거의 세워져 있고, 토라와 탈무드를 하브루타를 통해 배우고 있다.

무상의무교육의 직접적인 계기는 랍비 힐렐에게 있다. 힐렐은 랍비가 되고 싶었으나 너무 가난했다. 그는 닥치는 대로 일을 하면서 랍비학교에 다녔다. 그러던 어느 날, 그는 갑자기 병이 나서 얼마 동안 일을 하지 못했다. 얼마 후, 힐렐은 병이 다 나았지만 일자리를 잡지 못했다. 먹을 것이 떨어지고, 수업료도 떨어지고 말았다. 공부할 방법을 고민하던 그는 날이 어두워지자 예시바로 갔다. 그는 지붕으로 기어 올라가 햇빛이 잘 들게 하려고 만든 창문 위에 엎드렸다. 그는 창문에 귀를 대고 랍비의 강의를 들었다. 그러다가 피곤에 지쳐 자기도 모르게 스르르 잠이 들고 말았다. 수업을 마친 학생들은 모두 집으로 돌아갔지만, 그는 계속 자고 있었다.

다음 날 아침, 예시바에서 아침 강의가 시작되었다. 교실 안은 날씨가 맑은데도 어두웠다. 천장을 보니 창문으로 햇빛이 들어오지 않고 뭔가가 막고 있었다. 랍비와 학생들은 깜짝 놀라 지붕으로 올라가 청년을 끌어 내렸다. 이렇게 해서 목숨을 건진 힐렐은 치료를 받았다. 이 일로 예시바에서는 힐렐에게 돈을 받지 않고 공부할 수 있게 해 주었다. 힐렐은 열심히 공부하고 수련해서 가장 유명한 학자이자 랍비가 되었고, 훌륭한 제자들을 많이 키워 냈다.

힐렐의 이야기는 순식간에 이스라엘 전역에 퍼졌다. 그 후부터 유대인 학교에서는 수업료를 받지 않는 전통이 생겼다. 이 전통은 지금까지 이어져 내려와 이스라엘에서는 유치원에서부터 고등학교까지 의무교육이면서 학비가 전액 무료이다.

하브루타에 대해 필자가 내린 정의는 "짝을 지어 질문하고 대화, 토론, 논쟁하는 것"이다. 질문과 대화, 토론, 논쟁은 모두 말을 하고 이야기하는 것이다. 유대인은 토라를 가장 중시하고, 토라의 핵심은 쉐마이다. 쉐마에 '강론하라'는 말이 있고, 이는 영어로 'talk about'에 해당한다. 유대인 문화에 하브루타가 배어 있는 것은 쉐마의 실천 방법으로 언제 어디서나 자녀를 가르치기 위해 이야기를 나누는 문화에서 온 것이다.

하브루타는 짝을 지어 질문하고 대화하고 토론하고 논쟁하는 것이고, 이것을 단순화하면 함께 이야기를 나누는 것이다. 아버지와 자녀가 이야기를 나누고, 친구끼리 이야기를 나누고, 동료와 이야기를 나누는 것이다. 그 이야기가 약간 전문화되면 질문과 대답이 되고, 대화가 된다. 거기서 더 깊어지면 토론이 되고, 더욱 깊어지고 전문화되면 논쟁이 된다.

유대인이 아이를 임신했을 때 태아에게 책을 읽어 주고 이야기를 들려주는 것도 하브루타이고, 가정에서 식사를 하면서 아버지와 자녀가 질문하고 답변하는 것도 하브루타이다. 자녀가 잠들기 전에 어머니가 동화를 들려주면서 대화를 나누는 것도 하브루타이고, 자녀가 암기와 이해를 잘하기 위해 돌아다니면서 스스로 묻고 답하면서 중얼거리는 것도 하브루타이다. 학교에서 교사가 학생들에게 질문하면서 수업하는 것도 하브루타이고, 학생들끼리 짝을 지어 서로 가르치면서 토론하는 것도 하브루타이다. 예시바에서 토라와 탈무드의 구절을 놓고 둘씩 짝을 지어 심각하게 논쟁하는 것도 하브루타이고, 회당에서 평생지기와 만나 탈무드 공부를 하면서 토론하는 것도 하브루타이다. 이런 관점에

전성수　　　　　　　　　　　　　　　　　　　　45

서 보면 유대인은 태어나기 전부터 하브루타를 통해 태교를 받아, 베드사이드 스토리로 이어지고, 매주의 안식일 식탁을 갖고, 학교에서 친구와 하브루타를 하고, 성인이 되어서는 회당에서 하브루타를 하다가 죽는 삶을 살게 된다. 평생 하브루타 속에서 사는 것이다.

하지만 아이비리그 입학률 30%, 노벨상의 30%를 받게 하는 핵심 비밀이 하브루타에 있다고 하면 유대인도 거의 수긍을 하지 않을 것이다. 그들 스스로 그런 관점에서 한번도 생각해 본 적도, 생각해 볼 필요도 없었기 때문이다. 그들은 하브루타를 예시바나 학교에서 친구와 논쟁하면서 학습하는 탈무드 논쟁에 한정하여 받아들이기도 한다. 그들에게 하브루타는 우리의 김치 같은 것이다. 수천 년된 문화이자 전통이다. 필자의 관점에서 보면 그들의 태교도, 베드사이드 스토리도, 안식일 식탁도 모두 하브루타에 해당한다.

함께하는 공부가 인성을 기르고 행복하게 한다

인류가 새로운 환경에 적응하고 새로운 문제를 해결할 때 서로 돕지 않았다면 인간은 살아남지 못했을 것이다. 다른 사람과의 협력이 생존을 가능하게 한 것이다. 굶주린 호랑이를 경계하는 사람이 한 명보다는 그 이상이 있는 것이 항상 더 나았으며, 맘모스를 공격할 때도 한 사람보다는 여러 명이 있는 것이 더 나았다. 생존 본능에 맞게 학생들이 집단이나 팀으로, 두 명이나 세 명이 함께 공부하는 것이 인류 생존 방법에 맞다. 협력은 인간이 생존하기 위한 본능이며, 상생을 가르치는 것이 인류 공존으로 나아가는 지름길이다. 협력과 상생을 말로 가르치는 것이 아니라 학생들이 몸으로 체험하게 하는 것이 인성교육이어야 한다.

우리는 말할 수 있기 때문에 생각할 수 있고, 말하는 방식으로 생각한다. 토론 수업은 학생들끼리 할 때가 가장 좋다. 가장 좋은 것은 가능한 한 학생들을 토론에 참여하게 하고 교사는 있는지 없는지 의식 자체가 안 되는 환경이다.

사회와 직장에서 성공하기 위한 중요한 기술은 사람들과 대화하고 경청하는 능력이다. 인간에게 가장 중요한 능력은 인간관계 능력이다. 대화와 경청은 어떤 직업에서든 가장 기본적으로 행하는 활동으로, 토론은 이 둘의 기술을 훈련하는 가장 좋은 방법이다.

사회에서 대부분의 업무는 팀과 집단으로 이루어진다. 소집단이나 대집단 토론에서 다른 학생들과 어울려 협력하는 방법을 배우는 것은, 특히 외향적이지 않거나 혼자 일하는 것을 좋아하는 성격의 학생들이 협동심을 배울 좋은 기회가 된다.

토론은 비판적 사고력을 길러 준다. 교실에서 이루어지는 토론이 허용하는 안전한 환경에서 분석, 통합, 평가 등을 위한 사고력을 연습하는 것은 매우 중요하다. 교실에서는 실수를 저질러도 괜찮지만, 사회에서는 그렇지 않다. 다른 사람의 의견에 반박, 동의하는 것은 효과적인 의사소통을 위해 매우 중요하다. 토론은 반대, 도전, 동의하는 방법을 연습하는 기회이다. 이런 능력은 그들이 장기적으로 성공하기 위한 중요한 요소이다.

함께하는 공부는 학생들에게 생각을 분명히 하고 사고를 정리할 기회를 준다. 토론에서 정보를 공유하기 위해서는 그것에 대해 말해야 한다. 그렇게 해야 다른 사람들이 피드백을 줄 수 있고 그때 비로소 자신이 생각하고 있는 것이 일리가 있는지 아니면 인정받을 수 있는지 또는 문제해결을 위한 최선의 방법인지 알 수 있다. 함께 공부하면 서로를 볼 수 있고 공간을 함께 사용하는 학생들이 시선, 몸짓, 비언어적 행동 등을 통해 자신을 드러내기 때문에 훨씬 더 뛰어난 의사소통을 경험한다.

우리는 이제 교수 강의 중심의 수업이 학생 스스로 답을 구하고 찾을 때 능동적인 역할을 감소시켜 실제로는 학습 효과를 떨어뜨린다는 것을 안다. 교수가 답을 가지고 있다고 생각하는 학생들의 인식은 종종 효과적인 토론을 방해하는 데 일조한다. 그런 학생들은 입을 다물고 있거나 모르는 것처럼 행동하면 대부분의 교수가 신이 나서 자신을 구원해 주고 답을 줄 것이라는 것을 안다. 결과적으로 학생들은 대부분의 교수가 가만히 있지 못하고 정답을 알려 주면서 침묵을 깨리라는 것을 알기 때문에 토론하는 동안에 '기다리는 법'을 배운다.

혼자 하는 공부는 지루하기 쉽고 집중하기 어렵지만, 함께하는 공부는 즐겁고 재미있다. 혼자 하는 공부는 소통을 배우기 어렵지만, 함께하는 공부는 소통, 협력, 배려, 공감, 타협, 협상 등을 자연스럽게 배울 수 있다. 혼자 하는 공부는 친구를 만들기 어렵지만, 함께하는 공부는 친구가 저절로 생긴다. 혼자 하는 공부는 단순히 외우는 작업만 하기 쉽지만, 함께하는 공부는 직접 말로 하고 체험하고 서로 도우면서 공부하기 때문에 훨씬 오랫동안 기억에 남는다.

단순한 문제라 하더라도, 혼자 푸는 것과 친구와 함께 읽으면서 맞히는 게임으로 하는 것과 비교해 보라. 함께 문제를 읽어 주고 맞히면 재미있고 즐겁다. 서로 모르는 것은 바로 가르쳐 줄 수 있다. 시간도 짧게 걸리고 재미있게 공부하는데 아는 것은 훨씬 많아진다. 학생들끼리 함께 공부하는 기회가 많을수록 인성이 길러지고, 학생들은 행복해진다.

소통과 협력을 기르려면

우리나라 청소년 문제는 너무나 심각하다. 학교폭력, 자살, 왕따, 게임중독, 인터넷 중독, 가출, ADHD 등 이루 헤아릴 수가 없다. 국가에서 이 때문에 매년 수조원의 돈이 들어간다. 소아정신과나 여러 소아ㆍ청소년 클리닉, 미술치료와 음악치료, 놀이치료 등이 넘치는 이유는 이를 치료하기 위해서이다. 상담사가 학교에 배치되고 이런 청소년을 치료하는 바우처 제도에 너무나 많은 돈이 투입되고 있다. 그런데 우리는 치료에 관심을 기울이면서 예방에는 관심이 없다. 치료에 들어가는 금액의 10%만 예방에 투자해도 더 좋은 효과를 낼 수 있다.

우리는 주로 청소년 문제행동에 초점을 두고 치료하려 한다. 하지만 그 문제행동을 일으키는 본질을 해결하지 않으면 또 다른 문제행동으로 연결된다. 청소년의 문제행동은 스트레스로 인한 분노에 있다. 그들 마음속에 분노로 가득하다.

청소년 문제의 해결책은 의외로 간단하다. 청소년의 입을 열게 하고 그들의 말을 들어주면 된다. 사람들이 정신과에 가서 무엇을 하는가? 마음속에 있는 말들을 쏟아놓는다. 정신과 의사는 단지 이야기를 들어줄 뿐이다. 상담사는 무엇을 하는가? 내담자의 말을 들어준다. 실컷 듣고 나서 그에 대해 몇 마디 조언을 할 뿐이다. 화병이나 한이 문제가 되는 이유는 속에 있는 말을 하지 못하기 때문이다. 이 땅의 모든 청소년은 가정에서든, 학교에서든, 사회에서든 스트레스를 받을 수밖에 없다. 문제는 그 스트레스를 어떻게 푸느냐 하는 것이다.

스트레스 해소 방법으로 가장 강력한 수단이 무엇인가? 바로 수다이다. 이야기를 많이 하면 그만큼 스트레스가 줄어든다. 하브루타는 이야

전성수

기를 많이 하게 한다. 이야기를 많이 나누면 스트레스가 쌓이지 않는다. 우리는 청소년에게 이야기할 기회를 주지 않는다. 우리나라 청소년은 가장 많은 시간을 학교에서 보내는데, 거의 대부분 듣는 수업이기 때문에 말할 기회가 없다.

선생님이 가장 많이 하는 말도 "조용히 해, 시끄러워, 떠들지 마."이다. 청소년은 쉬는 시간 빼고 학교에서 단 한마디도 못하고 집에 올 수도 있다. 이게 정상적인 교육인가? 학원 같은 사교육에서는 더 말을 하지 못하게 하고, 집에서도 마찬가지이다. 집에서 청소년이 아버지와 대화하는 시간이 하루에 37초에 불과하다는 조사도 있다. 중학생이나 고등학생이 집에서 부모에게 말을 하려고 하면 "쓸데없는 말 하지 말고 공부나 해."라는 말이 돌아온다. 대부분의 부모의 말이 "공부해, 밥 먹어, 게임 그만 해."와 같은 '해라, 하지 마라'의 요구와 지시들이다.

강의를 들으면서 받아쓰는 공부와 토론하고 떠들면서 친구들과 함께 하는 공부를 비교해 보자.

- 어떤 쪽이 학생들이 덜 졸겠는가?
- 어떤 쪽이 학생들이 다른 생각을 덜 하겠는가?
- 어떤 쪽이 학생들이 더 재미있고 즐겁겠는가?
- 어떤 쪽이 학생들이 능동적이겠는가?
- 어떤 쪽이 친구관계가 더 좋겠는가?
- 어떤 쪽이 소통 능력, 사회성이 길러지겠는가?
- 어떤 쪽이 대화, 토론, 협상하는 능력이 더 길러지겠는가?
- 어떤 쪽이 비판적 사고력, 논리적 사고력, 창의성, 안목, 통찰력이

길러지겠는가?

- 어떤 쪽이 더 생각을 많이 하겠는가?
- 어떤 쪽이 더 스트레스가 풀려 청소년 문제가 줄어들겠는가?
- 어떤 쪽이 서로 돕고 협동하는 분위기를 만들겠는가?
- 어떤 쪽이 경청이나 배려, 책임감 등의 인성이 길러지겠는가?
- 어떤 쪽이 다양한 견해에 대해 이해하고 다른 사람을 존중할 수 있 겠는가?

교실에서 소통하지 않으면 소통하는 나라가 될 수 없다. 교실에서 대화와 토론을 하지 않으면 대화와 토론, 협상이 발전하는 국가가 될 수 없다. 교실에서 친구와 협력하면서 상생하지 않으면 협력하고 상생하는 문화를 만들 수 없다. 교실에서 질문이 살지 않으면 질문하는 국민을 만들 수 없다. 교실에서 생각하지 않으면 생각하면서 사는 국민을 만들 수 없다.

소통과 협력 등의 인성은 교육해서 계발되기 쉽지 않다. 학습자 스스로 직접 체험하는 과정을 통해 자연스럽게 체득해야 하는 것이다.

"네 생각은 어때?"와 "왜 그렇게 생각해?" 두 질문의 위력

유대인이 가장 많이 하는 질문, '마따호세프'

가족주의는 한국인과 유대인 두 집단의 교육열, 학습 욕구를 높이는 원동력이 되었다. 그러나 두 집단 안에서 교육에 대한 가족주의 문화의 영향력이 전혀 다른 방식으로 표출되면서 서로 다른 결과를 낳았다. 한국인과 유대인 두 집단 모두 가족주의 문화라는 훌륭한 자원을 가지고 있고 다른 민족들보다 높은 학업 성취를 보인다. 두 집단을 비교했을 때 유대인이 한국인보다 많은 성공을 보여 주는 것은 유대인이 스스로 생각하고 무언가를 결정하는 자기주도학습에 능하고 자존감도 높기 때문이다.

한국인은 아이 스스로 생각하거나 결정하지 않고 부모의 지시에 따르는 경우가 많다. 그래서 단시간에 빠른 학습 효과를 거두지만, 스스로 사고하지 않고 공부하기 때문에 창의성이 부족하고 남의 지시 없이는 공부하지 못한다. 또한 스스로 답을 찾지 않고 누군가가 자신의 질문에 대해 설명해 주기를 바란다. 이런 공부는 창의성을 중시하는 미래 사회에서 결코 성공적인 교육 모델이 아니다. 다소 더딜지라도 아이가 스스로 사고하고 선택하며 이루어 나가도록 양육해야 아이가 어떤 문제를 만났을 때 스스로 창의적인 생각을 통해 문제를 해결해 나갈 수 있다.

유대인에게 가장 훌륭한 스승은 학교 선생님도, 종교 지도자인 랍비도 아닌 부모이다. 이스라엘의 교육열을 제대로 느끼려면 학교나 사교육 시장보다 그들의 집, 가족 문화를 먼저 살펴야 한다. 유대인 아버지들은 안식일에 아이들과 식탁에 앉아 일주일 동안 있었던 일에 대해 이야기를 나눈다. 필요한 경우 한 명씩 따로 불러 대화를 나눈다. 따라서 우리나라처럼 부모와 자식 간에 소통의 단절이란 있을 수 없다.

유대인은 자녀에게 토라의 모든 것을 가르치는 것은 너무나 광범위하기 때문에 핵심부터 시작한다. 유대인이 지켜야 할 계명만 613개이기 때문에 그것을 알고 기억하는 것만으로도 벅차다. 그래서 그들은 십계명부터 철저하게 반복해서 가르친다. 십계명만 지켜도 토라에서 벗어나는 행동을 할 수 없다고 보는 것이다.

유대인은 자녀에게 일방적으로 지시하는 것이 거의 없다. 일방적으로 자녀에게 강의나 설명, 설교를 하는 것이 아니라 주고받는다. 즉, 일방적인 것이 아니라 쌍방을 전제로 한다. 일방이냐 쌍방이냐는 너무나 중요한 핵심이다. 우리는 주로 교사나 부모가 아이를 가르친다고 생각해서 교육을 일방적인 가르침이라고 생각하고 그렇게 실천해 왔다. 하지만 유대인은 결코 교육이 일방적인 것이라고 생각하지 않는다. 대화도 쌍방이고 토론도 쌍방이다. 듣는 것도 말하는 자와 듣는 자가 있어야 한다. 묻는 자가 있다는 것은 질문을 받는 사람이 있다는 말이다.

우리가 이 한 가지만 명심해도 자녀교육의 많은 것이 해결된다. 우리는 자녀의 욕구나 마음에는 전혀 관심 없이 일방적으로 뭔가를 아이들에게 가르치는 데만 관심을 기울인다. 하지만 부모가 일방적으로 주는 가르침은 자녀에게는 잔소리로 들릴 수밖에 없다. 모두 수동적으로 주어지는 것이고, 그래서 자신과는 상관없는 것들로 들린다. 가르침이 어느 순간 잔소리가 되는 것이다.

질문은 아는 게 있어야 할 수 있다. 그래서 먼저 듣거나 읽어야 한다.

유대인은 토리와 탈무드를 먼저 정해진 부분부터 읽는다. 소리 내서 읽는다. 소리를 내서 읽으면 자동적으로 듣게 된다. 내용을 들으면 이해되지 않는 부분이 생기고 의문이 생긴다. 그래서 질문이 만들어진다. 때문에 질문은 먼저 아이가 하게 된다. 설명 들은 내용이나 읽은 내용에서 궁금한 것들을 부모에게 묻는다.

질문을 할 때는 핵심을 정리해서 질문한다. 질문을 하면서 장황하게 말하면 질문의 초점이 흐려진다. 무엇을 묻는 것인지조차 모르게 된다. 그래서 유대인은 질문을 간결하게 하게 한다. 질문하는 요지를 분명하게 정리하여 질문하게 한다. 이 훈련은 너무 중요하다. 세미나나 강의 등에서 질문할 때 장황하지만 무엇을 묻는지 모르도록 질문하는 사람들은 질문 훈련이 되지 않은 것이다. 질문한다고 하고서 자신의 생각을 설명하는 경우가 많다.

질문 받은 사람은 결코 서두르지 않는다. 질문에 대해 바로 답변하면 생각이 무르익지 않았기 때문에 정확한 답변이 나오기 어렵다. 그래서 유대인이 가장 많이 사용하는 것은 다시 질문하는 것이다. 질문으로 답하는 것이다.

유대인 부모나 교사들이 가장 많이 하는 말은 두 가지이다. 그 한 가지가 '마따호세프'이다. 이것은 "네 생각은 어때? 네 생각은 뭐니?"란 뜻이다. 아이가 질문한 것에 대해 아이의 생각을 다시 물어보는 말이다. 또 한 가지는 "왜 그렇게 생각하니? 그렇게 생각하는 이유는 뭐니?"이다. 이것 역시 질문하는 아이에게 그렇게 생각하는 이유를 먼저 물어보는 것이다.

유대인 부모나 교사들이 가장 많이 쓰는 두 말에 모두 '생각'이라는 단어가 들어간다. 그만큼 유대인은 자녀나 학생이 생각하는 것을 중시한다. 공부는 생각하는 힘을 기르기 위해 하는 것이다. 교육 역시 사고력을 함양하는 데 목적이 있다. 사고력이 바로 생각하는 힘이다. 아주 어릴 때부터 아이로 하여금 생각하게 하기 때문에 유대인이 그 사고력으로 아이비리그를 30% 차지하고, 그 사고력으로 노벨상을 30% 차지하며, 각계각층에서 두각을 나타내는 것이다.

그 사고력은 지혜이자 안목이고, 통찰력이자 창의성이다. 단순한 지식은 이제 모두 스마트폰 하나면 해결되는 세상이다. 이제 정보나 지식을 어떻게 엮느냐가 문제이고 정보의 홍수에서 어떻게 쓸 만한 정보를 골라내느냐가 문제이다. 같은 것을 보더라도 안목이 있고 통찰력이 있는 자는 보는 것이 다르다. 같은 책이나 영화를 접하더라도 느끼고 받아들이는 것이 다르다.

어떻게 해야 가장 효과적으로 생각하게 할 수 있는가? 그것이 바로 질문이고 토론이다. 어린아이에게는 질문이고, 커 가면서는 토론이며, 더 성장하면 논쟁이다. 그래서 유대인은 아이의 질문을 받고 정답을 알려 주거나 설명하는 것이 아니라 다시 질문한다.

"네 생각은 어떠니?"

"왜 그렇게 생각하니?"

말은 생각 없이 할 수 없다

왜 하브루타가 유대인으로 하여금 노벨상의 30%를 차지하게 하고, 하버드대학교와 예일대학교를 비롯한 아이비리그에 30%나 입학하게 만들까? 그 이유는 다음 세 문장 때문이다.

- 말은 생각 없이 할 수 없다.
- 말이 생각을 부른다.
- 생각이 생각을 부른다.

우리는 강의를 듣거나 설명을 들을 때는 얼마든지 다른 생각을 하거나 졸 수 있다. 학교에서 자는 학생들이 많은 이유는 계속 수동적으로 듣다 보니 지쳐서이기도 하다. 뇌는 똑같은 패턴이 반복될 때 집중하지 못한다. 학생들은 교사의 설명을 들으면서 받아적는 똑같은 공부를 10년 넘게 하다 보면 뇌는 자동적으로 지루해지고, 자기도 모르게 졸게 된다.

그런데 말을 할 때는 생각 없이 결코 할 수 없다. 말과 생각은 직결된다. 생각 없이 말할 수 있는가? 우리는 결코 생각 없이 말할 수 없다. 생각한 것이 말이 되어 나오는 것이다. 이 말을 반대로 하면 생각을 키우기 위해서는 말을 하게 해야 한다. 아이가 말하는 것이 어리숙하고 답답하고 엉뚱하다고 해서 그 말을 부모가 가로채 설명하고 정답을 알려 주면 아이는 생각하는 것을 멈추게 된다. 다시 말해 생각할 필요가 없어진다. 자신이 아무리 말을 해도 부모가 결국 정답을 알려 주고 부모가 하라는 대로 해야 하는데, 굳이 아이가 생각을 해야 할 필요가 있겠는가? 아이가 말을 하다가 부모에게 가로채이는 경험이 쌓이면 아이는 입을 닫을 수밖에 없다. 입이 닫히는 순간 생각이 닫힌다. 부모의 지시와 정답 제시만 기다리게 된다.

아이들이 말을 한다는 것은 생각하고 있는 것이다. 아무리 엉뚱해 보이고, 말도 안 되는 이야기를 하더라도 그 아이는 생각하지 않고 말할 수 없다. 아이는 말을 할 때 생각을 하게 된다. 뭔가 어른이 가르치는 것은 지나가는 잔소리가 될 수 있지만, 아이가 생각해서 이야기하는 것은 아이 것이 된다.

아이에게 생각을 물으면, 왜 그렇게 생각하는지를 물으면, 아이는 떠듬떠듬 이야기한다. 듣기 답답한 부모는 설명해 주고 가르치고 싶어서 입이 간질간질해진다. 이 고비에서 유대인 부모는 인내하고, 한국 부모들은 못 참고 먼저 입을 연다. 이것이 유대인 부모와 한국 부모의 차이다. 다시 말하지만 아이가 직접 한 것만 아이 것이 된다. 아이가 직접 한다는 것이 행동이나 실천만을 의미하지 않는다. 행동이나 실천보다 앞서는 것이 말이고, 말보다 앞서는 것이 생각이다. 아이가 직접 한다는 것은 말을 직접 하는 것도, 생각을 직접 하는 것도 포함된다.

부모는 아이가 아무리 답답한 말을 하고 엉뚱한 말을 하고 말이 되지 않는 말을 해도 끝까지 들어주어야 한다. 말을 다 듣고 나서 논리적 허점이나 엉뚱한 것들에 대해 질문으로 만들어 물으면 된다. 아이로 하여금 자신의 말에 대해 다시 생각해서 말하게 하는 것이다.

아이에게 정서와 사회성을 길러 주는 방법은 감정을 담아 이야기하는 것에서 시작된다. 우선 아이와 같은 단어와 감정으로 이야기를 반복한다. 아이들은 반복을 통해 배운다. 아이 입장에서는 이 세상의 모든 것이 모두 새롭고 처음 접하는 것들이다. 그것을 자주 반복해야 아이 것이 된다. 그래서 아이는 반복을 좋아한다.

아이와 지속적인 대화를 하는 좋은 방법은 아이가 선별하는 단어를 귀담아듣고 아이가 사용한 단어를 살짝 비꾸어 말하는 것이다. 아이가 말하는 것을 그대로 반복하면서 조금 더 생각할 수 있는 말을 덧붙인다. 그러면 아이는 자기가 느끼는 것을 부모도 똑같이 느끼고 있다고 생각하게 된다. 또 자신의 놀이를 부모가 존중해 주고 자신 역시 존중받고 있다고 느끼게 된다. 이때 부모는 아이가 설명했던 것과 똑같은 억양이나 몸짓, 같은 단어 등을 사용하는 것이 좋다. 이러한 부모의 정서적 반응은 아이의 말에 동의하고 있음을 보여 주는 것으로, 아이는 자신의 행동, 말, 감정의 중요성을 스스로 느끼게 된다. 자신이 한 말을 부모가 다시 말하는 것을 듣고 부모의 반응을 느끼는 동안 아이는 자신감을 얻고 또래와도 훨씬 더 가까워진다.

아이가 태어나서 처음 접하는 말은 주로 부모에게 듣는 말이다. 아이는 부모의 말을 가장 많이 듣고 자라기 때문에 말투와 억양, 정서 등을 그대로 배운다. 화가 나면 목소리부터 커지고 아이가 말을 듣지 않으면 소리부터 지르고 아이 앞에서 늘 부정적으로 말하는 부모 밑에서 자란 아이들은 목소리가 크거나 소리를 지르거나 부정적으로 말하는 아이가 된다. 어린아이는 어른의 목소리를 모방하는 것을 좋아하기 때문이다. 그러므로 말을 할 때 소리의 적절한 크기와 높이, 억양 등을 보여 주는 것이 좋다. 특히 아이에게 말할 때는 너무 빠르거나 시끄럽지 않은 침착하고 안정적인 목소리로 말하는 것이 중요하다. 아이가 올바른 억양이나 적당한 크기의 소리로 차근차근 말을 하게 된다면 또래는 그의 말을 귀담아 듣게 될 것이다. 부모에게 배우는 말투는 아이의 사회성에도 영향을 미친다.

02 어떻게 하면 행복한 미래가 오는가

생각하게 하는 이야기 나누기

하브루타는 이야기를 나누는 것이기 때문에 아주 쉽다고 생각한다. 하지만 하브루타는 가장 쉬우면서도 가장 어려운 것이다. 이야기를 나누기는 쉽지만, 의미 있는 이야기를 나누는 것은 쉽지 않다. 1분 정도 대화하기는 쉽지만, 1시간 이상 지속적으로 대화하기는 쉽지 않다. 특히 수다를 떨기는 쉽지만 하브루타의 진정한 목적인 '생각하게 하는 이야기'를 나누기란 쉽지 않다.

하브루타는 '이야기 나누기'라고 단순하게 말할 수 있지만, 진정한 의미는 '생각하는 이야기 나누기'이다. 단순한 수다는 아이의 뇌 발달과 크게 상관이 없다. 뇌가 움직여야, 뇌가 격동해야 진정한 하브루타이다. 하브루타의 목적은 사고력 계발에 있기 때문이다. 사고력이란 생각하는 힘이다. 아이들이 생각하도록 만들려면 질문과 토론이 가장 좋은 방법이다. 질문을 받으면 대답을 해야 하고, 생각 없이는 대답할 수 없다. 토론은 즉각적인 질문과 답변, 그리고 반박과 증거 등을 바로바로 주고받기 때문에 치열한 생각이 필수적이다. 논쟁은 한 단계 더 나아간다. 논쟁은 논리가 있는 토론이기 때문에 근거가 확실해야 하고 논리가 탄탄해야 한다. 이런 논쟁은 치열한 사고를 하지 않으면 잘하기 어렵다.

아이들은 질문이 많다. 모두가 인정하다시피 아이가 무엇이든 궁금해 할 때가 그것을 가르칠 가장 좋은 시기이다. 자녀를 영재로 키우는 엄마들은 아이들의 질문이 집요해지면 호기심을 충족시킬 적절한 방법을 찾는다.

실제 연구에 의하면 신생아 때부터 엄마가 말을 많이 건넨 아기가 그렇지 않은 아기보다 언어 능력이 월등할 뿐 아니라 지능지수, 창의력,

문제해결 능력도 뛰어났다. 또 아이가 지리면서 읽기 능력, 쓰기 능력, 판단 능력도 향상된다고 한다. 부모들이 되도록 아이와 얼굴을 마주보고 직접 대화를 해야 하는 이유가 여기에 있다.

아이의 나이와 상관없이 아이에게 가장 좋은 언어교육 방법은 부모와의 언어적 상호작용이고 대화이고 소통이다. 하버드대학교 아동 언어학자 캐서린 스노(C. Snow) 교수는 아이들에게 말을 더 많이 하는 부모, 아기와 상호작용 속에서 많은 대화를 나누는 부모, 아기들과 더 밀도 있게 대화하는 부모의 자녀들이 더 뛰어난 언어 능력을 가지게 된다고 했다. 아이는 스스로 이야기를 할 수 있기 훨씬 전부터 다른 사람의 말을 이해할 수 있는 능력을 가지고 있다. 그러므로 아이가 아주 어릴 때부터 부모가 계속 아이에게 말을 걸어 주는 것이 중요하다.

고민이 생겼을 때 어떤 사람과 이야기를 하고 싶은가? 물론 내 말을 잘 들어주지 않고 오히려 자기 말만 하는 사람을 고르지는 않을 것이다. 또 날카롭게 분석해서 해결책을 제시하는 사람은 어떤가? 이 사람 역시 싫을 것이다. 이미 자기 고민에 대한 해결책이나 정답을 알고 있는 경우가 많기 때문이다. 당연히 내 말을 잘 들어주고 공감해 주는 사람과 이야기하고 싶을 것이다.

아이들은 어떨까? 아이들은 어떤 부모와 이야기하고 싶어 할까? 자녀의 말은 들어주지 않고 부모 말만 하는 부모일까? 아니면 자녀의 말을 잘 분석해서 해결책을 제시하는 부모일까? 아이들도 똑같다. 아이의 말을 잘 들어주고 공감해 주는 부모이다. 모든 것에 대해 가르치려 하고 교훈을 제시하고 해결책을 제시하는 부모를 원하는 것이 아니다.

아이가 직접 한 것만 아이 것이 된다

교사나 부모로서 나는 아이에게 선택의 기회를 주고 있는가? 아이 대신 생각해 주고, 아이 대신 판단해 주고, 아이 대신 결정해 주고 있는 것은 아닌가? 어른들이 대신 생각해 주고, 판단해 주고, 결정해 주고, 행동해 주는 방식으로 기르고는, 아이가 성인이 되어 스스로 생각하고, 스스로 판단하고, 스스로 결정하리라고 생각하는 것은 큰 오산이다. 콩 심고서 팥이 나오기를 기대하는 것이다. 즉, 어려서부터 아이 스스로 생각하고, 판단하고, 결정하는 기회를 많이 주어야 그 아이가 성인이 돼서 스스로 생각하고 판단하고 결정할 수 있는 것은 지극히 당연하다. 스스로 생각하고 판단, 결정한 것만이 실천으로 이어질 가능성이 높다.

아이가 더러운 것을 만지려고 하면 아이의 손을 탁 치면서 "안 돼!"라고 하며 못하게 한다. 아이가 뜨거운 것에 손을 대려고 해도 아이에게 못하게 한다. 하지만 그것이 아이를 크게 위험에 빠뜨리는 것이 아니라면 작은 위험에 노출시키는 것에서 더 많은 것을 배울 수도 있다. 뜨겁거나 더러운 것을 말로 아무리 설명해도 아이 수준에서 이해하기 어렵다. 하지만 뜨거운 것을 만져 손에 그 느낌과 위험을 직접 경험한 아이는 그 배움이 강력하다. 그다음부터 이 아이는 부모가 그런 것을 만지라고 해도 만지지 않게 될 것이다. 그러면서 아이는 스스로 살아가고 스스로 문제를 해결하며 스스로의 행동과 판단에 대해 책임을 지는 아이로 자라게 된다.

우리의 삶을 되돌아보면 성공에서보다 실패에서 많이 배웠고 많이 얻었음을 고백하게 된다. 그러므로 아이의 실패하는 경험에 대해 부모가 두려움을 가질 필요가 없다. 그런 시행착오를 통해 아이는 많은 것을 느끼고 생각하고 배우기 때문이다. 아이는 말을 통해, 잔소리를 통해 배우는 것이 아니라 부모의 행동과 본보기를 통해 배운다. 아이가 많은 것을 경험하고 스스로 판단해서 행동에 옮기고 그것에 책임지는 기회를 많이 가질수록 좋다. 실패의 경험이 없는 아이는 다음에 커서 큰 실패에 닥쳤을 때 재기하기 어렵다. 실패를 극복하는 경험을 한 적이 없기 때문이다.

일반적으로 부모들은 아이가 실수하는 것을 견디지 못하고, 가만히 지켜보지 못한다. 아이가 어떤 것을 하다가 잘 못하는 것 같으면 바로 끼어들어 해결책을 제시하거나 대신 해 준다. 아이의 안전에 심각한 영향을 미치는 실수가 아니라면 가만히 지켜보는 것이 좋다. 어떤 사람이 목표를 이루느냐, 이르지 못하느냐는 실패했을 때 좌절하지 않고 다시 목표를 향해 나아갈 수 있느냐의 여부에 의해 결정된다. 그러므로 결과보다는 좌절했을 때 그것을 극복하는 힘을 길러 주어야 한다. 좌절했을 때 자신의 목표나 꿈을 스스로 수정하는 것은 상관없지만, 그것을 남에게 맡기는 것, 특히 부모에게 책임을 전가하는 것은 가장 비겁한 일이다. 그런데 부모가 아이 대신 판단해 주고 결정해 주면 그 모든 책임과 원망은 부모에게 고스란히 돌아온다.

최근에는 우리 삶의 문화가 미친 듯이 앞만 보고 달리는 쪽으로 변화됨에 따라 부모가 아이에게 인간성을 가르칠 시간적 여유를 갖기 어려워졌다. 아이가 맡은 일을 스스로 감당하도록 하고, 새로운 기술을 연마하도록 인내심 있게 기다려 주는 부모 또한 크게 줄어들었다. 어떤 일이 풀리지 않아 화내고 힘들어하는 아이에게 부모가 그 문제를 대신 해결해 주기보다 혼자 문제를 풀 수 있도록 지켜봐 주거나 대안 제시로 도와

주는 것이 중요하다. 아이가 스스로 해결책을 찾도록 기본 방향을 제시해 주는 것이 부모가 할 수 있는 최선이다. 아이들이 어릴 때부터 원하는 바를 표현하고 스스로 판단하고 실천하는 법을 배우면 아이가 어느 정도 자란 후에는 부모가 할 일이 별로 없어진다.

아이들은 어른들이 생각하는 것보다 훨씬 더 많은 능력을 가지고 있다. 아이들은 어른 눈에는 어려 보이지만 스스로 할 수 있는 힘이 얼마든지 있다. 단지 그것이 위험하다거나 힘들거나 고난이 예상된다는 이유로 시키지 않기 때문에 못하는 것이다. 열 살 정도의 아이는 얼마든지 집 안 청소를 도울 수 있고, 쓰레기를 분리 수거해서 버릴 수 있으며, 자기 방을 정리할 수 있다.

아이가 책임감을 기르고, 선택하는 안목을 키우며, 스스로 해결해 가는 능력을 기르려면 무엇보다도 아이가 선택하는 기회를 많이 주어야 한다. 아이가 선택을 하려면 많은 생각을 할 수밖에 없고, 선택에 대한 결과를 미리 예견해야 하며, 스스로 선택을 했으므로 다른 사람에게 책임을 떠넘길 수 없다. 그렇게 스스로 책임을 지는 법을 배우고 스스로 살아가는 힘을 기르는 것이다.

아이에게 다가오는 어려움이나 고난, 도전에 스스로 맞서도록 내버려 두지 않는다면 아이가 자기 동기와 내면의 힘을 기를 기회를 얻기 어렵다. 아이를 자율적이고 독립적인 존재로 기르려면 훌륭하게 성장하는 데 따르는 책임의 상당 부분을 아이에게 넘겨 주어야 한다. 그렇게 아이 스스로 책임을 지면 옳고 그른 것에 대한 결정을 내리면서 자기 인생에 주인의식을 느끼게 된다. 아이는 부모가 하라는 대로 하는 꼭두각시가 아니다. 아이를 하라는 대로 하는 사람으로 키우는 것은 아이를 부모의 꼭두각시로 만드는 것이다. 꼭두각시는 움직여 주는 사람이 없으면 움직일 수 없다. 부모는 언젠가 나이가 들어 죽는다. 아이를 꼭두각시로 키우면 부모가 아이를 떠난 다음 아이 혼자 할 수 있는 일이 없어진다.

놀면서 수다 떠는 것이 최고의 공부이다

사람은 즐거운 것을 할 때 자기 동기가 생기고, 자기주도학습이 가능해진다. 즐거운 것을 해야 뇌도 좋아한다. 어린아이에게 가장 즐겁고 재미있는 경험은 무엇인가? 그것은 놀이이다. 그래서 놀이가 아이에게 너무나 중요하다. 비싼 교재 교구를 가지고만 놀 수 있는 것이 아니다. 아이에게는 플래시 카드나 책보다 흙이나 모래가 더 좋은 교재이자 교구일 수 있다. 부모가 아이와 집에 있을 때 아이의 사고력을 자극하는 방법은 아주 간단하다. 아이가 하고 싶어 하는 것을 아이와 함께 즐기면 된다. 아이들은 어렸을 때 좋아하고 관심을 가지는 대상이 한두 가지는 반드시 있다. 그 관심 분야부터 시작하면 된다.

예를 들어, 아이가 물고기에 관심이 있다고 하자. 그러면 작은 수족관을 만들어 집에서 물고기를 기르면서 직접 물고기를 관찰하게 한다. 물고기에 대한 책을 구입해서 아이에게 읽어 주면서 그림을 보고 대화한다. 또한 물고기에 대한 그림을 자주 그리고, 물고기에 대한 동영상이나 영화, 텔레비전 프로그램을 보면서 아이의 사고를 자극하는 것이다. 물고기의 세계는 넓고 넓다. 물고기와 관련한 관심을 점차 넓혀 가면서 민물고기, 바다물고기, 물고기의 종류, 생김새, 색깔, 사는 곳 등등 아이의 관심을 넓혀 주고 깊게 해 주는 방법은 얼마든지 있다.

02 어떻게 하면 행복한 미래가 오는가

그래서 아이를 가르치려고만 하지 말고 정서적 교감을 하는 것이 중요하다. 아이에게는 아이가 하고 싶어 하고 즐기고 재미있어 하는 것을 시키는 것이 가장 좋은 방법이다. 아이가 원하는 것, 배우고 싶어 하는 것을 시키면 된다. 아이가 싫어하면 왜 싫어하는지를 정확하게 파악해서 대처한다. 싫어한다는 건 아이에게 어떤 어려움이 있다는 증거이므로 그 원인을 찾아 없애 주는 것이 중요하다.

아이들에게 중요한 것은 부모가 자신을 소중하게 여기고 있음을 느끼는 것이다. 아이에게 숫자를 알게 하고, 글을 빨리 읽게 하는 것보다 더 중요한 것은 기본적인 신뢰감과 자존감을 형성하는 것이다. 아이들이 이야기하는 것이 들을 가치가 있다고 생각하는 것, 아이들이 마음껏 탐색하고 돌아다닐 수 있게 안정감을 주는 것, 아이들이 세상이란 참 재미있는 곳이구나 하는 생각이 들게 해 주는 것, 이것이 부모가 어린아이에게 해 주어야 할 가장 중요한 것이다.

우리는 "떠들지 말고 공부하라."고 한다. "놀지 말고 공부하라."고 한다. 하지만 떠든다는 것은 생각하는 것이다. 노는 것을 통해 어린 시절에는 사회에 필요한 거의 모든 것을 배울 수 있다. 외우는 지식은 이제 스마트폰 하나면 모두 해결된다. 인간관계를 넓히고, 소통을 하고, 문제를 해결하고, 창의적인 사고를 하는 것이 필요한 시대가 되었다. 그것은 책상에 앉아 있을 때보다 친구들과 수다를 통해 훨씬 더 잘 길러진다. 친구들과 신나는 놀이 속에서 훨씬 더 효과적으로 길러질 수 있다.

일상에서의 하브루타

"이 자전거 저쪽으로 치워라." 우리는 아이가 아파트 복도에 자전거를 세워 두면 부모가 생각, 판단, 결정을 해서 이렇게 행동을 시시한다. 생각, 판단, 결정 모두 부모가 했으니 아이는 배우는 것이 없다. 지시를 받았으니 기분이 나쁜 상태로 어쩔 수 없이 수동적으로 행동하게 된다. 그러면 유대인은 어떻게 할까?

"이렇게 복도에 자전거를 세워 두면 어떤 일이 일어날까? 네 생각은 어때?"
"사람들이 지나가는 데 방해돼요."
"사람들이 지나가다가 자전거에 부딪치면 어떻게 되지?"
"사람들이 다쳐요."
"그럼, 네 자전거는 어떻게 되지?"
"자전거가 넘어져서 망가져요."
"그럼 자전거를 어떻게 하는 것이 좋을까?"

그러면 생각, 판단, 결정, 행동 모두 아이가 하게 된다. 행동 역시 기쁘게 능동적으로 하게 된다. 다음 또한 우리가 쉽게 일상에서 접하는 대화일 것이다.

"1+1은 얼마니?"
"1이요."
"바보야, 어떻게 그게 1이야, 2지!"

이번에는 유대인 가정에서의 대화를 살펴보자.

"1+1은 얼마니?"

　　"1이요."

　　"왜 그렇게 생각하니?"

　　"물방울 하나에 물방울 하나를 더하면 물방울 하나가 되
잖아요."

　　"와! 세상에, 그런 생각을 다 하다니!"

엄마가 어린아이에게 오렌지 주스를 따라 주면서 묻는다.

"얘야, 이게 뭐니?"

"물이요."

이럴 경우 우리나라 엄마들은 주로 이런 반응을 보일 것이다. "이게
어떻게 물이니? 이건 물이 아니고 오렌지 주스잖아." 이렇게 엄마가 부
정적인 말을 하면 아이는 주눅이 들고, 자신감이 떨어지고 자존감도 낮
아진다. 이번에는 유대인 가정에서의 대화를 살펴보자.

"얘야, 이게 뭐니?"

"물이에요."

"그래? 왜 그렇게 생각하니?"

"노란 물이잖아요."

"와! 어떻게 그런 멋진 생각을 다 했니?"

아이는 엄마에게 칭찬을 받아 우쭐해진다.

"엄마가 진짜 물을 보여 줄게. 물을 자세히 살펴보자."

엄마는 유리컵에 물을 따른다. 아이는 물을 자세히 살펴본다.

"물은 어떤 색깔이니?"

전성수　　　　　　　　　　　　　　　　　　　　　　　　　 67

"물은 색깔이 없는데요."

"맞아. 물은 색깔이 없고, 오렌지 주스는 색깔이 있네. 물은 색깔이 없고, 오렌지 주스는 노란색 물이지."

분명 아이는 어른이 보기에 틀린 답을 했지만, 모든 것을 알고 태어난 아이는 없으므로 정답이 아니라고 해서 야단칠 필요가 없다. 단지 이렇게 물으면 된다.

"그래? 왜 그렇게 생각하는데?"

그러면 아이는 자기 나름대로 그렇게 대답한 이유를 설명할 것이고, 그 대답에 따라서 엄마는 질문을 통해 아이의 사고를 자극하면 된다.

정답은 오히려 창의성을 막을 수도 있다. 아이가 어렸을 때 엄마나 교사에게 들은 말은 모두 진리가 된다. 그래서 정답을 어른들로부터 들으면 아이는 그 범위에서 벗어날 수 없다. 자동적으로 정답을 말하는 기계로 자랄 수도 있다.

아이가 틀린 답을 말하거나 실수를 할 때는 아이와 하브루타를 할 수 있는 가장 좋은 기회이다. 예를 들어, 아이가 컵에 우유를 가져오다가 실수로 우유를 쏟는 상황을 생각해 보자. 그러면 보통 이렇게 반응할 것이다.

"이런. 바보야. 이게 무슨 짓이야?"

좀 점잖은 부모도 이렇게 반응할 것이다.

"이게 뭐니? 조심 좀 하지!"

아이가 실수했을 때 이렇게 반응하면 아이는 자신감과 자존감이 떨어진다. 실수하면 야단맞기 때문에 그 어떤 것도 시도하려 하지 않을 수도 있다. 아이는 누구나 실수할 수 있다. 태어나면서부터 모든 것을 잘

하는 아이가 누가 있는가?

"실수는 누구나 하는 거란다. 쏟은 우유는 닦으면 돼."

"우유가 든 컵이 너무 무거웠나 보구나. 컵에 손잡이가 있었다면 네가 우유를 엎지르지 않았을 텐데."

아이는 실수를 하면 위축될 수밖에 없기 때문에 그것을 안심시키는 것이 가장 먼저이다. 아이가 실수한 행동에 집중하는 것이 아니라 대안에 집중하는 것이 중요하다. 아이의 인격이나 잘못에 초점을 맞추는 것이 아니라 그 실수를 통해 문제를 해결하는 과정과 방법을 아이가 배우는 기회로 만드는 것이 중요하다.

"왜 우유를 쏟았을까?"

아이의 마음이 안정된 다음에 엄마가 이렇게 물으면 아이는 나름대로 생각을 해서 대답을 할 것이다.

"너무 무거웠어요."

"내가 뛰어서 그래요."

"컵을 꽉 잡지 않았어요."

아이의 대답을 듣고 그에 맞추어서 다시 대화를 계속하면 된다.

"얘야, 우유가 바닥에 쏟아져 있는데 이걸 어떻게 하면 좋을까?"

"깨끗하게 닦아야 해요."

"그럼 무엇으로 하는 것이 좋을까? 수건이 좋을까, 쓰레받기가 좋을까, 아니면 숟가락이 좋을까?"

만일 아이가 숟가락이 좋다고 말을 하면 엄마는 직접 숟가락으로 우유를 닦는 시도를 해 보는 것이 좋다. 직접 해 보는 것만이 아이 것이 되기 때문이다.

이렇게 아이와 방법을 찾아가며 대화를 나누면 마룻바닥을 깨끗이 하는 데 시간은 걸릴지 모른다. 한국 부모들은 워낙 급하고, 빨리 빨리 문화이기 때문에 걸레 같은 것으로 우유를 서둘러서 닦고 마무리하는 것이 훨씬 좋은 해결책이라고 생각할 것이다. 하지만 그러면 아이는 그 실수를 통해 아무것도 배울 수 없다. 아이의 자신감이나 자존감은 낮아지고, 부모와의 관계도 더 멀어진다. 아이는 실수할까 봐 그 어떤 시도도 하지 않게 될 수도 있다. 급할수록 돌아가라고 했다. 이런 대화의 과정이 아이에게 자신감을 심어 주고 생각하게 한다. 이렇게 하는 것이 다음에 실수를 줄이는 최선의 길이기도 하다.

행복한 국가의 미래, 생각하는 교육에 있다

- 유대인이 노벨상을 30% 차지하게 한다.
- 하버드대학교와 예일대학교를 비롯하여 아이비리그에 30% 입학하게 한다.
- 금융, 경제, 교육, 법률 등 각계각층에서 성공하게 만든다.
- 유대인 가족들을 모두 행복하게 한다.
- 자녀와의 애착이 해결된다.
- 2000년 만에 이스라엘이라는 나라를 세우게 만들었다.
- 유대인이 세계적으로 끈끈한 네트워크를 형성하는 비결이다.

- 이스라엘이 창업국가가 되는 이유이다.
- 구글, 페이스북 등의 기업이 몇 년 만에 세계 최고가 되게 한다.
- 학생들이 즐겁게 공부하면서도 실력은 쑥쑥 자라게 한다.
- 공부하는 시간이 짧으면서도 효율성이 높다.
- 시끄럽게 떠드는데 공부가 된다.
- 저절로 친구 관계가 좋아진다.
- 창의적인 아이디어가 자란다.
- 소통, 협력, 사회성, 대화 방법을 익힌다.
- 자기주도학습이 저절로 된다.
- 비판적 사고력, 논리적 사고력이 계발된다.

이 모든 것을 가능하게 하는 것, 그것이 하브루타이다.

미국경영연합회에서 21세기에 가장 필요한 역량으로 네 가지 C(4C)를 꼽았다. 그것이 비판적 사고력(Critical thinking), 소통(Communication), 협력(Collaboration), 창의성(Creativity)이다. 네 가지 중에 강의를 통해 기를 수 있는 것이 있는지 생각해 보자. 하브루타는 말하는 공부이기 때문에 소통이 저절로 되고, 함께하는 공부이기 때문에 협력이 자연스럽게 가능해진다. 더불어 질문과 토론의 공부이므로 비판적 사고력과 창의성을 기르는 데 가장 좋은 방법이다. 즉, 하브루타를 하면 이 네 가지 능력을 가장 잘 기를 수 있다.

최고의 공부는 무엇일까? 0.2%의 인구로 노벨상 30%를 차지하게 하고, 아이비리그에 30%의 학생을 입학하게 하는 공부 방법이라면 최고의 공부라고 할 수 있지 않을까?

우리에게 공부는 외우는 것이고, 책상에 오랫동안 앉아 있는 것이고, 혼자 책과 씨름하는 것이다. 인내하는 것이고 견디는 것이며 엉덩이 싸움이다. 학생들 책상 앞에 가장 많이 붙어 있는 말은 아마 '인내는 쓰나 열매는 달다.'라는 말일 것이다. '4당 5락'이란 말이 유행한 적이 있다. 네 시간 자면 합격하고 5시간 자면 떨어진다는 것이다.

우리나라에서는 책상 앞에 앉아 혼자 책과 씨름하면서 공부할수록 출세한다. 독서실이나 고시원에 오래 앉아 있을수록 출세한다. 수능을 비롯하여 사법고시, 행정고시, 외무고시 등등 모두 혼자 오랫동안 책과 씨름해야 가능하다. 이렇게 공부해서 우리의 지도자가 된다. 그러면 그 사람들은 다른 사람과 소통하는 게 결코 쉽지 않다. 지금은 평생 공부를 해야 하는 시대이다. 평생 공부해도 성공하기 어려운 시대에 우리는 살고 있다. 견디고 인내해야 하는 공부를 평생 할 수 있는가?

우리 교육의 가장 심각한 문제는 생각하기를 가장 싫어하는 아이들로 만든다는 점이다. 교과서에 있는 정답을 외워 정답을 찾는 시험만 계속 보다 보니 외울 줄은 알아도 생각은 하지 않는다. 스타강사는 학생들의 생각을 최소화시키고 정답을 족집게처럼 빨리 찾는 방법을 알려 준다. 생각하지 않는 사람에게 어떤 미래가 있겠는가? 한번 생각해 보자. 생각을 즐기는 민족의 미래와 생각하기를 가장 싫어하는 민족의 미래를. 질문은 생각하게 하고, 토론도 생각해야 할 수 있다.

친구와 떠들면서 대화, 토론, 논쟁을 하면 공부가 즐겁다. 질문과 토론은 뇌를 격동시킨다. 끊임없이 생각하게 한다. 그래서 안목과 통찰력, 지혜, 창의성이 생긴다. 다양한 관점으로 사고할 수 있게 된다. 하나의 정답이 아닌 다양한 해답을 갖게 된다. 친구와 떠들면서 공부하면 모든 인성 문제가 해결된다. 소통, 경청, 배려, 사회성 등이 저절로 길러진다. 그러면서 왕따나 여러 가지 청소년 문제가 줄어든다. 집에서 가족끼리 대화하면 대부분의 가정 문제가 해결되면서 행복이 찾아온다. 하브루타는 유대인이 3800년 역사를 통해 임상을 끝내고 그 효과를 증명해 놓았다. 그들은 성공하고 가족끼리 행복하게 잘 산다.

세종대왕의 시대를 만드느냐, 연산군의 시대를 만드느냐는 공부 방법에 달려 있다. 세종대왕은 소통과 토론과 논쟁의 대가였다. 신하들과 수도 없이 경연을 즐겼다. 심지어 노비 출신과도 소통을 통해 최고의 과학자인 장영실을 만들어 냈다. 세종대왕이 가장 많이 썼던 말은 "경의 생각은 어떠시오."였다. 이 말은 유대인 부모나 교사가 가장 많이 쓰는 "마따호세프(네 생각은 어때)?"와 동일한 말이다. 20년 동안 하는 공부를 소통과 토론으로 하면 세종의 시대가 되고, 일방적으로 강의하고 설명하고 혼자 외우면 일방의 시대, 독재의 시대, 연산군의 시대가 된다.

우리는 공부 방법 하나만 바꾸면 된다. 그러면 유대인도 넘어설 수 있다. 다른 모든 조건이 유대인보다 앞서기 때문이다. 우리는 그동안 100m 달리기처럼 공부를 해 왔지만 이제 빨리 빨리의 속도보다 더 중요한 것은 방법과 방향이다. 공부 방법을 바꾸는 데 국가의 미래가 달려 있다.

일방적으로 강의하고 설명하는 것을 듣고, 혼자 책과 씨름하는 공부는 소통하지 못하는 사람을 만들 뿐이다. 그렇게 외운 지식은 스마트폰 하나면 모두 해결되는 시대에 우리는 살고 있다. 공부 방법을 소통과 질문, 토론으로 바꾸는 것은 한국 문화를 바꾸는 것이고, 한국의 미래를 창대하게 하는 것이다. 한국의 미래는 공부 방법을 바꾸는 것에 달렸다.

전성수   73

우리는 공부 방법 하나만 비꿔도 유대인을 잎설 수 있다. 다른 모든 것은 유대인보다 앞서 있기 때문이다.

인성이든 행복이든 관계성에 기초한다. 인성을 기르려면 함께하는 활동을 늘리면 된다. 그러면 저절로 경청, 배려, 책임감, 협력 등의 인성이 길러진다. 행복 역시 관계에서 온다. 가정의 행복도 가족 간의 관계성에서 오고, 사회에서의 행복도 사회에서의 관계성에서 온다. 관계가 깨지면 불행하고, 관계가 따뜻해지면 행복하다. 하브루타는 관계성에 최고의 방법이다. 하브루타를 하면 인성이든 행복이든 해결된다.

국가는 국민이 구성한다. 국민이 성공해야 국가가 성공하고, 국민이 행복해야 국가가 행복하다. 전 국민이 20년 정도를 또는 그 이상 공부를 해야 하는 현 시대에 공부 방법, 교육 방법, 수업 방법을 혁신하는 것은 그 무엇보다 중요하다. 어떤 방법으로 공부하느냐가 그 국민을 만들고, 국가를 만들기 때문이다.

03
행복은
여가를 통해 발견된다

이철원
연세대학교 스포츠응용산업학과 교수

여가와 행복은 사촌지간이다. 이 둘은 필요충분조건 관계이다. 재미, 의미, 리추얼, 즐거움, 환희, 만족, 삶의 질 등과 같은 개념 등을 서로 공유한다. 그 선택을 하는 사람은 바로 '나'이다. 다시 말해 여가 활동을 선택하는 것도 '나'요, 행복과 불행을 선택하는 자도 '나'라는 뜻이다.

행복은 경험이다

왜 우리는 행복하기 힘든가? 나를 포함해 주변 많은 사람의 행복감이 낮은 이유는 너무 바쁘고 초조하게 살고 있어서 그런 거 같다. 지하철에서 휴대전화에 얼굴을 묻고 출퇴근하는 삶에서 행복의 의미를 깨닫기는 어렵다. 그런 의미에서 내가 생각하는 행복의 개념을 먼저 말하는 것이 좋을 듯하다. 내가 보는 행복이란 삶을 여유 있게 즐기고, 그리고 어머니가 끓여 주시는 곰탕처럼 여러 번 우려낸 듯한 성찰이 포함된 경험 과정이다. 행복은 절대적으로 주관적이다. 만약 행복이 객관적인 실체성을 가지고 있다면 부자와 권력자는 무조건 행복해야 한다. '가진 자'가 행복까지 소유했다고 볼 수 없다. 그들이 짊어져야 하는 보이지 않는 짐은 행복 속의 불행이 되기도 한다. 돈이 최고라고 여기는 사람들은 세계 최대 소매업체인 월마트의 창업주 샘 월튼(Samuel Moore Walton)의 죽기 전 후회에 대해 주목해야 한다. 그는 세계에서 손꼽히는 거부가 되었지만 월마트를 성장시키기 위해서 자식이나 손자들과 함께하는 시간을 갖지 못했다. 그래서 죽기 전까지도 손자들의 이름을 절반밖에 외우지 못했다고 한다. 결국 그는 죽기 직전에 그토록 바쁘게 살았던 자신의 삶을 후회했다고 한다.

행복은 즐거움과 힘듦을 동시에 포함하는 경험이다. 도스토옙스키(F. Dostoevskii)는 "인간이 불행한 이유는 자신이 행복하다는 사실을 깨닫지 못해서이다."라고 하였다. 불행한 사람은 안 좋은 일만 생각하고 비관한다. 행복한 사람은 시련 속에서도 한 줄기 빛을 본다. 그(그녀)는 힘들고 어려운 일이 있으면 반드시 좋은 일도 있으며 인간사가 다 그런 것이라고 말할 수 있는 사람이다. 인간의 행복과 불행은 뫼비우스 띠처럼 이어져 있다. 불행 속에 행복이, 행복 속에 시련이 숨어 있다. 구체적으로 내가 생각하는 행복의 개념은 다음 세 가지이다.

첫째, 행복은 결과가 아닌 과정이다. 인생에서 행복이 결과에 있다고 생각하는 이들은 인생을 레이싱을 하듯 산다. 무조건 앞만 보고 달리는 삶에서 내 발 밑에 있는 행복을 찬찬히 살펴보기는 어렵다. 학창 시절을 추억해 보면, 그렇게 갖고 싶었던 카세트라디오를 부모님을 졸라서 실제 그것을 가지게 되었을 때 소유를 통한 행복감은 오래 가지 않았다. 그토록 가지고 싶었던 카세트라디오도 얼마 지나지 않아 내 책상의 또 다른 장식품으로 자리 잡았다. 행복은 그런 것이다. 간절히 원해 손에 넣은 후부터는 언제부터인지 모르게 애정이 식는다. 내가 얻고자 노력하는 그 과정이 오히려 더 즐거웠다. 그래서인지 김정운 소장의 이 말이 더 와 닿는다(김정운, 2003, pp. 49-50).

행복은 과정이다. 지금 당장 행복을 선택하라. 바다가 보

03 행복은 여가를 통해 발견된다

고 싶은가? 그럼 지금 당장 강릉행 기차를 타라. 당신의 행복은 절대 먼 미래에 있지 않다. 혹시 현재의 행복을 찾는다고 나섰다가 괜히 미래를 망치는 건 아니냐고 반문하는 사람도 있을지 모르겠다. 참, 걱정도 팔자다. 걱정하지 않아도 된다. 지금 당신이 행복을 선택하면 당신의 미래는 당연히 핑크빛이다. 중요한 건 지금 이 순간 당신이 망설임 없이 선택할 만큼 좋아하는 일이 있느냐 하는 것이다.

둘째, 행복은 재미가 있어야 느껴진다. 재미가 있으면 누가 시키지 않아도 하게 된다. 내가 하는 일이나 여가 활동이 재미가 있으면 지속적으로 하게 되고, 그 안에서 의미를 발견하게 된다. 우리 스스로가 의미를 찾을 수 있다면 다른 사람의 눈에는 힘들게 보이는 일도 불평이나 불만 없이 할 수 있다. 무더운 여름 북한산 비봉에 오르는 산악인을 보는 이들은 참 힘들겠다고 하지만, 정작 본인은 즐거워서 하는 일이라고 말한다. 그는 비봉을 오르는 일에서 다른 사람이 모르는 큰 재미와 의미를 발견하고 그 과정이 그에게는 행복한 순간이 된다. 나의 눈으로 다른 사람의 행동에서 행복과 불행으로 판단하는 우를 범해서는 안 된다.

셋째, 행복은 자존감 속에서 나온다. 자존감이 있으면 지금 내가 처한 환경에 순응하고 그 안에서 즐거움을 찾을 수 있다. 또한 즐거움, 기쁨, 환희와 같은 감정을 작은 일이나 순간에서 포착할 수 있다. 자존감이 있는 사람은 다른 사람이 뭐라 하건 간에 내 인생을 사랑할 수 있는 인간이다.

지금 내가 이야기하는 행복과 반대되는 불행해지는 방법에 대해 김형철 교수는 세 가지로 설명한다(김형철, 2015, pp. 61-64). 첫째, 자신이 이룰 수 없는 무엇인가를 원할 때 사람은 불행해진다. 노력을 하지 않고 요행을 바라는 것 자체가 불행을 잉태하기 때문이다. 예를 들어, 우연히 복권에 당첨된 사람이 그 돈을 다 쓰고 다시 복권을 사서 당첨되기를 기원하는 일은 미련한 일이다. 확률이 없고 불가능한 일에 대하여 요행을 바라는 삶은 불행하다는 것이다. 둘째, 남들과 비교할 때에 불행은 시작된다. 내 인생을 다른 사람과 비교하는 순간부터 불행이 시작된다. 셋째, 쾌락을 추구하면 추구할수록 불행해진다. 쾌락을 행복과 같은 의미라고 착각하는 사람들이 있는데, 쾌락은 추구할수록 행복과는 멀어진다. 김형철 교수 말대로 행복하기 위해서는 요행을 바라지 않고, 타인과 비교하지 않으며, 쾌락만을 추구하지 않아야 한다. 다시 말해, 자신의 노력에 의하여 성취되는 '맛'을 느끼는 사람이 그렇지 않은 사람보다 행복할 가능성이 높다. 그래서 법정 스님은 우리의 불행은 남과 비교하고 오히려 더 가지고자 하는 욕망에서 비롯된다고 말하였다.

현대인은 행복의 기준을 흔히 남보다 많고 큰 것을 차지하고 누리는 데 두려고 한다. 수십 억짜리 저택에, 또 몇 억짜리 자동차에, 몇 억짜리 무슨 무슨 회원권을 지녀야 성에 차 한다. 물론 행복은 주관적인 가치이므로 한마디로 이렇다 저렇다 단정적으로 말할 수는 없지만 행복은 결코 많고 큰 데만 있는 것은 아닐 것이다. 적거나 작은 것을 가지고도 고마워하고 만족할 줄 안다면 그는 행복한 사람이다. 현대인의 불행은 모자람에서가 아니라 오히려 넘침에 있음을 알아야 한다(법정, 2006, p. 103).

그렇다면 행복을 일상에서 자주 경험하는 방법은 무엇일까? 여가학
자인 나에게 이에 대해 질문한다면 서슴지 않고 그 답은 여가(餘暇) 향유
에 있다고 말하고 싶다. 여가 시간을 충실히 보낼 때 행복을 자주 경험
하게 된다고 말이다.

과거에 여가는 별로 중요하게 여겨지지 않았다. 이제는 일보다는 여
가가 중요한 시대가 되었다. 2011년 방한했던 세계적 여가학자 크리스
로젝(C. Rojek) 교수는 한국 현실에서 근로자에게 중요한 것이 바로 '감정
노동(emotional labor)'이라고 했다. 그가 말하는 감정 노동이란 근로자들이
일할 때에 경험하는 주어진 업무에 대한 만족감, 행복감 등의 사회심리
적인 요인을 말한다. 그는 지금 한국 사회에서 필요한 것은 노동 시간을
늘려 생산량 증가에 힘쓰는 것이 아니라, 근로자들이 일할 때에 느끼는
만족감, 행복지수를 향상시키는 데 신경을 써야 한다고 하였다. 이를 위
해 회사는 근로자들의 인간관계를 증진하고, 업무 자발성을 이끌어 내
는 데 집중해야 한다고 하였다. 그는 한국 사회에서 여가에 대한 재해석
이 필요하다고 역설하였다. 대학자는 지금 우리에게 여가는 단순한 휴
식이 아니라, 조직 구성원들의 긍정적 감정을 유발하는 촉진제로 여겨
야 한다는 메시지를 던지고 돌아갔다(최은수 · 정석환, 2011년 7월 26일). 조직
만이 아니라 사회 구성원 자신도 여가의 중요성을 자각해야 한다. 여가
경험을 통해서 나의 행복감을 강화할 수 있다는 깨달음이 필요하다는
이야기이다.

행복이 단순한 개념이 아니듯 그 접근 방식은 다양하다. 그중에서 자

신이 자유로운 시간 동안에 원하는 여가 활동을 하면서 만족을 느끼는 이는 행복을 자주 경험할 수 있다. 좋아하는 사람들과 즐거운 활동을 하면서 서로 긍정적인 감정을 한 울타리에서 나누고 사는 이의 삶에는 행복이 넘쳐날 수 있다.

당신은 여가를 즐길 준비가 되었는가

미래학자인 다니엘 핑크(D. Pink, 2012)는 저서 『새로운 미래가 온다(Whole new mind)』에서 미래 인재의 조건에 대하여 다음의 여섯 가지를 충족하는 사람이라고 하였다. 첫째, 디자인(design)이다. 같은 제품이라도 디자인이 훌륭하면 소비자의 마음을 얻는다. 둘째, 스토리(story)이다. 이제는 스토리가 없는 제품은 살아남기 힘들다. 아이폰이나 맥북을 사랑하는 사람들이 왜 많은지를 생각하면 된다. 셋째, 조화(sympathy)이다. 서로 어울리지 않을 것 같은 이질적인 물체들 사이의 연결은 색다른 제품을 만들게 해 준다. 넷째, 공감(empathy)이다. 공감은 내가 타인의 입장에서 어떠한 감정을 느낄지에 대하여 고민하는 것이다. 다섯째, 유희(play)이다. 이제 잘 노는 사람이 성공하는 시대이다. 여섯째, 의미(meaning)이다. 물질적 제약에서 벗어나면 그다음에는 정신적 만족을 추구하는 것이 인간의 보편적인 진리이다. 이와 같은 의미를 지향하는 사람은 열정적으로 또는 몰입하며 자신의 일을 할 수 있다. 다니엘 핑크가 말하는 이 여섯 가지는 어떻게 향상될

03 행복은 여가를 통해 발견된다

수 있을까? 이러한 가치들이 정반합된 한 단어는 바로 '창의성'이다. 그렇다. 미래에는 창의성을 가진 인재가 사회의 리더로서 역할을 수행하는 시대이다. 창의성은 어떻게 배양되는가? 과거 패러다임과 달리 현재의 관점에서는 창의성은 철저하게 잘 노는 가운데에서 성장한다.

세계 IT회사를 대표하는 구글은 세계 곳곳의 사무실이 놀이터와 같다. 직원들의 창의성 증진과 직업 만족도를 높이기 위해서 기존의 틀을 다 깨 버렸다. 심지어는 자신이 기르는 큰 개를 데리고 와서 사무실에서 같이 놀면서 일해도 된다. 이렇게 잘 노는 환경을 만들어 주면 자연스럽게 직원들의 창의성은 높아진다. 우리도 말만 창의력, 창의성이 중요하다고 외칠 것이 아니라, 구글이나 사우스웨스트항공처럼 형식은 과감히 버리고 즐거운 일터를 통해 최상의 성과가 나오도록 유도해야 한다. 미국의 항공사인 사우스웨스트항공은 직원이나 고객이 즐거워야 회사가 발전한다는 '펀 경영'을 실천하는 대표적인 회사이다. 그래서 기장을 뽑을 때에도 가장 중요한 조건이 사우스웨스트항공사의 하계 반바지 유니폼이 가장 잘 어울리는지 여부라고 한다. 그렇게 선발된 조직 구성원들은 회사의 분위기에 만족하고, 직무 스트레스도 거의 느끼지 않고 근무한다.

세계적으로 창의적인 회사들이 조직원들의 여가를 중시하고 있지만, 아직까지 한국 사회의 회사들은 구성원들의 여가에 대하여 많은 관심을 갖지 못하고 있다. 이제는 일의 논리에서 창의성을 찾을 것이 아니라, 여가 향유 관점에서 창의력 담론을 우리 사회에서 끌어내야 한다.

지금 이야기하는 여가는 단순히 시간을 때우는 것을 의미하는 것이 아닌, 삶의 영양제로의 재충전을 말하는 것이다. 여가는 라틴어로 '자유롭게 되다'라는 리세르(licere)라는 단어에서 유래하였다. 무엇보다도 심리적으로 나에게 주어진 의무와 틀에서 자유롭게 된다는 것을 말한다. 자유롭게 시간을 경험하면 삶이 재미있어진다. 우리가 주목해야 하는 점은 생활이 재미있으면 그러한 감정이 내가 하는 일에도 연동된다는 것이다. 잘 놀지 못해서 힘들고 주말에 우울한 사람들은 월요일에 심장병에 노출될 확률이 높아진다. 내 생활이 재미있으면 일을 하는데도 콧소리가 나오는 법이다. 그러한 사람들이 많은 구글 같은 회사가 세계적으로 명망 있는 회사가 되는 것은 당연한 일이다.

한국 사회는 주 5일 근무제 이후 여가 시간이 많이 증가했다. 하지만 그러한 환경에서 어떻게 노는지 몰라 고생하는 사람도 많아지고 있다. 우리 사회의 성취 지향적 문화가 여가 시간에도 놀지 못하게 만들고 있기 때문이다. 그래서 실제로 여가 시간이 증가했지만 어떻게 놀아야 하는지 몰라 고생하며 살고 있다. 서울시가 2014년에 15세 이상 시민 4만 7천여 명에 대해 조사한 보고서 「통계로 본 서울 시민 여가, 문화 생활」에 따르면, 이들 중 44.6%가 주말이나 휴일에 텔레비전 시청을 한다고 대답하였다. 그다음으로 여행(12.0%), 종교 활동(8.55%), 문화 관람(7.3%) 순으로 나타났다(유희경, 2015년 7월 23일). 이 통계치가 말하는 것은 우리는 참으로 못 놀고 있다는 사실이다. 우리는 잘 노는 데에는 문외한이다.

사회 구성원 모두는 자신에게 주어진 일을 수행하며 살아간다. 어떠한 일이든지 소명에 따라 성실히 수행하는 삶은 아름답다. 그런데 자신이 하는 일에 대하여 과도하게 예민하게 생각하거나, 불안해하는 소위 '개미 콤플렉스'가 문제이다. 의외로 주변에는 개미 콤플렉스 때문에 고생하는 지인이 많다. '이 정도에서 일을 정리하고 퇴근하면 상사가 뭐라

03 행복은 여가를 통해 발견된다

할 텐데 어떻게 하지?' '동기 상철이는 지금도 일하고 있는데 나는 퇴근 해도 되나?' 등의 하지 않아도 되는 일에 대한 욕심과 걱정이 그들을 힘들게 한다. 이러한 콤플렉스를 가지고 있는 사람들은 한결 같이 여가 시간을 잘 보내지 못한다. 실제 여가 시간이 주어져도 일 걱정에 마음이 편치 못해 잘 즐길 수 없다.

일중독, 개미 콤플렉스, 여가증후군 등을 경험하는 사람들의 한결 같은 공통점이 있다. 언제, 무엇을 할 때에 재미있는지를 모른다는 것이다. 내가 언제 재미있는지를 구체적으로 모르면 언제 행복한지도 알 수 없다는 법이다.

그렇다면 여가를 잘 보낼 수 있는 선행 조건은 무엇인가? 첫째, 내가 가장 좋아하는 여가 활동이 무엇인지를 꼭 끄집어내야 해야 한다. 외부 강연에서 본인이 좋아하는 여가 활동을 열 가지 정도 적으라고 하면 많은 사람이 머뭇거린다. 자신이 좋아하는 여가를 열 가지 이상 말하기가 어려운 사람이 많다. 여가를 잘 보내기 위한 첫걸음은 '내가 좋아하는 여가' 또는 '내가 가장 재미를 느끼는 활동'에 대해 나만의 구체적 정의를 만드는 것이다. 남을 따라서 하는 여가 활동이 아니라 내가 진짜 좋아하는 나만의 여가 활동이 무엇인지를 정확하게 알아야 한다. 여가를 잘 보내기 위해서는 자신에게 최적화된 재미가 묻어나는 여가 활동을 꾸준히 하는 것이다.

둘째, 놀 때에는 몰입해야 한다. 몰입이라는 말은 미국의 심리학자인 칙센트미하이(M. Csikszentmihalyi)가 제시한 개념으로 무엇인가에 확 빠져들어 시간 가는 줄도 모르고 지내는 상태를 말한다. 우리가 흔히 이야기하는 '무아지경'이라는 말은 몰입을 잘 나타낸다. 몰입하기 위해서는 내가 좋아하는 활동에 최소한 두 가지 요인이 포함되어야 한다. 바로 과제 수준과 기술 수준이다. 예를 들어, 동네 테니스 동호회 챔피언인 문석이 와 테니스를 배운 지 6개월 되는 나와 시합을 하면 몰입이 잘 일어나지 않는다. 몰입은 비슷한 수준의 사람이나 대상의 여가 활동에서 생겨 난다.

셋째, 내가 놀았던 활동에 대해 반성하는 시간을 가져야 한다. 자신의 여가 활동에 대한 성찰을 자주 하면 할수록 다음번에는 더 재미있게 참여할 방법을 고안할 수 있다. 가장 손쉽게 행복해지는 방법은 내가 오늘 가족과 함께 양재천을 걸으며 나누었던 이야기와 내 이야기를 맞장구를 쳐 주던 가족들 얼굴 하나하나를 기억해 내는 것이다.

여가와 행복은 사촌지간이다. 이 둘은 필요충분조건 관계이다. 재미, 의미, 리추얼, 즐거움, 환희, 만족, 삶의 질 등과 같은 개념 등을 서로 공유한다. 이 둘의 관계에서 주목할 점은 그 선택을 하는 사람은 바로 '나' 라는 것이다. 다시 말해 여가 활동을 선택하는 것도 나요, 행복과 불행을 선택하는 자도 나라는 뜻이다.

우리가 기억해야 할 행복의 습관들

앞서 행복의 개념으로 과정, 재미와 자존감을 이야기했다. 그렇다면 어떻게 살아야 또는 행복에 접근해야 삶 속에서 행복이 넘쳐날까? 이에 대한 해답을 소개하고자 한다.

첫째, 삶 속에서 '죽음'이 무엇인지를 깨닫고 사는 사람은 일상의 작은 일에서도 행복을 발견하게 된다. 인간은 죽음을 인식하면서 자신의 인생을 더욱 사랑할 수 있다. 죽음에 대한 전문가이자 정신과 의사인 엘리자베스 퀴블러 로스(E. Kubler-Ross)는 죽음은 새로운 시작이라고 수없이 말했지만, 막상 본인이 뇌출혈로 사경을 헤매자 죽음의 공포 앞에서 힘들어했다. 그녀는 죽음을 앞두면 오늘 하루의 소중함을 깨닫게 된다고 하였다. 그렇다. 죽음에 대한 인식은 지금 나를 소중하게 여기게 해 주는 혹은 어쩌면 신이 우리에게 보내는 "네 삶에 하찮은 것은 없다."라는 신호이기도 하다. 우리가 현재의 쾌락만을 지상 최대의 목표로 생각하고 산다면 쾌락주의에 빠지기 쉽다. 쾌락만을 추구하는 사람은 진정한 평강이 무엇인지 모른다. 그 쾌락 안에서도 불안함을 자주 느낀다. 정신적으로 안정을 취할 수 없어 쉽게 우울해진다.

톨스토이(L. Tolstoy)는 항상 '죽음을 기억하라.'라는 명제를 기억했다. 그는 실제 여러 죽음을 목격했다. 세 살 때에는 어머니가, 열 살 때에는 아버지가 세상과 등졌다. 좋아하던 형도 서른다섯에 죽었다. 그 자신도 58세 때 마차 사고로 죽음의 문턱까지 갔다 왔다. 그러면서 그는 죽음의 존재에 대하여 항시 깊은 명상을 했다. 그에 따르면, 우리가 죽음을 기억하면 지금 이 순간의 고마움을 알 수 있다고 했다. 죽음을 기억한다는 것은 지금의 모든 것을 받아들이고, 고마움에 대해 참다운 의미를 깨닫는 것이다. 죽음에 대하여 아는 것은 주위의 사소한 것에서 행복을 발견하는 길이기도 하다. 지금 삶에 지쳤거나 무료하다면 오늘 하루는 그토록 하루 더 살고 싶어 하는 그 누군가의 하루라는 것을 깊이 성찰할 필요가 있다.

둘째, 일에서 의미를 발견해야 행복할 수 있다. 우리 삶에서 중요한 것들은 많다. 많은 사람이 현대를 살아가는 데 돈을 지상 최대의 가치로 삼기도 한다. 그러나 그 돈도 의미를 잃어버린 상황에서는 가치가 크게 떨어진다. 듀크대학교 경제학과 댄 애리얼리(D. Ariely) 교수는 저서 『경제심리학(Upside of irrationality)』에서 제자와 관련된 일화를 소개하였다. 애리얼리 교수에게 어느 날 뉴욕의 투자 은행에 입사해서 많은 연봉을 받는 졸업생 한 명이 인사차 찾아왔다고 한다. 그 졸업생은 본인이 최근 겪은 어처구니없는 경험에 대하여 이야기했다. 그는 회사 합병 건으로 10주간의 프레젠테이션 자료를 만드느라 혼신의 힘을 쏟았다. 많은 노력 끝에 프레젠테이션 자료를 완성하여 상사에게 보고를 하자 그 상사는 "정말 미안하네. 합병 건은 없던 일로 되었네. 자네 자료는 참으로 잘 만들었어."라고 말했다 한다. 이 사건 이후 그는 본인이 하는 일이 아무런 의미가 없는 일이 될 수 있다는 사실에 대하여 근심하게 되었다. 만약 그가 돈만을 생각하고 일을 했다면 별로 실망하지 않았을 것이다. 그러나 그에게는 돈보다 의미가 일의 동기로 작용하고 있었다. 이를 계기로 애리얼리 교수는 일의 동기에 대한 연구를 수행하였으며, 이를 통해 조직 구성원의 생산성을 높이기 위해서 일을 통한 의미를 깨닫는 것이 중요하다고 했다. 돈보다도 더 중요한 것은 내가 하는 일이나 업무가 가치 있다고 느껴지는가 하는 것이다(김형철, 2015).

일에서 특별한 의미를 깨닫고 사는 이는 일의 과정을 즐긴다. 남들이 보기에는 힘들어 보여도 콧소리를 내고 일을 한다. 내가 근무하는 지역인 신촌 거리에서 튀김을 파는 아저씨는 손님들에게 항상 웃으며, 그 튀김을 온갖 정성을 다해 튀긴다. 그 튀김은 당연히 최고의 맛이다. 자신이 하는 일에 자부심을 갖고 일하는 그 아저씨가 참으로 멋있어 보였다. 아니, 참으로 행복해 보였다.

셋째, 선택에 대한 관점을 바꾸어야 행복할 수 있다. 소설가 정여울은 선택의 어려움에서 벗어나는 법에 대하여 다음과 같이 이야기하였다(정여울, 2015년 10월 10일). 먼저, 한 번 선택한 일이 평생 영향을 미친다는 잘못된 믿음에서 벗어나야 한다는 것이다. 서양 격언 중에 '인생은 양지와 음지로 이루어져 있다(Life is full of ups and downs).'라는 말이 있다. 우리네 인생은 좋은 일과 나쁜 일이 생길 수 있는 개연성을 가지고 살아야 한다. 그다음으로 나를 투자의 대상으로 매도하지 않는 자세가 선택의 중압감에서 벗어나게 한다. 선택에 대한 관점을 바꾸고, 나의 존재를 재인식하는 일은 행복을 위한 전제 조건이 된다. 우리는 일생을 살면서 많은 선택을 경험한다. 나의 경우 20대에 그렇게 노심초사했던 선택이나 결과들이 지금 생각해 보니 아무것도 아니었다는 것을 자주 깨달아 헛웃음을 지은 적이 한두 번이 아니다. 당시 밤잠을 못 이루었던 그 일들, 마음의 상처를 입었던 짓궂은 신의 장난이라고 생각했던 일들이 지금 생각해 보면 별일 아니었다.

행복하기를 원한다면 이제부터 선택의 중압감에서 벗어나야 한다. 잘못된 선택을 할 수도 있고 일을 망칠 수도 있다고 생각해야 한다. 선택이나 기회는 이번 한 번뿐이 아니라 다음에도 올 수 있다는 생각이 필요하다. 나는 가치 있는 존재라는 인식이 중요하고, 내가 한 선택이 혹시 잘못되더라도 그 속에서 무엇인가를 배우면 된다는 생각이 필요하다. 일을 망치고 아무것도 배우지 못하면 그것은 실수이나, 그 속에서 무엇인가를 배우면 그것은 귀중한 체험이 된다는 말이 있다. 우리 인생에서 '한 방'이 그렇게 중요하지 않다는 생각도 가져야 한다. 내가 한 선택에 대해서는 후회하지 않고 다음번에 더 잘하면 된다. 선택에 대한 관점을 바꿀 때 우리는 더욱 행복해진다.

넷째, 행복한 순간을 나의 '감정 습관'으로 만들어야 한다. 현재 상황이 행복한지 또는 그렇지 않은지는 내가 현재를 '어떻게 보는지'와 관련이 깊다. 정신과 전문의인 박용철 박사는 저서 『감정은 습관이다』에서 행복하기 위해서는 감정 습관이 중요하다고 했다. 감정 습관이란 우리가 습관적으로 반복하는 감정을 말한다. 평상시에 행복하다고 생각하고 사는 사람은 살면서 조그마한 변화에도 행복하다고 느낀다. 반면 불행하거나 우울한 감정이 표준으로 자리 잡은 사람은 아무리 좋은 일이 있어도 금세 우울해진다. 평소 걱정이나 불안한 감정을 가진 사람은 불안한 상태가 마음을 편하게 하기 때문이다. 이렇듯 행복하기 위해서는 표준 감정을 바꿔야 한다. 박용철 박사는 행복한 순간을 자주 떠올리고, 감사한 것에 대해 기록하며, 확인해 나가야 긍정적인 감정 습관이 만들어진다고 하였다. 결국 행복이 표준 습관으로 자리 잡으면 아주 작은 일에도 감사하게 되고 내 삶은 즐거워지는 것이다.

행복하기 위해서는 노력해야 한다. 일상에서 사소한 것들이라도 메모하고, 기쁠 때나 즐거울 때에 그 감정을 글로 적어 봐야 한다. 이렇게 적은 즐거운 순간과 행복한 일에 대한 글을 수시로 꺼내 보는 일은 긍정적 감정 습관을 갖게 한다(박용철, 2013, p. 39).

다섯째, 현명하게 소비해야 행복해진다. 하버드대학교 경영대학원의 마이클 노턴(M. Norton) 교수는 돈으로 행복을 살 수 있다고 하였다. 단,

소비를 현명하게 해야 돈을 통하여 행복을 누릴 수 있다는 것이다. 그는 조선일보와의 인터뷰에서 물건을 구매할 때보다 체험을 소비할 때에 더 행복한 이유에 대하여 다음과 같이 말했다. "물질을 통해서 얻는 기쁨은 금세 사라지지만 체험의 기쁨은 오래 지속됩니다. 여행에서의 기쁨이 가방을 살 때보다도 더 오래가지 않습니까? 시간이 갈수록 물건의 가치는 떨어지는데, 경험은 시간이 갈수록 가치가 더욱 올라갑니다. 시간이 지난 후에 힘들었던 일도 추억거리가 되는 법이죠"(오윤희, 2013년 11월 16일). 그는 행복한 소비 경험을 위해서 돈을 먼저 내고 일정 시간이 흐른 뒤에 소비를 경험해 보라고 한다. 이는 눈앞에 맛있는 초코 아이스크림을 바로 먹어치우는 것보다 냉동고에 넣고 1시간 정도 후에 먹으면 그 시간 동안 기대감이 생겨 아이스크림이 맛있는 것과 같은 이치이다. 미국의 화장품 배달 회사인 버치 박스(Birch Box)는 회원들에게 매달 초순경에 돈을 내게 한 후, 2주 후에 물건을 배달해 준다. 지출에 대한 심리적 부담이 어느 정도 없어질 때에 화장품을 배달받은 회원들은 상당히 즐거워한다. 이 회사 창업주인 헤일리 버나(H. Barna)는 "우리 회원들은 버치 박스를 공짜로 얻는 것처럼 즐거워한다."고 하였다(오윤희, 2013년 11월 16일).

하버드대학교 심리학 교수이며, 행복에 대한 색다른 정의를 다룬 『행복에 걸려 비틀거리다(Stumbling on happiness)』의 저자인 대니얼 길버트(D. Gilbert) 교수는 특이한 이력을 가지고 있다. 그는 15세 때 고등학교를 중퇴하고 가출해 미국 전역을 떠돌며 소위 인생 공부를 했다. 그는 18세에 콜로라도주 덴버시에 정착하고 결혼해서 아들도 낳았다. 당시 그는 공상과학(SF) 소설가로 생업을 이어갔다고 한다. 당시에 길버트는 정규교육을 반지 않아 소설을 쓰면서 철자법도 틀릴 정도였다. 그가 세계적 심리학자가 된 계기는 의외로 엉뚱한 기회 때문이었다. 글 쓰는 능력을 향상시키기 위해 동네 커뮤니티 컬리지에 수강 신청을 하고자 길을 나섰는데 버스가 늦게 도착했다. 영작문 수업을 수강하지 못하게 되자 그가 울며 겨자 먹기로 등록한 수업이 심리학 수업이었다. 이후 길버트는 심리학 공부에 재미를 느껴 콜로라도대학교에서 심리학 학사를 받고, 명문 프린스턴대학교 심리학과에서 박사학위까지 받고, 이후 행복 연구의 대가가 되었다. 그는 TED 강연에서 인간은 합리화하는 능력이 있는 존재라는 가정에서 행복 논의가 출발한다고 주장한다. 아무리 기쁜 일이 있어도 3개월 이상 지속되기 힘들고, 정말 애도할 만한 사건이라도 친구들과 술한 잔 마시고 금세 잊을 수 있는 것이 인간의 속성이라는 것이다.

비틀스의 과거 멤버로 비운의 드러머로 여겨지는 피트 베스트(P. Best)는 비틀스가 세계적 명성을 얻기 전에 링고 스타(R. Star)에 밀려 비틀스를 떠났다. 모든 사람이 비운의 드러머라고 생각하지만 본인은 정작 "비틀스 멤버로 활동했더라도 지금보다 더 행복하기는 힘들었을 것이다."라고 하였다.

길버트 교수에 의하면, 우리는 심리적 면역체제가 있어서 어떤 일을 당해도 본인 스스로를 지키기 위하여 이 체제가 활발히 움직인다고 한다. 결국 현재에 당연하게 여기는 행복 수준이 미래에는 중립적이 될 수 있기에 행복에 대한 지도를 다시 그려야 한다는 메시지를 길버트 교수는 던져 준다.

길버트 교수가 주장하는 소비와 관련된 행복 방법론은 세 가지 특성이 있다. 첫째, 명품을 사는 것보다는 여행을 가는 것이 더 큰 행복감을

03 행복은 여가를 통해 발견된다

준다. 경험 소비를 하는 것이 물건을 사는 것보다 더 많은 행복감을 주기 때문이다. 여행과 같은 경험 소비가 행복감이 큰 이유는 특정 여가에 대한 추억을 회상하거나 기억하면서 즐거운 감정을 자주 떠올릴 수 있기 때문이다. 물건을 소유하기 위해 소비하는 즐거움은 그리 오래 가지 못한다. 둘째, 의도가 어찌 되었든 타인을 도와주는 '주는 소비'는 행복감을 증진시킨다고 한다. 타인에게 밥을 사거나 금전적인 도움을 주면 이로 인해 나의 행복감이 증진된다. 셋째, 비싼 물건 하나를 사기보다는 싼 물건을 여러 개 사는 것이 행복감 증진에 도움을 준다고 한다. 자동차를 사기 위해서 1천만 원 이상의 돈을 써서 느끼는 행복감보다는 속옷, 예쁜 꽃, 달콤한 원두커피 빈 등을 자주 사는 것이 우리를 더 행복하게 만든다는 것이다. 싸지만 본인의 즐거움을 위한 선물을 자주 사는 것이 행복감을 더욱 증진시킨다.

자본주의 사회에서 현명한 소비는 미덕이다. 특히 본인이 돈과 관련해서 스트레스를 받지 않으려면 현명하게 지출하고 써야 한다. 잘못된 지출이 행복과 멀어지게 할 수 있으니 돈을 잘 관리하는 것이 행복과 직결된다는 것을 명심해야 한다.

여섯째, 타인과 깊은 공감을 갖고 어려움을 나누고 살 때 행복해진다. 미국 심리학자인 대니얼 골먼(D. Goleman)은 TED 강연에서 타인에 대한 공감 노력이 어떻게 주변에 영향을 미치는지에 대해 설명했다. 어느날 그는 퇴근 시간에 지하철을 타기 위하여 역을 걷는 중에 계단 옆에 쓰러져 있는 사람을 보았다. 행인들은 그 사람에 대해 아무 신경을 쓰지 않고 지나치거나 혹은 그 사람 위로 넘어 걸어갔다. 이에 골먼은 그 사람에게 무슨 일이 일어났는지 알기 위하여 그 사람 앞에 멈추어 섰다고 하다. 이후 비로소 여섯 명의 사람이 그 주위에 몰려들었고, 그가 영어를 못하는 외국인이며 굶주리고 거리를 헤매다가 여기에 쓰러져 있다는 것을 알게 되었다. 그곳에 모인 사람들이 음식과 음료수를 가져오고 지하철의 경찰을 불러 주었다. 골먼에 의하면, 작은 공감 행위 하나는 주위를 변화시킬 수 있는 위대한 힘이라고 하였다(최현민, 2014년 10월 12일).

우리는 너무나 바쁘게 산다. 그래서 주변을 돌아볼 여유가 없다. 주변에 좀 더 따뜻한 시선을 준다면 골먼이 경험한 것과 같은 유사한 사례를 경험할 수 있다.

타인에 공감하고 도움을 주는 일은 결국은 나를 돕는 일이다. 피상적으로는 내가 누군가를 도와주는 일처럼 보이지만, 실제 남을 도와주면서 많은 사람은 힐링을 경험한다. 몇 해 전 우리 연구실 식구들과 함께 노숙자에게 밥을 나누어 준 적이 있다. 모 기관에 가서 하루 종일 밥도 하고 배식하고 청소하는 경험은 낯선 경험이면서 누군가를 도와줄 수 있는 내 역할에 대해 깊이 감사할 수 있는 기회였다. 물론 우리 모두는 참으로 행복했다.

행복에 대한 정의는 수백, 아니 수천 가지이다. 이 행복에 접근하는 방법도 정답은 없다. 그러나 행복에 도달하기 위해서 죽음에 대해 인지하고 사는 겸손한 자세, 일에서 특별한 자신만의 의미를 발견하는 것, 선택의 중압감에서 벗어날 수 있는 자존감 형성, 긍정적 감정 습관을 만드는 것, 현명하게 소비하는 일, 그리고 내 주위에 깊은 관심을 가지고 연결하는 삶은 자신의 삶에서 만족을 경험하게 해 준다.

일상의 행복, 나만의 여가 활동 즐기는 법

긍정심리학의 창시자라고 일컬어지는 펜실베이니아대학교의 마틴 셀리그만(M. Seligman) 교수는 행복의 공식으로 PERMA를 주장한다. PERMA는 다음과 같은 단어의 약자 모음이다. 첫째, P는 긍정적인 정서(positive emotion)를 의미하는 것으로, 삶의 희열, 기쁨, 낙관성 등을 의미한다. 둘째, E는 몰입(engagement)을 말한다. 이는 무엇인가에 빠져 시간 가는 줄 모르고 헌신하는 상태를 말한다. 셋째, R은 관계(relationship)를 말한다. 타인과 좋은 관계를 유지하는 것이 행복의 중요한 조건이 된다. 나만 혼자 세상을 잘 살 수 없다. 넷째, M은 의미(meaning)이다. 사람이 행복하기 위해서는 자신이 하는 일이나 여가 활동에서 특정한 의미가 묻어나야 한다. 아무런 의미 없이 반복적으로 일하는 것보다 내가 하는 일이 사회에 기여한다고 생각하는 사람은 삶의 보람이 더 큰 법이다. 다섯째, A는 성취(accomplishment)이다. 타인을 이기기 위해서 일을 하는 것이 아니라, 일이나 여가에서 스스로가 정한 목표치에 도달하는 데에서 행복이 발생한다(오윤희, 2014년 10월 4일). PERMA를 강화하기 위해서는 여가 활동이 중요하다. 긍정 정서, 몰입, 관계, 의미와 성취는 자신이 원하는 여가 활동을 하면서 경험하기 쉽다.

내 친구 상욱이는 휴가 때 자주 필리핀으로 가서 스킨 스쿠버를 즐긴다. 그는 스킨 스쿠버를 하면서 즐거운 긍정적 정서를 느끼고, 물속에 들어가서 형형색색의 물고기와 해초를 보면서 몰입을 경험하고, 함께 여행하는 스쿠버 동호회원들과 끈끈한 정을 나누고, 스쿠버 활동이 자신의 삶에 미치는 특별한 의미를 자주 느끼고, 자신이 정한 목표치에 도달하는 가운데 성취를 경험한다고 자주 말한다. 상욱이에게 스킨 스쿠버 활동은 그를 행복하게 만들어 주는 특별한 경험임에 틀림이 없다.

주위에 상욱이 같이 여가 활동에 관심을 갖는 사람이 점점 늘고 있다. 동시에 많은 사람이 나에게 어떻게 여가를 즐기면서 행복을 경험할 수 있는지 질문을 던진다. 그 답을 소개해 보고자 한다.

첫째, 나의 여가 생활에 대하여 세세한 것까지도 기록으로 남긴다. 행복을 일상에서 쉽게 체험하는 법은 현재 내 여가 경험에 대하여 기록으로 남기는 일이다. 하버드대학교 연구진은 대학생 106명을 대상으로 '현재 기록의 효과'에 대한 실험을 하였다. 이들에게 최근 친구들과의 대화, 사진, 기말 과제 보고서, 시험 문제 등에 대한 현재를 기록으로 남기도록 하였다. 그리고 앞으로 3개월 후에 이것들을 다시 꺼내 봤을 때에 어느 정도 의미가 있는지를 조사했다. 연구진은 기록을 남기고 3개월이 지난 후, 그 기록을 보고 느낀 점에 대해 조사했을 때 같은 상황에 대해서 더 흥미롭고 의미를 갖는다는 것을 밝혀냈다. 우리는 미래에 대하여 판단할 때 현재의 감정 상태를 기준점으로 잡는 경향이 있다. 미래는 현재의 감정으로 평가될 수 없는데도 말이다. 현재에 행복하기 위해서는 과거의 여가 생활 중 사소한 기록들을 잠시 보는 것이 좋다(안도현, 2014년 9월 18일).

가급적이면 노트에 직접 글씨를 써 보는 것이 좋다. 김훈 작가가 지금도 연필에, 원고지를 고집하고 몸이 글을 밀고 나가는 느낌이 없으면 글을 한 줄도 쓸 수 없다는 것처럼, 내 여가 경험에 대해 직접 노트에 써 보는 것을 추천한다. 나도 10년이 넘도록 여가 일지를 쓰고 있는데, 자기 전 10분씩 노트에 직접 적는 방식을 고수한다. 그래서인지 인간다움은 아날로그에서 더 얻어진다는 정여울의 글에 동감한다.

> 디지털화된 삶의 방식은 빠르고 편하다는 장점을 대가로 우리가 알지 못한 채 발휘해 온 수많은 잠재 능력을 빼앗기도 한다. 중요한 것을 기계가 아닌 머리로 기억하는 힘, 정겨운 손 글씨 편지로 타인의 마음을 따스하게 어루만지는 힘, 전자기기로 만들어진 음악이 아닌 사람의 손으로 한 박자 한 박자 연주되는 어쿠스틱 음악의 아름다움, 이 모든 것은 디지털이 아닌 아날로그 감성만이 해낼 수 있는 지극히 육체적인 고통이다(정여울, 2015, p. 138).

내가 체험한 여가의 즐거운 감정에 대하여 생각하고 글로 쓰는 일은 육체적 고통이 수반되지만 또한 즐거운 경험을 제공해 준다. 고통이 즐거운 경험으로 승화됨을 맛보는 시간이 많을수록 행복하기 때문이다.

둘째, 하루 중 최소한 30분 이상은 내 몸을 움직이는 여가 활동을 해야 한다. 여가 시간에 운동을 정기적으로 하는 것은 신체적·정신적 건강 증진에 도움을 준다. 많은 사람이 바빠서 주중에 운동하기 힘들다고 말한다. 그런 사람들에게 걷기를 추천한다. 일상 속에서 걷는 것이야말로 최고의 여가 활동이 된다. 회사나 학교에 갈 때에 한 정거장 미리 내려서 걸어 보자. 약속 장소에도 미리 가서 주변을 걸어 다녀 보는 것도 일상에서 실천하는 좋은 걷는 방식이다. 한 달만 걸어 보면 하체가 단단해지는 느낌이 나서 참 좋다. 나는 점심 식사 후에 가급적 20분 이상을 걸을 수 있게 식사 메뉴와 장소에 신경을 쓴다. 걷는 것은 일하면서 경험하는 과도한 생각을 잠시 멈추는 데에도 도움을 준다. 몸을 많이 움직이면 생각은 줄어든다.

셋째, 마음은 있지만 자주 못했던 여가 활동을 체험하며 풍부한 정서 경험을 쌓아 보자. 나는 몇 해 전 모 방송국에서 금요일 아침에 7분 정도 생방송으로 〈놀면서 성공하기〉라는 프로그램을 진행한 적이 있다. 이때 시청자에게 여가 활동을 소개하기 위해서 주말마다 서울 시내의 많은 박물관과 미술관을 돌아다닌 적이 있다. 방송을 위해 시작한 박물관과 미술관 탐방이었지만 그때 그 순례가 내 정서 함양에 얼마나 도움이 되었는지는 말로 표현하기 힘들다. 미술관이나 박물관은 독특한 정서 체험을 가능하게 한다. 이와 같은 체험이 쌓이면 일상을 보는 눈이 달라지는 기묘한 경험을 하게 된다. 익숙한 것을 낯설게 보는 놀라운 체험을 하면 일상의 작은 변화에도 행복감을 느끼게 된다. 계절마다 바뀌는 아파트 앞 나무와 꽃의 변화에 잠시 시선을 멈출 수 있는 여유도 생긴다.

문화 산책은 내게 리추얼을 준다. 리추얼은 일상에서 반복되는 행동이면서 동시에 의미를 제공해 주는 현상을 말한다(김정운, 2009). 이는 습관처럼 그냥 반복되는 행위와는 차이가 있는 의미 지향적인 현상이다. 예를 들어, 주말에 예정된 국립현대미술관이나 북촌 미술관 탐방은 금요일부터 나를 흥분되게 한다. 미술품 하나하나를 찬찬히 살펴보면서 기분이 묘해지고, 미술관의 독특한 향기가 기분을 좋게 만든다. 이와 같은 리추얼은 행복과 직결된다. 그래서 리추얼을 많이 가진 사람은 내공이 강한 사람이 된다.

주말에 남들처럼 텔레비전을 보기보다는 시내 미술관 투어를 하는 것은 리추얼 형성에 많은 도움을 준다. 고맙게도 서울 시내에는 위대한 화가의 작품을 접할 공간이 많다. 미술관 투어는 처음에는 어렵지만 재미를 붙이면 그 속에서 리추얼을 발견할 수 있다. 꼭 미술관이 아니라도 음악회나 박물관도 꾸준히 찾아 정서 경험을 쌓는 일이 필요하다.

넷째, 행복한 여가 동반자와 함께 노는 것이 행복해지는 비결이다. 행복해지기 위해서는 반드시 행복한 사람들과 즐겁게 놀아야 한다. 불행한 사람들 사이에 있으면 나 또한 얼굴이 어두워진다. 특히 놀러 가서 서로 우중충하게 있으면 흥이 날 수 없다. 행복한 사람들과 여가 동호회나 근거지를 만들어서 자주 모이는 것이 좋다. 퇴근 후에 만나서 이야기할 수 있는 아파트 커뮤니티 동호회 공간이나 집 근처 식당들에서 살아가는 이야기를 나눌 수 있다면 금상첨화이다.

100세 시대를 이야기하는 시대이다. 100세 살이에 대한 노래도 인기다. 이 시점에서 짚어 봐야 하는 일은 오래 사는 것과 행복하게 사는 일은 다르다는 점이다. 이제 양적으로 오래 사는 것에 환호하기보다는 어떻게 멋지게 살 수 있는지에 대해 고민해야 한다. 너무 겁낼 필요는 없다. 영국의 공제조합인 오드 펠로우(Odd Fellow)는 50대 이상 1,000명을 대상으로 행복감에 대하여 조사를 했다. '지금 행복감을 느낀다.'는 50대는 16%에 불과한 데 반해, 70대 응답자는 무려 33%나 지금 행복하다고 답했다. 이 조사 결과에 대해 오드 펠로우 대표는 "이번 결과는 우리 인생에서 70대에도 무엇인가를 새로 시작할 수 있다는 것을 의미한다."는 중요한 이야기를 했다(홍혜민, 2014년 9월 2일). 이처럼 70대가 50대보다 행복하다고 느낀 이유는 영국 노인들이 스스로 행복하기 위해 노력을 하였기 때문이다.

호모 헌드레드 시대를 지혜롭게 살기 위해서는 행복을 위해 꾸준히 노력해야 한다. 앞에서 말했듯이, 내 삶에서 행복에 대한 구체적이고 조작적인 정의를 해야 한다. 행복이 무엇인지 모르는 사람은 결코 행복할 수 없다. 행복에 대한 구체적 개념이 잡히면 그것을 위한 경험을 축척해 나가야 한다. 대부분의 그러한 경험은 여가를 통해 달성되기 쉽다.

행복한 여가를 보내기 위해서는 기본적으로 여가 활동에 대해 잘 계획하고, 참여 시에는 반드시 몰입하고 반성의 시간을 가져야 한다. 경험한 여가에 대해 글로 써서 남기고 그 기분을 자주 회고하는 경험을 해야 한다. 여가 참여 방식은 다양하지만 수동적 여가보다는 가급적 몸을 적극적으로 움직이는 능동적 여가 활동을 하는 것이 좋다. 정서적 경험 확보에 신경을 써야 한다. 여가 동반자를 잘 관리하는 일도 하나의 지혜이다.

여가를 통해 행복을 발견하기 위해서는 무엇보다 자신의 삶에 대한 주인 의식이 필요하다. 내 인생에 대해 자존감을 갖고, 행복은 가까이 있다는 깨달음이 필요하다는 말이다. 그럴 때 우리가 접하는 간단한 여가 활동에서도 커다란 행복을 발견할 수 있을 것 같다. 오랫동안 붙들고 있었던 행복에 대한 이 글을 마치려고 하니, 가수 민혜경 씨가 히트시킨 노랫말이 뇌리에서 떠나지 않는다.

내 인생은 나의 것
내 인생은 나의 것
그냥 나에게 맡겨 주세요.

04

다른 사람의
행복

손봉호
서울대학교 명예교수

혼자서 행복해지는 것은 불가능하다. 자신의 행복만
추구하면 자신도, 이웃도 행복해질 수 없다. 오늘날
가장 현명한 전략은 다른 사람을 행복하게 함으로써
다함께 행복해지는 것이다. 이웃을 사랑하는 것이 곧
자기를 사랑하는 것이다. 그것이 행복을 위한 가장
합리적인 선택이다.

다른 사람의 행복

행복의 의미를 찾아서

'행복은 모든 사람이 추구하는 최후의 목적'이라고 아리스토텔레스(Aristoteles), 아퀴나스(Thomas Aquinas), 파스칼(B. Pascal) 등 여러 철학자가 주장하였다. 그런 주장은 철학자가 아니더라도 누구든지 조금만 따져 보면 충분히 할 수 있다. 우리의 의식적인 활동은 모두 어떤 목적을 달성하기 위하여 이뤄지는데 그목적은 또 다른 목적을 위한 수단이다. 예를 들어, 우리가 열심히 공부하는 것은 지식을 얻고자 함이며, 지식을 얻는 것은 올바로 판단하고 행동하기 위함이다. 그런 방식으로 다음 목적을 따져 나가면 궁극적으로 더큰 목적의 수단이 될 수 없는 최후의 목적에 다다른다. 그것이 바로 행복이란 것이다. 사람이 추구하는 것들은 모두 궁극적으로 행복을 위한 수단인 반면에 행복은 그보다 더 중요한 다른 목적을 위한 수단이 될 수 없는 것이다. 그러므로 "당신은 왜 행복을 추구하는가?" 하는 질문은 "당신은 왜 고통을 기피하는가?"와 같이 무의미한 질문이다. 사람이 "행복을 추구하고 고통을 피하는 것은 증명을 요구하지 않는다. 우리가 바로 느낀다."고 파스칼이 말했다. 즉, 모든 사람이 행복을 추구하고 고통을 회피한다는 것은 자명한 사실이므로 또 다른 증명이 필요 없다는 것이다.

따라서 행복은 그것이 어떤 내용의 것이든 모든 인간에게 삶의 의미가 된다. 즉, 우리가 수행하는 행위나 우리 주위에서 일어나는 사건이 의미가 있으려면 그것은 직접 혹은 간접으로 행복에 기여해야 한다. 물론 무엇을 행복으로 인식하느냐에 대해서는 다양한 대답이 가능하다. 어떤 사람은 돈을 많이 가지면 행복하고 어떤 사람은 다른 사람에게 사랑을 베풀면 행복하다. 어떤 사람은 천국에 가면 행복하고 또 어떤 사람은 온 우주와 완전히 하나가 되어 자아를 망각하면 행복해진다고 믿을 수 있다. 비록 그 내용은 서로 다르더라도 그것이 의미가 있으려면 그것은 직접 혹은 간접으로 우리를 행복하게 해야 하고, 그것을 위하여 우리가 실제로 노력하고 있어야 한다.

따라서 바로 행복하지 않거나 앞으로의 행복에 기여하지 않는 모든 행위와 사건은 의미가 없는 것들이다. 물론 다른 사람을 행복하게 하는 것이 행복이라고 믿는 사람에게는 지금 혹은 미래의 자기 행복에 직접 기여하지 못하더라도 다른 사람의 행복에 기여하는 삶이나 행위라면 의미 있다 할 수 있다. 그것도 내가 원하는 것인 한 역시 자신의 행복에 공헌하는 것이다. 그러나 만약 나 자신이나 어느 다른 사람의 행복에 전혀 기여하지 못한다면 이는 무의미한 것일 수밖에 없다. 기독교 신자 가운데는 나의 행복이 아니라 하나님의 영광이 삶의 의미라고 주장할 수 있다. 그러나 이는 하나님께 영광이 되는 것이 나를 행복하게 한다는 것을 함축한다.

행복을 왜 추구하는지 증명할 수 없는 것처럼 행복을 다른 경험으로 서술하거나 증명하기가 어렵다. 행복은 지식, 관념, 인식 등 의식의 내용이 아니라 인격 전체, 정신 전체가 동원되어서 누리는 실제적인 경험이고, 그 경험은 다른 경험으로 설명할 수 없다. 어쨌든 모든 인간이 행복을 추구한다는 것은 그것이 긍정적인 경험이고 그런 상태에 도달할 수 있도록 모든 노력과 행동을 자극하기에 충분한 힘을 발휘한다. 그러므로 그것은 순수하게 지적인 것이 될 수 없다. 아무리 적어도 감정적 요소는 반드시 들어 있어야 한다.

주관적이고 개인적인 경험, 행복

행복은 객관적인 언어로 서술하기가 어렵고 다른 사람에게 행복감을 그대로 전달하기도 어렵다는 점에서 철저히 주관적이고 개인적이며 심지어 상대적이라 할 수 있다. 순교자와 같이 다른 사람들이 보기에는 매우 고통스러운데도 당사자는 오히려 기쁘게 수용하면서 즐거워하는 경우가 있는 것을 보면 행복은 매우 주관적이고 상대적이란 결론을 내릴 수밖에 없다. 뇌성마비 장애를 가진 송명희 시인은 자신의 몸도 제대로 가누지 못하고 말도 쉽게 할 수 없는 처지에 있으면서도 「공평하신 하나님」이란 시를 써서 수많은 사람을 감동시키고 놀라게 한다. 이대우 시인도 마찬가지이다. 그들은 몸이 건강하고 말을 자유롭게 할 수 있는 대부분의 사람보다 더 행복하다고 느낀다. 그런 행복감 없이 행복을 말할 수 없다.

이런 결론은 오늘날보다 과거에 더 타당했다 할 수 있다. 과거에는 개인보다 공동체가 더 중요했기 때문에 행복이 개인적이란 주장은 별로 그럴듯하지 않게 들렸다. 과거에는 대부분의 사회에서 모든 사람에게 영혼 혹은 이성이 있고 그 영혼은 어떤 형식으로든지 신 혹은 초자연적인 존재와 직접적으로 관계를 맺고 있다고 믿었다. 신의 은총, 진노, 운명, 업보 등은 모두 개인적인 것이었다. 예를 들어, 아무리 흉년이 들고 먹을 것이 없어도 "하늘은 녹이 없는 사람은 태어나게 하지 않는다(天不生無祿之人)."고 믿은 사람이 많았다. 어떤 가문에 태어나고 어떤 삶을 사는가가 씨족이란 공동체에 의해 전적으로 결정되어도 그런 공동체에 속하게 된 것은 운명이라고 믿은 것이다. 그러므로 과거에는 모든 것이 공동체에 의하여 결정되더라도 자신의 행복과 불행에 다른 사람 혹은 사회가 결정적인 영향을 끼친다는 생각은 비교적 생소하였다.

과거에 이뤄진 구체적인 일상생활 방식도 그런 관점을 가질 수밖에 없게 만들었다. 즉, 삶이 거의 전적으로 자연과 더불어 이뤄지고 자연의 변덕에 의하여 결정된 것이다. 옹달샘물이나 우물물을 퍼다 식수로 사용했고, 직접 농사짓고 길쌈해서 의식의 문제를 해결하였다. 물이 마르고 마르지 않는 것, 풍년 혹은 흉년이 지는 것은 사람이 통제할 수 없었고, 따라서 사람들은 그런 것을 숙명으로 수용할 수밖에 없었다. "하늘을 따르는 자는 흥하고 하늘을 거스르는 자는 망한다(順天者 興, 逆天者 亡)."라고 하였다. 여기서 하늘은 자연을 뜻했다. 씨족과 같은 공동체도 역시 개인과 마찬가지로 하늘의 통제를 받기 때문에 공동체의 운명도 숙명적인 것으로 수용하였고, 행복을 위한 최선의 전략은 자연에 순응

04 다른 사람의 행복

하는 것이며 운명을 사랑하는 것(amor fati)이었다. 따라서 과거에 사람들이 추구한 지식도 궁극적으로는 하늘의 뜻이나 자연의 이치를 알아서 거기에 적절하게 순응하는 것이었다. 공자가 50세에 도달하게 된 "하늘의 명령을 아는 것(知 天命)"도 그런 것이 아니었나 한다.

개인이 자연 혹은 운명에 의하여 어쩔 수 없이 결정된다는 관점은 오히려 사람들을 현대인보다 덜 불행하게 만들었다. 운명을 거스르는 것은 어리석은 짓이고 오히려 그것을 사랑하면 주어진 상황을 불평 없이 수용할 수 있는 것이다. 부탄(Bhutan)은 개인당 소득이 한국의 1/4밖에 되지 않지만 부탄 국민이 느끼는 행복감은 세계에서 8번째로 높다 한다. 국민 대다수가 불교 신자이므로 좋든 나쁘든 자신이 지금 처한 상황이 전생(前生)의 업보(業報)라고 믿기 때문이다. 피할 수도, 바꿀 수도 없는 운명을 주어진 그대로 수용하는 '운명의 사랑(amor fati)'을 무의식적으로 실천하는 것이다. 우주가 철저히 합리적이라고 믿었던 숙명론자 스피노자(B. Spinoza)나 역사란 완전히 동일한 것의 끊임없는 반복(ewige Wiederkunft)이라고 믿었던 니체(F. Nietzsche)도 나름대로 행복할 수 있었을 것이다. 자유가 미래를 불확실하게 하기 때문에 사람을 오히려 불안하게 하는 것이다.

사회적 존재로서의 인간

다행인지 불행인지 모르지
만 개인이 자연이나 운명에 의하여 결정된다는 숙명론적 인간관은 이제
사라지고 있다. 자연과학의 발달로 종교적 세계관이 세속화되고 철학
의 끊임없는 자기비판을 통해서 형이상학적인 인간관이 무시되고 있
다. 이제는 대부분의 철학자가 인간에게 어떤 영원불변의 본성(human
nature)이 있는지에 대해서 의문을 제기한다.

인간이 초자연적인 힘이나 영원불변한 본질에 의하여 결정되는 것이
아니라 아주 구체적인 상황에 의하여 형성된다는 관점이 점점 더 설득
력을 얻고 있다. 우선 사람은 과거에 비해서 자연에 의존하는 정도가 많
이 줄었다. 문화가 발달함에 따라 사람은 과학과 과학기술을 개발하여
자연에 의존하기보다는 오히려 자연을 정복하고 이용하여 인공적인 환
경을 만들고 있다. 옹달샘이나 우물에서 식수를 길어다 먹는 것이 아니
라 수돗물을 마신다. 그것은 우리의 삶이 자연보다는 점점 더 다른 사람
들 혹은 사회에 의존함을 뜻한다. 우물물이나 옹달샘물을 마시기 위해
서는 다른 사람의 도움도 많이 필요하지 않고 다른 사람들이 크게 방해
하지도 않는다. 그러나 수돗물을 안전하고 안정적으로 마시려면 수도
국 직원들뿐 아니라 전기 회사, 발전소, 심지어 석유를 싣고 오는 선박
선원들까지 수많은 사람이 자신의 임무를 잘 완수해야 한다. 그만큼 우
리의 생존과 활동이 다른 사람에 의하여 결정되는 것이다. 아프리카 가
난한 나라에서 태어나고 자라는 아이들은 자신의 잘못이 아닌데도 엄청
난 고생을 하고 미국이나 한국에서 태어난 아이들은 자신의 노력과 무

관하게 비교적 편안하고 안전하게 생활한다. 미국의 사회학자 미드(G. Mead)는 "사회가 나를 만든다(I am what the society makes me)."고 주장하고, 마르크스(K. Marx)는 "인간은 혼자 있어도 사회적이다."라고 주장했다. 다소 과장되었다 할 수는 있지만 부정하기 어려운 주장이다.

과거 자연과 운명은 사람이 통제할 수 없었기 때문에 삶의 모든 것을 그것에 맡길 수밖에 없었으나 이제는 자유의지를 가진 인간과 그런 인간들이 모인 사회가 우리 삶을 지배하기 때문에 과거에 비해서 훨씬 더 편리하고 훨씬 더 큰 가능성을 제공하지만 동시에 훨씬 더 불안할 수밖에 없게 되었다.

사람이 고통을 주는 시대

개인의 삶이 다른 사람 혹은 사회에 의해 결정된다는 것은 곧 개인의 행복과 불행도 다른 사람 혹은 사회에 의해 상당할 정도로 결정된다는 것을 함축한다. 과거에는 자연이 주로 사람에게 고통을 가져다주었다. 물론 다툼, 전쟁, 신분제도 등 사회적 제도도 사람들을 힘들게 했지만 역시 고통의 주된 원인은 가뭄, 홍수, 태풍, 지진 등의 천재지변과 병충해, 전염병 같은 자연재해였다. 그러나 인류는 그동안 과학적 지식과 과학기술을 개발하여 적어도 선진국에서는 자연이 주는 고통의 상당 부분은 극복하거나 예방할 수 있게 되었다. 큰 댐을 건설해 놓으면 홍수도 막고 가뭄도 이길 수 있으며, 병원을 세우고 의술을 개발해 놓으면 과거에는 죽을 수밖에 없었던 병에 걸려도 요즘은 살아날 수 있다.

그렇다면 현대인은 전혀 고통을 당하지 않는가? 그렇지 않다. 물론 자연도 아직은 사람에게 상당한 고통을 가한다. 태풍, 가뭄, 홍수, 지진은 수많은 사람에게 심각한 해를 끼친다. 그러나 이제는 자연 대신 다른 사람 혹은 사회가 사람을 괴롭히는 정도가 더 커지고 있다. 전쟁은 이미 오래전부터 수많은 사람에게 큰 고통의 원인이었지만 그 전쟁조차도 대량 살상무기가 개발되어 과거에 비해 훨씬 더 많은 사람의 생명을 앗아간다. 암은 질병이지만 인간관계에서 오는 스트레스가 주원인이라 한다. 폭정, 폭력, 가난, 잘못된 사회구조, 비인간적인 전통, 위협적인 사회 분위기 등이 사람들에게 고통을 가한다. 인류가 당하는 고통의 4/5는 다른 사람이 가하는 것이라고 영국의 문필가 루이스(C. S. Lewis)는 주장하였다.

고통의 문제를 해결하지 않으면 행복은 불가능하다

많은 사람은 고통과 행복은 흔히 대칭적(symmetrical)이라고 생각한다. 즉, 사람이 행복을 추구하는 정도와 고통을 회피하는 정도가 비슷하다고 생각하고 행복의 정도가 줄어드는 것과 고통의 정도가 늘어나는 것이 비슷하다고 보는 것이다. 행복과 고통을 자연이 인간에게 준 두 주인이라고 주장한 공리주의자 벤담(J. Bentham)도 그렇게 생각한 것 같다. 실제로는 그렇지 않다. 대부분의 인간은 행복하지는 않아도 좋으니 부디 고통만은 당하지 않기를 바란다. 즉, 인간의 노력에서 행복의 추구보다는 고통 회피가 훨씬 큰 몫을 차지한다는 것이다. 행복감은 지속되지 않으나 고통은 대부분 지속되는 특징을 가지고 있다. 배가 고플 때 먹으면

110

즐거우나 계속 먹으면 그 즐거움이 계속되지 않는다. 그러나 배고픔은 계속된다. 고통은 그 고통의 원인을 제거하라는 명령이다. 만약 고통도 행복처럼 지속되지 않으면 고통의 원인을 제거하려는 노력을 하지 않을 것이고, 그것은 심각한 결과를 가져올 것이다. 병이 걸렸을 때만 아프고 병이 계속되면 아프지 않다면 병을 고치려 하지 않을 것이기 때문이다. 어쨌든 모든 인간이 추구하는 것은 행복이지만 모든 인간에게 심각한 것은 고통이다. 고통의 문제를 해결하지 않으면 행복은 불가능하다.

현대인이 당하는 고통의 대부분이 직접 혹은 간접으로 다른 사람에 의하여 가해진다는 사실은 오늘날 우리가 행복을 추구하는 데 매우 심각하게 고려해야 할 사실이다. 이를 고려하지 않고는 현대인이 행복해지기가 쉽지 않을 것이다. 물론 인간사에는 항상 예외가 있기 마련이므로 온갖 외부의 방해와 걸림돌에도 불구하고 행복한 사람이 없지 않다. 앞에 언급한 송명희, 이대우 시인은 뇌성마비란 장애로 고통을 당하면서도 보통 사람들보다 훨씬 더 큰 주관적 행복감을 누리고 있다. 그 정도는 아니더라도 다른 사람들이 보아서는 별로 행복할 것 같지 않은데도 본인은 행복해하는 사람들을 주위에서 흔히 볼 수 있다. 그러나 그런 경우는 역시 예외이고, 그런 예외를 전제하는 것은 오늘날 사람들을 행복하게 하는 데 별로 도움이 되지 않는다. 주위 사회의 조건이 좋지 않고 주위 사람들이 계속해서 괴롭게 하는데도 끝까지 거기에 굴하지 않고 행복할 수 있는 경우가 일반적일 수는 없고, 그런 예외를 전제해서 행복을 논할 수는 없다.

한국인이 불행한 이유

최근 여러 국제연구소들의
조사에 의하면 한국인은 대체로 스스로를 불행하다고 느낀다 한다.
2013년 영국의 레가툼연구소(Legatum Institute)의 번영지수 조사에 의하면
한국인의 평균 생활 만족도(average life satisfaction)는 조사 대상 110개국
가운데 104위로 꼴찌에 가깝다 한다. 2014년 미국의 퓨연구소(Pew
Research Center)의 조사에 의하면 한국인의 행복지수는 100점 만점에
47점으로 네덜란드 94점의 절반밖에 되지 않으며 이스라엘 75점, 미국
65점에 크게 뒤질 뿐만 아니라 심지어 한국보다 훨씬 더 가난한 인도네
시아, 필리핀, 베트남인보다 더 불행한 것으로 나타났다. 물론 그 정도
로 나쁘지는 않다는 조사도 있지만 한국의 자연환경, 경제 수준, 민주화
정도, 지식과 기술 수준, 위생 수준 등을 고려하면 국민의 행복감은 놀
라울 정도로 낮은 것으로 나타난다. 왜 그럴까?

한국인의 행복감 부족은 물질적 조건보다는 역시 조화롭지 못한 인
간관계에 기인하는 것 같다. 적어도 두 가지 원인을 지적할 수 있다. 하
나는 한국인의 엄청난 경쟁심이다. 자유로운 경쟁이 보장되는 자본주
의가 경쟁을 억제하는 사회주의에 비해 성공하는 것을 보면 모든 인간
과 사회는 어느 정도 경쟁적임을 알 수 있다. 그러나 전 세계에서 한국
인만큼 경쟁심이 강한 민족은 없는 것 같다. 증권회사 사원으로 그리고
세계적인 주간지 「이코노미스트(Economist)」 한국 특파원으로 오랫동안
한국을 경험한 영국인 튜더(D. Tuder)는 그의 책 『불가능한 나라, 한국
(Korea: The Impossible Country)』에서 한국이 전 세계에서 가장 경쟁적인 나

04 다른 사람의 행복

라라고 단언하였다. 비공식적 조사에 의하면 자녀가 학교에서 평균 95점을 받고도 3등 하는 것보다는 75점을 받아도 1등하는 것을 선호하는 학부모가 대부분이었다. 이런 경쟁심은 아마도 한국의 전통적인 무속 종교와 유교가 형성해 놓은 차세중심적 세계관(Diesseitigkeit) 때문이 아닌가 한다. 두 종교가 모두 내세와 초월신에 관심이 없다. 모든 삶의 의미와 목적은 이 세상에서 이룩해야 하고, 그것은 효경(孝經)이 말하는 바 효도의 극치인 입신양명(立身揚名)이다. 즉, 출세해서 이름을 날리는 것이 삶의 궁극적인 목적이 되어 있는 것이다. 출세해서 이름을 날리려면 1등을 해야 하고 1등은 하나밖에 없기 때문에 피나는 경쟁이 일어날 수밖에 없다. 세계 최빈국 가운데 하나였던 한국이 불과 70년 만에 원조받던 나라에서 원조하는 나라로 발전한 것은 대부분 이런 경쟁심 때문이고, 사회에 사닥다리를 올라가는 가장 효과적인 방법이 교육을 받는 것이기 때문일 것이다. 마침 인류 문화가 정보가 가장 중요한 자원으로 작용하도록 형성되었기 때문에 한국인의 이런 교육열은 엄청난 폭발력을 행사하였다. 아시아에서 한국뿐 아니라 중국, 홍콩, 대만, 싱가포르, 심지어 베트남까지 급속한 성장 대열에 참가했는데 그들은 모두 유교 전통을 가진 나라들이다. 이들 나라에서 사교육이 번창한 것도 우연이 아니다.

강한 경쟁심은 국민으로 하여금 열심히 노력하여 모든 분야에 큰 발전을 이룩한 장점이 있는 반면, 거기에는 반드시 승자와 패자가 있을 수밖에 없다는 약점이 있다. 모두가 1등을 추구하는 상황에서는 승자보다는 패자가 더 많을 수밖에 없다. 그 승부는 거의 모든 분야에서 이뤄지기 때문에 상대적 박탈감은 구태여 경제적인 영역에만 국한되지 않는다. 김희삼 한국개발연구원(KDI) 연구위원이 전국 성인(20~69세) 남녀 3000명을 대상으로 설문한 결과를 행동경제학적 관점에서 분석한 결과, 다른 사람과 자신을 비교하는 성향이 강한 사람일수록 부유할 확률은 높은 반면 삶에 대한 만족도는 낮을 수 있다는 것을 발견하였다. 거의 상식적인 결론이라 할 수 있다. 우리는 행복하려면 "다른 사람과 비교하지 말라."는 충고를 자주 듣는데 그것은 수많은 사람의 경험에서 나온 지혜이다.

한국인이 불행한 또 하나의 이유는 도덕 수준이 상대적으로 낮기 때문이다. 경쟁이 심할수록 그 경쟁은 '공정하게' 이뤄져야 한다. 경기 심판이 공정하면 비록 강한 팀이 지고 약한 팀이 이겨도 불만이 크지 않다. 그러나 심판의 판정이 불공정하면 비록 약한 팀이 져도 불만이 생긴다. 억울한 것을 참는 것은 배고픔을 참는 것 못지않게 어렵다. 최근에 유튜브(Youtube)에 공개된 한 실험에서 네덜란드 심리학자 드 발(F. de Waal)은 심지어 원숭이조차도 불공정한 대우에 화를 낸다는 것을 증명해 보였다. 공정성 혹은 정의의 요구는 인간에게 본능적인 것이란 사실은 이미 18세기 사상가 루소(J. J. Rposseau)가 그의 교육 소설 『에밀(Emile)』에서 강조한 바 있다. 우리 속담에 '지렁이도 밟으면 꿈틀한다.'는 말이 있다. 정신적 고통 가운데 억울함을 당하는 것만큼 참기 어려운 것은 많지 않다.

한국 사회는 세계에서 가장 경쟁적이면서 그 경쟁이 충분하고 공정하게 이뤄지지 않는다. 도덕적 수준이 낮기 때문이다. 국제투명성기구(Transparency International)는 2014년 한국의 투명성지수가 세계에서 46위라고 발표하여 아프리카의 보츠와나(Botswana) 30위보다 16위, 일본

16위에 비해 30위나 뒤떨어진 것으로 나타났다. 한국의 탈세율은 26.8%로 이탈리아, 스페인과 비슷하고 사기로 지출되는 보험금이 전체의 12.8%로 일본의 1%에 비해 거의 13배나 된다. 기술, 경제, 민주화, 연예, 스포츠 등 많은 분야에서 선진국 수준을 이룩했지만 도덕 수준만은 후진국 수준에 머물러 있다.

도덕이란 "직접 혹은 간접으로 다른 사람에게 부당하게 해를 끼치지 않는 것"을 뜻하는데, 도덕적 수준이 낮다는 것은 다른 사람에게 부당하게 해를 가하는 정도와 빈도가 높다는 것을 뜻한다. 즉, 인간관계가 공정하지 못하다는 것을 함축하는 것이다. 거짓말하면 속는 사람은 부당하게 해를 입고, 도둑질하면 부당하게 도둑맞는 사람이 있게 마련이다. 공적 영역의 비도덕도 마찬가지이다. 뇌물수수는 어떤 구체적인 개인에게 직접 해를 끼치지 않더라도 결과적으로 사회 전체의 질서를 무너뜨려 많은 사람이 손해를 본다. 베일리(H. Bayley)는 뇌물수수란 "가난한 사람의 돈이 부자에게 직행하는 것"이라 하였다. 도덕적 수준이 낮으면 그 사회 구성원, 특히 약자들이 행복해지는 것은 불가능하다.

같이 누리는 행복을 위하여

그렇다면 우리는 어떻게 해야 행복해질 수 있는가? 적어도 한국인이 불행한 이유 두 가지는 고쳐야 한다. 즉, 경쟁을 줄이고 도덕적 수준은 높여야 한다. 그러나 그게 어디

그렇게 쉬운가? 경쟁심은 한국적 세계관에 깊이 뿌리내리고 있다. 뿐만 아니라 자본주의 경제 체제를 택한 우리 사회는 오히려 경쟁을 강조하고 강화하지 않는가? 그래야 경제가 더 발전하고 나라가 강해진다고 믿고 있다. 물론 도덕적 수준이 높아져야 한다는 주장은 도처에서 나온다. 그러나 치열하게 경쟁하고 도덕적으로 행동하는 것은 이익 추구에 별로 도움이 되지 않는데 도덕적 수준이 쉽게 높아지겠는가? 경쟁이 공정하게 이뤄지도록 하기 위해서 대부분의 사회가 채택하는 방법이 법과 제도를 더욱 엄격하게 만들고 집행하는 것이고, 우리나라도 예외가 아니다. 그러나 그것은 엄청난 비용을 요구하고 틀에 박힌 사회를 만들어 자유와 창의성을 심하게 제한하며 사람들의 자율성을 약화한다. 법과 제도가 없을 수는 없으나 그런 것이 많아지고 섬세해질수록 사람들의 모든 행동이 규격에 맞춰져 일어나게 되어 사회는 기계적이 된다. 그런 사회에서 과연 사람들이 행복하겠는가?

인간관계는 쌍방의 문제이기 때문에 개인이 일방적으로 결정할 수는 없다. 돈을 넉넉하게 갖거나 건강을 유지하는 것은 물론 쉽지는 않지만 개인의 노력으로 어느 정도 성취할 수 있다. 그러나 다른 사람과의 관계는 절반밖에 통제할 수 없다. 내가 아무리 좋은 관계를 맺으려고 노력해도 상대방이 호응하지 않으면 불가능하고 사회의 도덕 수준이 낮고 갈등이 많으면 속수무책이다. 그러므로 대단한 의지력과 뛰어난 인품을 소유한 사람이 아니라면 한국 같은 사회에서 혼자서 행복하려는 시도는 성공하기가 어렵다. 질서가 문란하고 한국처럼 갈등이 심한 사회에서는 어려울 수밖에 없다.

그러나 지금과 같이 돈, 권력, 인기 같은 하급 가치를 위하여 서로 아

04 다른 사람의 행복

귀다툼을 하는 상황에서는 아무도 행복할 수 없다는 것은 부인할 수 없는 사실이다. 인간의 동물적 본능 때문에 그런 경쟁은 더 치열한 경쟁을 초래하고 강익강, 약익약(强益强, 弱益弱)의 악순환을 불가피하게 한다. 그것은 논리적일 뿐 아니라 한국 사회의 현실이 아주 분명하게 증명하고 있다.

그러므로 근본적으로 다른 접근을 시도해야 한다. 즉, 자신이 아니라 다른 사람을 먼저 행복하게 만들거나 적어도 나 못지않게 다른 사람도 행복하게 만드는 것이다. 이미 진부해질 정도로 많이 주장되기는 하지만 실천하는 사람은 드물다. 물론 기독교나 불교 같은 고등 종교는 이미 오래전부터 그런 사랑 혹은 자비가 그 자체로 가치 있고 그렇게 하는 것이 보람 있는 일이며 삶의 의미를 실현하는 것이라고 가르쳐 왔다. 그리고 진정한 행복은 그런 것에서 얻을 수 있다고 주장해 왔다. 일반적으로 비종교인보다도 종교인 가운데 행복을 느끼는 사람이 많은 이유 중 하나는 아무래도 그들이 이웃 사랑을 좀 더 적극적으로 실천하기 때문이 아닌가 한다. 한국에서 종교인은 비종교인에 비해 5배 정도 기부를 많이 한다는 조사가 있다.

이타적인 절제가 가져오는 행복

이제까지 살펴본 바와 같이 행복하기 위해서 기본적으로 요구되는 것은 경쟁적 가치에 대한 욕망을 절제하는 것이다. 인간이 동물과 다른 점 가운데 하나는 절제의 능력이다. 짐승은 본능의 요구에 따라 행동할 뿐 본능적 욕구를 의식적으로 절제할 수 없다. 인간도 어리거나 하급이면 절제하지 못한다. 『명심보감(明心寶鑑)』에도 "인간이 아니면 참지 못하고, 참지 못하면 인간이 아니다(非人이면 不忍, 不忍이면 非人)."란 말이 있다. 개인이나 한 국가의 국민 수준도 인내 혹은 절제의 정도에 따라 평가할 수 있다. 절제의 정도가 낮은 사회는 결코 선진국이 될 수 없으며, 경쟁에서 이길 수도 없다. 이스라엘은 주위 아랍 세계의 인구, 영토, 자원 등에서 40분의 1 정도다. 그런데도 이스라엘이 버티어 나갈 수 있는 것은 절제 능력 때문이다.

모든 욕망 가운데 절제가 가장 어려운 것은 돈, 권력, 인기 같은 경쟁적 가치이다. 그것들은 생존과 번식 등 동물의 본능적 욕망의 일차적인 연장에 불과하다. 그런 욕망을 갖기 위해서 많은 교육이나 수양이 필요하지 않다. 그대로 두면 대부분의 인간은 돈, 권력, 인기를 추구하게 된다. 동물적 본능에 가깝기 때문에 절제하기 어렵지만 동시에 그런 욕망은 인간다운 인간이 가질 수 있는 욕망이라 할 수는 없다. 인간이 동물과 다른 점은 여러 가지이지만 그 가운데 가장 중요한 것이 바로 동물적 본능을 스스로 절제할 수 있는 것이다.

욕망의 절제가 주는 행복의 기쁨

일반적으로 쾌락 혹은 행복은 욕구의 충족에서 온다고 한다. 배가 고플 때 먹으면 즐겁고 대학 입학을 바라는 학생이 입시에 합격하면 행복하다. 일반적으로 욕망이 없으면 행복도 느끼지 못한다. 모든 동물에게 욕망이 있기 때문에 그것을 충족시키기 위해서 행동하고 그렇게 해서 성공하면 즐거운 것이다. 욕망이 강하면 강할수록 그것이 충족되었을 때 일어나는 쾌락도 크다. 동물적 욕망을 절제하기 어려운 것은 바로 그 욕망의 충족이 가져오는 쾌감 혹은 행복 때문이다.

여기서 강조되어야 할 것은 그런 욕망을 절제하면 행복이 완전히 없어지는 것이 아니라 오히려 더 확실하고 더 장기적인 행복을 얻을 수 있다는 사실이다. 댐의 수문을 열면 저장되어 있는 방대한 양의 물이 한꺼번에 쏟아져서 홍수를 일으키고 많은 것을 파괴해 버릴 수 있다. 그러나 그것을 조금씩 조절해서 방류하면 발전도 하고 농업, 공업, 상수도, 관광 등 많은 분야에서 큰 이익을 줄 수 있다. 인간의 욕망도 그와 비슷하다. 강력한 동물적 욕망을 절제하면 즉각적으로 느끼는 쾌락은 크겠지만 둑이 터져서 쏟아지는 물같이 오래 지속될 수 없다. 오히려 조금씩 절제하는 것이 행복 증진에 도움을 줄 수 있다. 절제가 문화의 일부로 정착되면 이스라엘처럼 그 사회는 분명하게 건전하고 강해질 것이다.

그러나 오직 자신의 행복만을 위한 절제는 경쟁력을 강화할 수는 있겠지만 그것은 다른 사람을 불행하게 만들 수도 있다. 절제하는 개인은 에너지와 시간을 아껴서 더욱 강력한 지식과 지위를 획득할 위치에 설 수 있기 때문이다. 일반적으로 사회에서 경쟁 우위에 있는 사람들은 그렇지 못한 사람들보다 더 큰 절제력을 가지고 있다. 사회도 마찬가지이다. 절제하는 이스라엘은 아랍 국가들보다 더 강해졌고, 그것은 아랍 국가들에게는 큰 위협이 되었다.

그러므로 진정한 행복을 가져올 수 있는 절제는 다른 사람과의 경쟁에서 이기려는 욕망에 대해서도 행사되어야 한다. 즉, 욕망을 더 충족시킬 수 있는 가능성이 있는데도 이웃을 위하여 절제하는 것이다. 이기적인 절제가 아니라 이타적인 절제가 요구된나는 것이다. 이런 절제 없이는 현대사회에서 진정하고 지속 가능한 행복은 불가능하다. 다른 사람을 행복하게 하지는 못하더라도 적어도 다른 사람을 불행하게 하지는 말아야 한다. 이것이 바로 최소한의 도덕, 즉 '정의'가 요구하는 것이다. 정의는 다른 사람에게 이익을 끼치는 것을 요구하는 것이 아니라 억울하게 해를 끼치지 말기를 명령하는 것이다.

도덕적 선구자들이 이룬 정의로운 세상

이타적인 절제는 우선 매우 비현실적인 것 같이 보이고 실제로 잘 행사되지 않는 것이 사실이다. 다른 사람이 그것을 고마워하고 다른 사람도 비슷하게 이타적으로 절제해 주면 좋겠지만 그럴 개연성이 그리 높지 않은 것이 문제이다. 오히려 그것을 비현실적인 순진성으로 비웃고 그것을 이용할 개연성이 높은 것이 현실이다. 그러면 결국 자신만 손해를 볼 수밖에 없으므로 차라리 절제하기보다는 눈앞에 보이는 이익을 추구할 유혹을 받고, 다른 사람들도 비슷하게 계산할 것이므로 악순환이 계속되는 것이다. 이것이 바로 오늘날 한국 사회에서 나타나는 현실이다.

그러나 누군가가 이런 악순환을 끊어야 절제의 선순환이 시작될 수 있다. 누가 끊을 수 있으며 끊어야 하는가? 우선 생각할 수 있는 세력은 고등 종교이다. 불교, 기독교, 천주교, 이슬람 같은 고등 종교는 모두 돈,

권력, 인기 같은 것은 하급 가치로 가능한 추구하지 말아야 한다는 것, 그리고 그런 희생에 대해서는 반드시 정당한 대가가 있다는 것을 믿는다. 그러므로 모든 사회에서 고등 종교 신자들은 도덕적 선구자 역할을 할 수 있고, 마땅히 해야 한다. 그들에게는 세속적인 가치에 대한 손해가 궁극적인 손해가 아니기 때문이다. 세속적인 가치에 대한 절제가 성숙의 기준이라면 종교인은 성숙한 사회구성원이 될 조건을 갖추고 있다. 역으로 세속적인 가치에 대해서 절제를 행사하지 못하는 기복적인 종교는 하급 종교일 수밖에 없다.

물론 건강한 자존심을 갖춘 성숙한 사람은 종교적 신앙을 갖지 않더라도 하급 가치에 대한 절제 혹은 금욕을 실천할 수 있다. 하급 가치를 추구하기 위하여 비도덕적으로 행동하는 것은 결과적으로 약자들에게 더 큰 고통을 가하는 행위이므로 그런 행위는 동시에 비겁한 것이다. 그러므로 진정한 자존심을 가진 사람은 절제할 수 있으며 따라서 도덕적 선구자가 될 수 있다.

사실 조금만 더 깊이 생각해 보면 이기주의도 훌륭한 도덕적 자원이 될 수 있다. 다만, 눈앞의 이익만 추구하는 어리석은 이기주의가 아니라 합리적인 이기주의라야 한다. 영국의 철학자 호브스(T. Hobbes)는 모두가 자신의 이익을 극대화하기 위하여 '만인의 만인에 대한 전쟁'을 계속하면 결과적으로 모두가 그 피해자란 사실을 지적하였다. 어느 정도 여유가 있다면 조금 절제하고 조금 손해를 보는 것이 결과적으로 자신과 후손에게도 이익이 된다는 것은 분명하다. 호브스가 제시한 처방은 국가의 강제력으로 그런 전쟁을 막는 것이었고, 그것은 국가의 가장 기본적인 기능이며 임무이다. 그러나 법이나 폭력처럼 외부에서 가해지는 강제력에 의하여 행동하는 깃은 인간의 존엄성에 어긋난다. 인간의 인간다움은 자율성에 있다. 자신의 욕망을 자율적으로 절제해서 짐승의 세계에만 있어야 할 약육강식의 상황을 극복하는 것이 합리적이다. 이런 합리성은 종교인이 아니고 자존심을 누릴 여유가 없는 사람이라도 갖출 수 있는 능력이 아닌가 한다. 그런 합리성에 따라 일관성 있게 행동하는 교육자나 사회 지도자가 많으면 우리 사회는 비교적 정의롭고 평화로운 사회가 될 수 있을 것이다.

인간의 행복은 주어지는 것이 아니라 만들어야 하고 온갖 역경에도 불구하고 올바르게 판단하고 행동하면 얼마든지 만들 수 있다. 그러나 아주 분명한 것은 현대사회에서는 혼자서 행복해지는 것은 불가능하다는 사실이다. 자신의 행복만 추구하면 자신도 이웃도 행복해질 수 없다. 오늘날 가장 현명한 전략은 다른 사람을 행복하게 함으로 같이 행복해지는 것이다. 성경에 "자기 아내를 사랑하는 자는 자기를 사랑하는 것"이라고 가르친다. 이 원칙이 부부 관계에만 국한되어야 할 이유가 없다. 이웃을 사랑하는 것이 곧 자기를 사랑하는 것이다. 그리고 그것이 행복을 위한 가장 합리적인 선택이다.

05

행복의 조건과
한국인의 행복 유전자

김영순
인하대학교 사회교육과 교수

우리는 행복의 다양성을 학습해야 하고, 행복을 이야
기하고 실천해야 한다. 행복이 추상적인만큼 우리의
행복 실천은 구체적일 필요가 있고, 행복이 관계적인
만큼 우리는 더 많은 관계 맺음을 행해야 한다.

행복의 조건과 한국인의 행복 유전자

행복에 관한 질문들

행복이란 무엇일까? 행복은 어떻게 느껴지는가? 행복은 과연 내가 만드는 것일까? 아니면 외부에서 조건으로 주어진 것일까? 행복을 느끼는 것은 인류 모두가 똑같은 것일까? 아니면 문화나 종교와 같은 인문환경적 요인 혹은 지리나 기후와 같은 자연환경적 요인에 따라 달라지는 것일까?

이런 일련의 질문들에 대해 우선 심리학에서는 행복에 대해 나름대로 명쾌한 답을 내놓고 있다. 특히 토착 심리학에서 본 한국인 특유의 행복 인식은 행복의 조건을 쉽게 이해하는 데 매우 유용하다. 토착 심리학적 접근은 한국인이 어떨 때 행복한가 하는 상황적 변수와 어떤 상태에서 행복을 느끼는가 하는 행복 주체의 심리적 변수를 나름대로 잘 설명하고 있다.

다른 한편 한국인이 이렇게 행복을 느끼는 근원적인 이유, 즉 다른 민족과 달리 한국인만이 지니는 행복 유전자는 어떤 것일까 하는 질문 역시 이 글에서 답을 내놓고 있다. 2013년에 한국국학진흥원에서 펴낸 『한국인의 일상과 문화 유전자』에 등장하는 한국인의 10대 정서는 바로 행복을 만들어 내는 요소인 행복 유전자가 아닐까 한다.

이 글은 행복에 관해 크게 두 부분으로 구분하여 기술한다. 바로 그 한 부분이 토착 심리학에서 이야기하고 있는 행복의 조건이고, 또 다른 하나는 이 글에서 행복 유전자로 칭할 한국인의 고유한 정서에 관한 부분이다.

다양한 행복의 조건

그간 토착 심리학에서 다루어 온 행복에 관한 연구*는 삶의 질과 관련하여 가족 관계 및 가정 화목, 자기조절 및 자기효능감, 인간관계, 성취, 경제력 등으로 구분하여 수행되어 왔다. 이는 삶의 질 연구와 관련해 설명할 수 있다. 이들을 한 항목씩 알아보도록 하자.

가족 관계 및 가정 화목

가족은 사람이 태어나서 '인간다움'을 처음 경험하는 곳이다. 이를 사

---

* 이 장은 토착 심리학적 연구, 즉 박영신 · 김의철(2013) 및 박영신 · 김의철(2014)에서 수행된 행복에 관한 일련의 연구 결과들을 요약하고 인용하고 이 글의 맥락에 맞게 재구성한 것이다. 특히 이 두 분 교수님이 이끄는 인하대학교 토착 심리학 연구팀은 국내는 물론 해외에서도 한국의 토착 문화에 기인한 한국인의 심리를 연구하는 대표적인 연구 집단이다.

회학에서는 사회화 기관이라고 한다. 이 사회화 기관은 개인의 사회화 과정에서 정보를 제공하는 사람이나 기관을 부르는 말이다. 가족이나 또래 집단처럼 자연 발생적으로 이루어진 집단을 '1차 사회화 기관'이라 한다. 어린 시절의 사회화는 주로 1차 사회화 기관인 가정에서 이루어 지는데 부모님이나 형제 등 가족의 말과 행동을 보고 사회적 양식을 배운다. 따라서 부모와 가족의 문화에 따라 아이들의 사회화 내용도 달라진다. 또 아이가 성장하면서 비슷한 나이 또래의 친구들을 만나는 또래 집단도 사회화 기관이 된다. 청소년기에는 또래 집단의 가치와 행동 양식에 큰 영향을 받고 그들만의 독특한 문화를 만든다. 이렇게 가정은 어떤 사람이 태어나서 행복을 경험하는 최초의 공간임은 분명하다. 그렇다면 이와 같은 한국의 가정에서 행복은 어떤 양상을 보이는가를 살펴볼 필요가 있다.

우리는 가족 관계와 관련하여 토착 심리학적 연구 중 청소년의 행복을 결정하는 요인들에 대한 연구를 주목할 필요가 있다. 이 연구에 의하면, 행복은 가족 관계, 개성, 성적, 종교, 이성 친구, 외모, 자기발견, 경제력, 우정 관계, 심리적 여유와 같은 10개 요인으로 구성되어 있다고 보았다(박영신 · 김의철, 2014). 그중 가족 관계가 청소년의 행복 구성 요인으로 가장 중요하다고 주장하였다. 가족 관계의 중요성은 고등학생과 부모를 대상으로 한 대부분의 토착 심리학적 연구에서도 밝혀진 바 있다. 사실 행복을 실험을 통해서 측정한다는 것은 매우 어려운 일이다. 그렇지만 행복을 구성요소로 포함하여 개념적으로 유사한 속성을 공유하고 있는 생활 만족도를 측정한 연구에서도 가족 관계의 중요함이 밝혀져왔다.

오랫동안 토착 심리학적으로 한국의 문화 현상을 연구해 온 박영신과 김의철 교수 연구팀은 부모-자녀 관계의 중요성을 강조한다. 부모가 자녀에 대해 사회적 지원을 하고, 애정적인 양육 태도를 가지며, 자녀에 대한 이해도가 높을수록 초·중·고·대학생 집단은 높은 생활 만족도를 보이고 있다. 긍정적인 부모-자녀 관계는 청소년 자녀에게 긍정적인 생활 만족도를 유발하지만, 부정적인 부모-자녀 관계는 부정적인 영향이 있는 것으로 주장하였다.

또한 모자 가족 청소년 자녀의 심리적 안녕감을 토착 심리학적으로 연구한 한 연구에서 청소년의 생활 만족도에 영향을 미치는 변인으로서 도구적 지지, 가족 스트레스, 가족 자원, 친구 관계 만족도, 자존감, 학교 성적, 문제해결 대처, 정서적 지지를 순서적으로 제시한다. 이러한 결과는 가정생활에서 청소년이 경험하는 스트레스가 심리적 안녕감에 얼마나 큰 영향을 미치는지를 보여 준다. 비록 가정환경이 부정적이라 하더라도 부모와의 관계가 긍정적으로 형성되어 있으면, 청소년의 정신건강이나 삶의 질에 대한 부정적 영향이 크지 않았다. 즉, 부모-자녀 관계가 매개 변인으로서 역할을 하였다.

특히 부모의 이혼 여부가 청소년의 우울과 외로움에 미치는 영향을 분석한 연구에서 주목할 만한 내용은 바로 부모 애착 변인이었다. 부모가 이혼을 하면 청소년 자녀가 우울해지고 외로움을 느끼지만, 부모-자녀 간의 긍정적인 애착 관계는 우울과 외로움을 감소시킨다고 보았다. 이 연구는 자녀가 부모를 신뢰하고, 의사소통이 잘 되며, 긍정적인 관계를 형성하는 것이 자녀의 정신건강과 삶의 질에 매우 중요함을 보여 준다.

청소년만이 아니라, 성인도 가족 관계에서 큰 영향을 받는다. 성인의 가정생활 만족도에 영향을 미치는 변인들에 대한 인과 모형을 분석한 토착 심리학적 연구는 배우자의 정서적 지원이 매우 강한 직접 효과 및 간접 효과를 갖는 것으로 확인되었다. 즉, 배우자로부터 정서적인 지원을 충분히 받을수록 성인의 가정생활 만족도가 높아졌다. 만약 부부간 관계가 원만하지 못하고 갈등이 심화될 경우는 가정생활 만족도가 낮아지는 정도가 아니라 이혼을 의도하게 되는 것으로 나타났다. 가정생활 만족도는 가족 구성원의 행복한 삶과 밀접한 영향을 갖는다. 물론 가정생활이라고 할 때는 가정에서 일어나는 전반적인 문제와 상황을 포함한다. 이를테면 재정 상태 및 가정생활 전반, 자녀 관계 및 가족과의 의사소통, 부부 관계, 가사 수행, 여가, 자신의 역할 및 위치, 지역사회 참여 등의 하위 요인을 가질 수 있다. 따라서 가정생활 만족도는 가족 관계 및 가정 화목을 통찰할 수 있는 바로미터가 될 것이다.

이와 같이 일련의 토착 심리학적 연구에서 가족 관계의 친밀도나 긍정적인 상호 영향 혹은 가정 화목이 한국인의 행복 유발 변수로 매우 관계가 긴밀하다는 것을 알 수 있다. 어떻게 보면 상식에 가까울 수 있지만 상식을 학문적으로 증명하여 객관성을 보여 주고 있음은 토착 심리학이 지니는 장점임에 틀림없다. 이는 앞에서 언급한 바와 같이 가정이 1차적 사회화 기관으로서 인간 삶의, 그것도 행복한 삶에 중요한 역할을 하는 것을 보여 준다. 따라서 가정이 화목하다는 것은 가족 구성원들의 상호소통이 원활하며 서로를 이해할 수 있는 역량을 갖추고 있음을 의미한다. '행복의 근원은 가정이다.'라고 할 정도로 가정의 역할은 매우 중요하다. 행복한 가정생활은 분명 사회 발전에도 도움을 줄 것이다. 가정에서의 상호작용은 사회적으로는 사회적 상호작용을 할 수 있는 계기가 된다.

사회적 상호작용은 크게 협동, 경쟁, 갈등으로 구성된다. 이러한 상호작용을 우리는 사회에 나가기 전에 가정이라는 사회 집단에서 먼저 접하게 된다. 협동적 상호작용은 개별적으로 하는 것보다 힘을 모으면 공동의 목표를 더 쉽게 달성할 수 있다고 생각되었을 때 일어난다. 반면에 경쟁적 상호작용은 제한된 목표를 먼저 달성하려고 할 때 발생한다. 또한 경쟁적 상호작용은 공정하게 적용되는 규칙에 따라 정당하게 이루려고 하는 것과 달리, 갈등적 상호작용은 합리적이지 못한 방법이 동원되기도 한다. 실제 생활에서는 사회적 상호작용의 세 가지 유형이 따로따로 일어나기보다는 서로 중복되거나 복잡하게 얽혀서 일어난다. 협동을 하다가도 경쟁하기도 하고, 경쟁하기 위해 협동하기도 하며, 갈등이 경쟁으로 완화되기도 한다. 이러한 사회적 상호작용을 아동은 가정에서부터 경험한다. 형제자매간에 어떻게 협동하고, 갈등에 대해 어떻게 대처하고, 어떻게 경쟁하는지에 대해 배우게 된다. 생기는 갈등을 건설적으로 줄이고 타협하는 방법을 배운다. 더불어 상생할 수 있는 경쟁을 하며, 아름다운 협동을 할 수 있는 계기를 가정에서 만들어 나가는 것은 행복을 배우는 첫걸음이다.

자기조절 능력 및 자기효능감

자기조절이라 하면 혹자는 면벽 수행을 하는 깊은 산사의 선승의 모습을 떠올리거나 다이어트를 위해 맛있는 음식을 참는 비만 체형의 인간을 떠올리기도 한다. 자기조절에 대해 우리가 일반적으로 가지고 있는 생각은 고상함에서부터 현실에 이르기까지 폭이 크다. 그 이유는 자기조절 능력이 개인적인 영역의 것이며, 자기의 개념과 결부된 것이기 때문이다.

심리학에서 자기 개념이란 개인이 육체적, 사회적, 정신적 또는 도덕적 존재로서의 자기 자신에 대해 가지는 개념이다. 다시 말해, 우리는 자기 개념을 가지고 있기 때문에 우리 스스로를 다른 사람과 구별되는 한 인간으로서 인식한다. 자기 개념은 시대에 따라, 사회경제적 계층에 따라, 그리고 문화에 따라 각기 다르다. 자기 개념을 논의할 때 주로 언급되는 세 가지 주제는 자존감, 자기효능감, 자기관찰성이다. 연구 대상으로서 자기는 심리학에서 핵심이 되는 개념이다. 자기에 대한 연구가 곧 심리학이라 할 정도로 중요하다. 따라서 자기조절 능력은 욕망이나 욕구를 다스릴 줄 알고 자신을 통제하고 제어하는 능력을 의미한다. 자기조절 능력은 행복의 주체인 개인, 즉 자기에게 성취를 위해서만이 아니라 주관적 안녕감이나 삶의 질 증진을 위해 중요한 심리 특성이라고 볼 수 있다.

대부분의 토착 심리학적 연구는 청소년과 성인 모두 자신의 삶의 질을 높이는 데 대표적인 요소 중 하나로 자기조절을 꼽고 있다. 자기조절의 개념 항목들은 긍정적 사고, 적극적 태도, 자기계발, 노력, 성실 등으로 구성할 수 있다. 긍정적 사고는 말 그대로 세계와 사건에 대해 긍정적인 마인드로 대하는 것을 의미한다. 적극적 태도 역시 세계와 사건에 대해 개방성을 가지고 참여함을 뜻한다. 자기계발, 노력, 성실은 모두 개인 주체가 자기를 통제하고 제어하는 다양한 태도를 이야기하는 것이다.

토착 신리학의 선구자인 밴듀라(A. Bandura)가 제안한 자기효능감은 어떤 일을 성공적으로 수행할 수 있다는 자신의 통제력에 대한 신념이고 기술이라고 정의한다(Bandura, 1977). 그 때문에 자기효능감이 높은 사람은 자기를 통제하거나 조정하는 능력, 즉 자기조절력이 높다고 보았다. 대부분의 심리학 연구에서는 자기효능감이 행복이나 삶의 질에 직접적인 영향력을 준다는 사실을 증명하였다. 아동의 행복에 영향을 미치는 토착 심리학 연구에서 개인내적 변인들로 외모 만족도, 낙관주의, 성격, 자기효능감을 검토하였다. 이 중 자기효능감이 행복에 가장 큰 영향을 미치는 변인으로 나타났다. 또한 세대 차이와 갈등이 삶의 질에 미치는 영향에 관한 연구에서도 역시 자기효능감이 매개 변인 역할을 하는 것을 알 수 있었다. 세대 차이에 대한 인식이나 갈등이 삶의 질에 부정적인 영향을 미치는 것은 대부분 알려진 바 있다. 그렇지만 자기효능감이 높으면 삶의 질이 낮아지는 것을 방지해 주는 것으로 확인되었다. 청소년만이 아니라 성인을 대상으로 하였을 때에도 자기효능감은 가정생활 만족도에 직접적인 영향력이 있다고 본다.

자기효능감은 자기조절 능력의 하위 구성요소이다. 자기조절에 대해 좀 더 깊이 있게 살펴보면 바우마이스터(W. Baumeister)를 만날 수 있다. 그에 따르면, 자기조절은 다음의 네 가지 요소로 구성된다. 바람직한 행동의 기준(Standards), 그 기준에 도달하기 위한 동기(Motivation), 기준에 어긋나는 상황과 생각을 위한 감시(Monitoring), 자기통제를 위한 내적인 의지(Willpower)가 바로 그것이다. 자기조절을 위해서는 이와 같은 네 가지 요소가 모두 필요하기도 하지만, 서로 어느 정도 대체될 수 있다고 보기도 한다. 예를 들어, 동기가 부족하다 해도 동기가 부족한 양만큼 의지가 더 크다면 자기조절에 성공하기도 한다. 자기조절은 무한정 일어날 수 있는 것이 아니다. 뇌 속에 있는 한정된 자원이 고갈되기 전까지 자기조절이 가능하다. 자기조절 이론은 충동 조절과 단기적 욕망의 관리, 그리고 통제, 고통, 목표 성취, 동기 등의 인지 왜곡에도 적용될 수 있다고 한다. 잘못된 행동을 하거나 실패를 경험했을 경우 자기조절이 기준에 못 미쳤거나 자기조절이 제대로 이루어지지 않았다고 볼 수 있다.

자기조절이 잘 이루어지지 못하는 사람 중 특히 충동을 억제하지 못하는 사람들은 즉각적인 욕구를 억제하지 못하고 실행에 옮긴다. 폭력 성향이 있는 사람은 그 순간의 행동을 제어하지 못하고 범죄자가 되기도 한다. 또한 구매 충동을 억제하지 못하면 재정적인 어려움을 겪는다든지, 대인관계에 문제를 일으키며 사회생활에 적응하지 못하는 결과를 초래할 수 있다. 자기조절 실패는 의학적인 도움을 받을 수도 있지만, 무엇보다 환자의 의지가 없다면 의사의 치료나 조언도 그 효과를 제대로 발휘할 수 없다. 이에 의학에서도 '자기조절'은 중요한 화두이다. 즉, 자기조절 이론은 개인의 정서 안정성 및 성취 등에 큰 영향을 주는 중요한 요소로 여겨져 왔으며 아직까지도 많은 심리학자와 교육자가 그 중요성에 큰 관심을 가지고 있다.

바우마이스터는 자기조절이 일련의 과정을 거쳐 일어난다고 말한다. 이 과정은 '생성 – 평가 – 학습'의 단계를 거친다. 각 단계는 자신만의 동기, 행동 및 발달 등이 서로 상호작용을 한다. 우선 자기조절의 생성 단계는 의사결정이 내려지기 이전에 나타나는 단계이며, 개인은 자신이 선택할 수 있는 대안을 창출하는 단계이다. 이 단계는 개인이 어떤 것을 달성하기를 원하지만, 어떻게 착수해야 하는지를 알지 못할 때 나타난다. 또한 개인이 어떤 내적 단서나 혹은 외부 환경적인 단서에 직면할 때 시작되기도 한다. 정보 단서는 사람들이 목표를 설정하는 과정에 착수하도록 만들며 목표 달성을 위한 선택 가능한 대안은 기억 속에서 인출되거나, 유추를 통해서 구성되거나, 인과 추리에 의하여 구성되거나, 조언을 구하여 얻어진다.

두 번째 단계는 평가의 단계이다. 이 단계는 개인이 의사결정을 내릴 때 나타나는 자기조절의 단계라고 볼 수 있다. 평가 단계에서 개인은 먼저 각 선택 대안의 '이해득실'을 확인한다. 다음으로, 개인은 차원들을 조합하고 각 선택 대안의 우열을 가리는 몇 가지 전략을 채택하는데 이 중 최상의 대안을 선택한다.

세 번째 단계는 '학습 단계'인데, 의사결정이 내려진 이후에 나타나는 자기조절 단계에 해당한다. 이때 개인은 자신의 선택 대안이 실행되고 개인은 본래의 목표 달성 정도를 관찰한다. 나아가 선택 대안의 성공 혹은 실패를 확인하고 이런 정보를 기억 속에 저장하고 학습하게 된다. 결국 행복은 자기조절을 얼마만큼 성공적으로 했느냐에 따라 달라질 수 있다는 것을 의미한다.

인간관계

인간이란 사회적 존재로서 사회 속의 많은 이해관계 집단이나 조직과의 상호관계를 통하여 활동하고 있다. 즉, 인간은 태어나면서부터 처음에는 가족이라는 하나의 작은 집단에서 시작하여 점차 활동 범위를 넓혀 가면서 생활하게 되지만, 사회생활의 변화 속에서 다양한 형태의 인간관계를 형성하고 있다. 행복하고 만족한 삶을 위한 조건으로서 인간관계는 중요한 위상을 갖는다. 가정에서 부모-자녀 관계 및 형제자매 관계, 학교에서 교사-학생 관계 및 친구 관계는 개인의 행복에 중요한 매개 변수가 된다. 그렇다면 이들과 어떤 인간관계를 맺어야 행복하겠는가?

첫째, 존경과 존중의 미덕이다. 존경과 존중은 같은 맥락의 유사어이다. 그렇지만 존경은 다른 사람의 인격이나 사상, 행동 등을 높이 사는 것을 말한다. 존경하는 이에게 하는 말을 존경어라고 한다. 어떤 면에서 존중은 존경을 포함하여 이해할 수 있다. 존중은 사람이 갖춰야 할 중요한 도덕적 요건 중 하나이며, 개인의 존엄에 대한 존중을 행동과 마음속에서뿐만 아니라 사회 속에서도 실제로 보여야 한다. 존중은 자아에 대한 존중, 모든 사람의 권리 및 존엄성에 대한 존중, 모든 사람을 지속시켜 주는 환경에 대한 존중으로 구분할 수 있다. 행복은 자아에 대한 존중에서 출발하며 다른 이들과 협력 관계가 가능하다. 즉, 자기 존중은 모든 도덕적 행위의 출발점이자 자신의 도덕적 권리에 대한 올바른 인식이며 자신의 도덕적 의무에 대한 원리이기도 하다. 이 자아존중감은 앞에 이야기한 자기존중과 자기효능감과 같다. 모든 사람의 권리 및 존엄성에 대한 존중, 즉 타인에 대한 존중은 존엄한 인간의 존재를 가치 있게 여기는 마음으로 우리가 타인을 대하는 방식이다. 환경에 대한 존중은 인간의 관점을 벗어나 사물에 대한 존중을 설명하는 것으로 자연 존중과 노동 존중에서 그 의미를 찾아볼 수 있다. 이러한 존경과 존중의 관계에서 행복이 시작된다.

둘째, 협력 관계이다. 협력은 협동이라고 할 수 있으며, 이는 두 사람 이상의 사회적 상호작용 유형 중 하나이며, 두 명 이상의 사람이 어떠한 목표를 공유해 함께 힘을 합해 활동하는 것을 말한다. 협동의 전제 조건은 앞서 이야기한 자아와 다른 사람에 대한 존중에서 시작한다. 나아가 협동은 상호관계에 긍정적인 상호의존 관계를 형성해야 한다. 이런 협동의 역량을 강화시키기 위해 교육 현장에서는 협동학습을 실천한다.

협동학습은 긍정적인 상호의존, 개인적인 책임, 동등한 참여, 동시다발적인 상호작용의 네 가지 원리로 이루어진다. 이 원리가 작동할 때 인간관계 형성에 다양한 장점이 나타난다. 먼저 교수자에게는 다양한 수업 전략을 제공해 준다. 학습자에게는 협동학습을 통해 많은 사회적 상호작용을 경험할 수 있게 해 준다. 수업 중에도 신체를 많이 움직일 수 있으며, 상호작용을 통해 타인을 배려하는 태도를 길러 준다.

또한 학습 과정에서 지적 모험을 할 수 있는 기회가 제공되고, 아동이 스스로 문제를 해결하거나 의사결정하는 능력을 키울 수 있다. 그 과정은 구체적 사고에서 추상적 사고로 이행되는 사고 확장의 바탕이 되고, 소속감과 자신감을 비롯한 긍정적 자아 개념과 함께 동료의 숨은 재능을 발견하는 기회가 된다.

성취

성취는 행복을 유발시키는 중요한 요소이다. 어떤 계획한 것을 이루어 냈을 때 느끼는 심리적 만족감을 일컫는 말이다. 학생이 열심히 공부하여 좋은 성적을 얻는 것, 취업 준비생이 자신이 원하는 직장에 취업하는 것 혹은 산 정상에 올랐을 때에 느끼는 성취감 등은 우리 모두를 행복하게 한다. 성취는 성취 행위를 한 당사자는 물론 주변 사람들도 행복하게 하는 속성을 갖는다. 자식 뒷바라지로 고생하시는 부모님은 자녀가 어떤 목적을 달성하여 성취했을 때 보람을 느낀다.

　성취는 한 개인이 소유하고 있는 가능성(잠재력)의 최대한의 개발 및 발전을 칭하는 상대적인 개념으로 상용된다. 매슬로(A. Maslow)에 의하면 다음에 열거한 기본적인 욕구를 성취한 후에 모든 인간이 성취하고자 하는 것이 바로 자아실현에 대한 욕구라고 한다. 이 기본적인 욕구는 생리적 욕구(식량, 공기, 물, 휴식), 안전 욕구(안정, 공포로부터의 해방, 생활 보장), 소속 욕구(가족, 친구, 애정, 친밀성), 존경 욕구(자존심 및 타인으로부터 인정받음)를 포함한다. 매슬로는 욕구의 단계를 4단계로 나누고 이 욕구가 충족되는 것을 성취로 설명하며, 이러한 성취가 인간 유기체에게 행복을 가져온다고 주장한다. 이는 마치 행복이 욕구 충족 중심으로 유발되고, 욕구 충족이 행복의 조건이라고 설명하는 것이다. 이런 설명엔 일면 타당성이 있다. 그러나 행복의 조건이 욕구의 주체에만 한정되어 성취를 설명하는 단점이 있다. 모든 성취에는 주체와 조력자가 있기 마련이다. 즉, 성취를 위한 주체의 관계가 매슬로의 설명에는 결여되어 있다. 이를테면 생리적 욕구의 경우 식량 등의 제공자나 요리를 해 주는 사람 등의 조력자가 필요하며, 안전 욕구도 생활 보장 등을 제공하는 조력자의 역할이 중요하다. 뿐만 아니라 소속 욕구도 소속 집단의 구성원과의 관계가 중요하며, 존경 욕구도 피존경자에게 존경 행위를 수행하는 대상이 존재해야 한다.

　이 관계에서 우리는 행복의 조건에서 성취가 욕구 충족을 넘어 인간관계의 역할이 중요하고, 이런 관계 속에서 각 단계의 욕구 충족에 기여한, 즉 성취에 조력자들로 가담한 대상에게 감사를 표현하는 것도 행복의 조건으로 생각해 볼 수 있다.

경제적 요소

행복의 조건으로 많은 한국인은 경제적 조건을 거론한다. 과연 돈이 많이 있으면 더 행복한가? 만약 돈만으로 행복할 수 없다면 무엇이 중요한가? 이러한 문제의식에서 출발하여 박영신과 김의철 교수 연구팀의 연구에서는 흥미로운 결과를 내놓았다. 즉, 월평균 수입이 행복에 의미 있는 정적인 영향을 미치지만, 월평균 수입 변인이 제외되어도 행복에는 변화가 없었다. 따라서 돈이 있을수록 더 행복하지만, 연구 모형에 설정된 다른 변인들이 충족된다는 조건하에서는 돈이 없어도 돈이 있는 것과 마찬가지로 행복할 수 있음을 보여 준다. 그럼으로써 경제 자원이 행복에 미치는 영향은 제한적인 것이라 주장한다. 예를 들어, 주위 사람들로부터의 정서적 지원은 월평균 수입보다 행복에 대한 효과가 4~5배 정도, 어려움을 극복할 수 있는 효능감과 직업에서 성취감은 각각 월평균 수입보다 행복에 대한 효과가 1.5배 정도 되었다. 월평균 수입이 행복에 영향을 미치나, 다른 변인들의 행복에 대한 영향력보다는 영향력의 크기가 상대적으로 작았다.

이와 같이 경제적 요인은 다른 변인들보다 효과크기가 상대적으로 적기는 했지만, 어쨌든 나름의 영향력을 나타내고 있다. 다른 조건을 제외하곤 월평균 수입이 적은 사람보다는 많은 사람이 상대적으로 안정된 정서의 행복감을 더 많이 누릴 확률이 높은 것은 사실이다. 이 맥락에서 비판적으로 생각해 볼 문제가 있다. 바로 우리나라의 경제 수준과 한국인의 행복 체감의 관계이다. 지금 세계에서 1인당 국민소득이 2만 달러가 넘는 나라는 대략 미국, 일본, 영국, 독일, 프랑스, 이탈리아 그리고 우리나라라고 한다. 이 나라들은 OECD에 들어가 있으며, OECD에 속한 나라들은 세계의 부자 클럽으로 불린다. OECD는 34개 회원국으로 구성되며, 우리도 이미 가입되어 있다.

　앞서 이야기한 경제 조건으로만 보자면 우리나라의 모든 국민은 상대적으로 부유한 사람들이며 행복하게 살고 있어야 한다. 그런데도 우리는 OECD 국가 중 삶의 만족도에서는 27위로, OECD 평균치에 미치지 못한다. 뿐만 아니라 2015년 기준 행복지수에서는 조사 대상 143개국 중 118위로 최하위권이다. 더욱이 슬픈 현실은 자살률이 3위이며 OECD에서는 1위라는 사실이다. 이런 이유는 무엇일까? 왜 우리나라 사람들은 객관적인 풍요 속에서도 행복함을 잘 느끼지 못할까. 많은 사람이 자살이라는 극단적인 선택을 하는 이유는 무엇일까. 경제적인 이유, 즉 부채를 갚지 못해 일가족이 함께 자살하는 집단 자살을 어떻게 설명할 수 있을까. 이제는 이 문제에 대해 깊이 생각해 볼 때가 되었다. 상당수 사람이 행복을 곧 경제적인 조건과 연관 있는 소유라고 생각한다. 이 소유의 가장 중요한 부분이 아마 경제적인 부분일 것이다. 원하는 것을 많이 가지면 행복할 수 있다고 생각한다. 만약 소유를 행복으로 생각한다면 그 소유가 없어졌을 때는 분명히 불행해진다.

　요즘 결혼 적령기의 청춘남녀가 경제적인 이유로 결혼을 늦추거나 아예 결혼을 생각 못한다고 한다. 뿐만 아니다. 사귀는 과정에서도 여성 측에서 남성 부모님이 연금을 받느냐, 몇 평에 사느냐 등이 결혼의 조건으로 등장한다. 반대로 남성 측에서는 여성이 결혼 후에도 직장 일을 할 것인가 전업주부를 할 것인가에 관심을 갖는다고 한다. 이에 대한 실례가 있다. 몇 해 전 연구실로 항공사 승무원이 된 제자가 인사를 온 적이 있다.

"이제 취업했으니 결혼해야지. 자네 결혼할 상대는 있지?"라고 묻자 제자는 이렇게 대답했다.

"교수님, 실은 제가 학교 다닐 때 남자 친구가 있었어요. 그 친구는 취업을 했고, 저는 졸업하고도 백수로 있으니 헤어지자고 하데요. 그래서 열 받아서 열심히 공부해서 항공사에 취업했어요."

이렇게 이제는 경제적 조건이 행복의 관문인 결혼 여부를 결정하는 아주 중요한 관건이 되었다. "사랑 그게 밥 먹여 주나…… 결혼은 현실이다……." 이런 말을 들을 때면 우리는 슬퍼진다. 경제적 조건은 행복을 결정하는 조건 중 하나이지 전체는 아니다. 젊음이 아름다운 것은 도전할 미래가 있기 때문이고, 경제적인 조건은 자신의 노력 여하에 따라 언제든 갖출 수 있기 때문이다. 지금 누군가를 사랑한다면 경제적 조건보다는 '그 사람이 없다면…….'을 상상해 보라.

한국인의 행복 유전자

앞서 행복의 조건을 가족 관계 또는 가정 화목, 자기조절 및 자기효능감, 인간관계, 성취, 경제적 요소에서 찾고자 했다. 그렇다면 행복을 유발시키는 한국인 고유의 문화 유전자, 즉 행복 유전자는 무엇일까? 그것은 한국인만이 가지고 있는 독특한 정서일 것이다. 지난 2013년에 한국 국학연구원에서 한길리서치에 의뢰한「한국문화유전자 세대별·시대별 설문조사 보고서」에 주목할 필요가 있다. 이 보고서는 각 연령별로 한국인의 특유 정서를 10분위로 구분하고 있다. 이 작업은 무엇보다 한국인의 행복 찾기 작업과 연관 깊기 때문에 1위에서 3위까지 차지한 한국인 정서를 소개하고자 한다.

먼저 20대 한국인 정서의 경우 조화·어울림(13%) 및 신명·흥(13%)이 1순위를 차지하고, 이어 공동체 문화(12%)가 3순위에 있다. 30대는 조화·어울림(17.3%)이 1순위, 공동체 문화(9.7%)가 2순위, 정·사랑(9.3%)이 3순위를 기록하였다. 40대는 1순위와 3순위가 30대와 같으나, 1순위를 차지한 조화·어울림이 13%이며, 여유가 12.6%, 3순위의 정·사랑이 11.3%를 차지한다. 50~60대는 순위를 차지한 한국인 특유 정서는 같으나 1순위인 조화·어울림이 18.3%, 2순위인 여유가 9.4%, 3순위인 정·사랑이 8.6%로, 조화·어울림의 정서는 나이가 들수록 강해지는 성향을 보이고 있다.

이 설문조사에서 주목할 것은 바로 앞에서 소개한 1~3순위를 차지한 정서이다. 물론 우선순위에 있는 한국인 스스로가 꼽은 고유 정서는 세대별로 차이가 있다. 그러나 전반적으로 확인되는 한국인 고유의 정서인 조화·어울림, 공동체 문화, 신명·흥, 정과 여유, 끈기, 열정·도전·진취성, 소통·열림·공유, 자연스러움, 담금질·수련·단련 가운데 조화·어울림은 모든 세대를 관통해 단연 1위를 차지하고 있다. 조화·어울림은 심리학에서 바라본 행복 조건인 가족 관계 및 가족 화목, 그리고 인간관계 항목과 관련이 있다. 가정 내에서 가족 간의 화목, 직장 내에서 구성원 간의 협동은 조화와 어울림으로 설명할 수 있으며, 인간관계에서도 긍정적인 상호의존감 형성 등은 조화와 어울림의 차원이다.

한국인의 일상생활과 행복은 어떤 관계일까? 이 질문 역시 국학연구원의 보고서 내용을 검토해 볼 필요가 있다.* 20대의 일상생활에서 스마트·IT·미디어가 31.6%로 1순위, 음주가무 문화가 15.3%로 2순위, 영화 관람이 13.5%로 3순위를 점유한다. 30대는 음주가무 문화가 16%로 1순위, 스마트·IT·미디어가 15%로 2순위, 운동·헬스가 14.3%로 3순위를 차지한다. 흥미로운 것은 40대와 50~60대의 경우 1위가 운동·헬스, 2위가 등산이다. 3위는 40대는 영화 관람, 50~60대는 건강식·웰빙 등이었다. 이러한 설문 결과는 연령대가 높을수록 개인 건강에 신경을 쓰며 행복의 가치를 건강한 데서 찾으려고 한다는 것이다. 한국인의 특유 정서와 일상생활에서 나타나는 연관 관계는 바로 공동체 문화를 통해 나타난다고 볼 수 있다. 한국인의 일상생활에서 공동체 문화는 등산이나 종교생활, 전통문화 놀이, 동호회 등의 여러 모임 등에서 표출된다. 특히 행복의 조건 중에서 인간관계 항목은 이 공동체 문화와 관련을 맺는다.

정과 사랑은 어떻게 보면 아가페 혹은 에로스 차원으로도 설명할 수 있다. 특히 결혼과 가정생활, 자녀양육 외에 음식 문화, 음주가무를 통해서도 정과 사랑을 느끼게 된다고 한다. 뿐만 아니라 음주가무나 여행, 모임, 문화센터 활동 등을 통해 조화와 어울림을 경험하고 아울러 정과 사랑을 느낀다.

• 이 절의 내용은 국학연구원의 보고서를 토대로 하여 집필된 『한국인의 일상과 문화유전자』(김문겸, 김영순 외, 2014)의 내용을 기반으로 하여 작성한 것이다. 이 책에서는 한국인의 일상생활에서 나타나는 문화 유전자를 시대별·세대별로 구분하여 실례를 들어 기술하고 있다. 이 절은 이러한 한국인 고유의 정서와 행복 유전자를 관련짓고자 시도한 것이다.

여유, 끈기, 소통·열림·공유 등은 노력의 결과인 성취에 빠르게 도달하려는 한국인의 '빨리 빨리' 정서와는 대치되는 개념이다. 이것은 아마 한국의 근대화 이전의 한국인의 정서가 아닌 듯싶다. 개항기 한국을 방문한 외국인의 눈에 한국인의 여유는 어쩌면 게으름으로 비쳤을 것이다. 급속한 근대화 및 세계화를 경험하면서 한국인 고유의 정서이자 장점일 수도 있었던 '소통·끈기·여유' 등의 정서는 약해지고 단기 성과에 집착하는 조급증을 새롭게 얻은 셈이다. 그래서 행복은 오히려 '빨리 빨리' 정서가 아닌 여유, 끈기, 소통·열림·공유 등과 함께할 것으로 본다.

30년 만의 압축적 근대화를 겪은 한국 사회는 과도한 발전에 비해 기술에 못따라가는 기술 지체 현상은 물론 기술 발달에 못따라가는 정신 지체 현상을 겪고 있다. 그러나 최근 들어 일상생활에 스마트기기 사용 등으로 여러 모임에서 소통·열림·공유를 실현하거나 경험한다. 또한 자신의 업무나 활동 등을 끈기와 연결시키고 여행·등산·영화 관람 등의 취미 활동은 바로 여유에서 비롯된 것으로 이해한다. 이런 활동과 인식은 자신의 행복을 추구하는 반면에 행복을 향유하는 것이기도 하다.

'열정과 도전, 진취성'은 국가 주도 근대화가 본격화된 1970년대 이후 강조되었다. 최근까지 이 정서는 사회 현상을 반영하여 유지되고 있다. 근대화 및 산업화를 시대적 사명으로 삼은 한국인은 열정적이고 도전적으로 마치 높은 산을 오르기 위한 '질주적 등산'과 같이 어떤 과제와 목표에 도달하려고 애쓴다. 이렇게 어떤 과제나 목표에 몰입하게 만드는 열정과 도전, 진취성은 한국인의 고유 정서로 평가받는 또 한 가지 개념인 흥과 신명이 바탕에 있다고 볼 수 있다.

담금질·수련·단련은 쇄국에서 개항, 일제 강점, 한국전쟁, 남북 분단과 이념 대립, 군사 정권 및 개발 독재형 근대화에 직응하고 이를 경험하는 과정에서 저항의 형태로 등장한 정서라고 볼 수 있다. 근대화 과정에서의 공동체 해체 및 도시화, 세계화와 중산층 몰락 등을 겪은 지난 100여 년의 역사를 통해 자연스럽게 지니게 된 경험적 정서에 가깝다. 때문에 이런 정서는 세대 차이를 뚜렷이 나타내기가 쉽다.

　담금질·수련·단련이 20대와 30대 한국인의 10대 정서로 언급되지 않지만 40대 이상에서는 상대적으로 강하게 느끼는 정서로 표현되는 것도 이 때문일 것이다. 한국의 40대 이상에서 담금질·수련·단련은 '가요·K-Pop·한류, 운동·헬스, 전통문화 놀이' 등을 통해 발현된다고 인식된다. 어떻게 보면 이는 저항적인 정서가 부정적인 일상생활로 등장하는 것이 아니라 행복을 동반하는 긍정적인 일상생활 형태로 표현된 것이다. 담금질·수련·단련은 가요·K-Pop·한류를 신명·흥과 관련 짓고 운동·헬스를 끈기와 연결하여 이해하는 20~30대 세대와 뚜렷한 차이를 나타내는 부분이다. 담금질·수련·단련과 끈기는 서로 연관성이 짙은 정서이다. 이는 마치 행복의 조건 중 성취의 항목과 유사하다. 가요·K-Pop·한류를 담금질·수련·단련의 결과물로 볼 수 있을 뿐만 아니라 한국의 가장 강력한 기저 정서인 신명·흥이 발현되는 장르로도 인식할 수 있다.

　열정·도전·진취성이 현대 한국인의 정서라는 데 반대할 사람은 별로 없을 것이다. 이 바탕에는 신명·흥이 깔려 있다고 보아야 한다. 압축적 근대화 과정에서 수출주도형 경제 개발을 이룬 시점부터 K-Pop과 같은 한류가 세계를 휩쓸어 한국 문화가 세계적인 것이 되어 가고 있다. 이런 현상에는 한국인의 정서인 열정·도전·진취성이 담겨 있다고 보아야 한다. 이것 역시 신명·흥에서 동력을 받은 사례라고 할 수 있다. 이 외에도 신명·흥은 한국인의 일상생활과 관련이 있는 다양한 정서와 복합되어 직간접적으로 발현된다. 이런 현상은 '조화·어울림, 공동체 문화, 정·사랑' 등에도 보이는 것으로 이는 현대 한국인의 정체성과도 관련이 깊다고 할 수 있다. 이런 한국인의 정체성은 한국인이 느끼는 행복의 조건을 만드는 문화적 행태 요소임은 분명하다.

지금까지 언급한 현대 한국인의 10대 정서는 성격과 내용의 분포상으로 단연 '조화·어울림', '신명·흥'이라는 2개의 개념이 중심에 있음을 알 수 있다. 이 2개의 중심 개념과 각각에 부수되는 혹은 보완되는 정서 개념이 10대 정서를 구성한다. 조화·어울림에는 '자연스러움, 소통·열림·공유, 여유, 공동체 문화' 등이 분포될 수 있으며, 신명·흥에는 '열정·도전·진취성, 담금질·수련·단련, 끈기' 등이 정서를 함께 구성할 수 있다. 이들의 상관관계는 다음 그림과 같다.

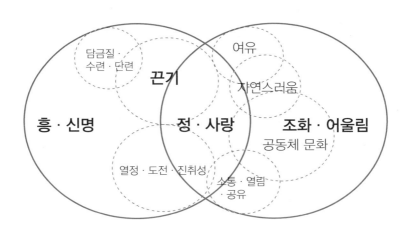

한국인 10대 정서의 관계

그림과 같이 신명·흥과 조화·어울림 사이에 정·사랑이 위치한다. 우리는 신명과 흥이 나고, 조화와 어울림을 통해 정이 생겨나고 사랑을 나눌 수 있다. 신명과 흥이 날 때, 조화와 어울림을 경험할 때, 정과 사랑을 나눌 때 비로소 행복한 상태가 유지될 것이다. 확실한 것은 한국인의 일상생활에서 경험하는 이런 정서들이 바로 행복을 만들어 내고, 행복을 느끼게 하고 행복을 나누는 것이다. 앞서 심리학에서 바라본 행복의 조건(가족 관계 또는 가정 화목, 자기조절 및 자기효능감, 인간관계, 성취, 경제력)이 행복을 발현시킨다면, 이런 행복을 행복으로 느낄 수 있게 하고 일상생활에서 행복을 실천하게 하는 한국인의 10대 정서는 조화·어울림, 공동체 문화, 신명·흥, 정과 사랑, 여유, 끈기, 열정·도전·진취성, 소통·열림·공유, 자연스러움, 담금질·수련·단련 등이라고 볼 수 있다. 특히 모든 세대를 관통해 1위를 차지하고 있는 조화·어울림 정서는 우리나라 사람들이 행복을 관계적 행복으로 실천하는 경향이 있음을 보여 준다. 자신보다도 가족 구성원들과의 관계를 더욱 중시하며, 자신의 성취보다는 가족 구성원의 성취에 더욱 행복해하는 것 등이 바로 관계적 행복의 사례이다.

　우리는 다시 한번 첫머리에 제시한 질문들을 되새길 필요가 있다. 행복이란 무엇일까? 행복은 어떻게 느껴지는가? 행복은 과연 내가 만드는 것일까? 아니면 외부에서 주어진 것일까? 행복을 느끼는 것은 인류 모두가 똑같을까? 아니면 문화나 종교와 같은 인문환경적 요인 혹은 지리나 기후와 같은 자연환경적 요인에 따라 달라지는 것일까? 일련의 질문에 대해 하나씩 답을 단다면 다음과 같다.

행복은 자기 자신의 내면의 대화는 물론 다른 사람들과의 관계를 맺음으로써 나타나는 행위이다. 행복은 때로 사회구조적으로 주어질 수 있지만 행복의 주체인 내가 만들어 나가기 위해, 행복의 조건을 획득하기 위해 노력해야 한다. 행복을 느끼는 것은 아마 인류 보편적으로 공통적인 것이지만 이 글에서 밝힌 한국인의 고유 정서들로 인해 행복의 다양성은 존재할 것으로 본다. 인문환경적 요인 그리고 자연환경적인 요인에 따라 행복은 당연히 달라질 수 있다. 민족마다 문화가 제각기 다르듯이 그 민족이 지니는 정서에 따라 행복은 양상이 서로 다르게 나타날 것이 분명하다. 바야흐로 우리 사회는 세계화에 따라 다양한 민족이 유입되어 그 어느 때보다도 문화적 다양성이 풍부하다. 그만큼 행복의 다양성도 풍부해지리라 기대한다. 그러므로 우리는 행복의 다양성을 학습해야 하고, 행복을 이야기하고 실천해야 한다. 행복이 추상적인 것만큼 우리의 행복 실천은 구체적일 필요가 있고, 행복이 관계적인 것만큼 우리는 더 많은 관계 맺음을 행해야 한다.

06

행복한 삶을 위한
죽음교육

강선보
고려대학교 교육학과 교수

우리는 여전히 죽음과 삶은 별개의 것으로 여기고, 의도적으로 우리의 의식 밖으로 죽음을 쫓아내어 왔다. 하지만 삶과 죽음은 별개의 것이 아니라 하나이며, 인간이 삶 속에서 죽음을 의식할 때 그만큼 삶에의 열정도 강렬해질 수 있다.

행복한 삶을 위한 죽음교육

죽음교육에 대한 인식 전환이 필요하다

동서양을 막론하고 성(sex)과 죽음(death)은 오랫동안 문화적으로 금기시되어 왔다. 성과 죽음을 뭔가 좋지 못한 것으로 인식해 왔던 것이다. 즉, 불결하고, 은밀하고, 내밀하고, 불길하고, 추하고, 더럽고, 재수 없는 등등의 대상으로 인식해 왔다. 그리하여 성과 죽음에 대해서는 오랫동안 의도적으로 기피하고, 은폐하고, 거짓 교육을 시켜 왔다.

하지만 20세기에 들어서면서 서구 사회를 중심으로 성이 개방되고, 성으로 인한 각종 사회 문제를 예방하고 인간적인 삶을 영위하게 하고자 정상적인 성교육(sex education)이 제도교육에 도입되기 시작하였다. 또한 죽음의 문제도 상실로 인한 비탄자들의 사회 부적응 문제, 자살로 인한 사회적 문제, 죽음 이후의 가족 갈등 문제, 예방교육으로 미연에 막을 수 있는 죽음의 문제 등등이 공론화되면서 이제는 더 이상 감추어 두고 거짓교육을 시켜서는 안 될 이슈로 등장하였다. 그리하여 서구 사회에서는 1970년대부터 죽음교육(death education)을 학교교육의 한 영역으로 채택하기 시작하였다. 즉, 1969년 『타임(Time)』 기사를 신호탄으로 정신과 의사 퀴블러 로스(E. Kubler-Ross) 같은 선구자들이 죽음을 '어둠 밖'으로 끌어내기 시작하면서 1963년 미네소타대학교에서 죽음에 관한 최초의 강좌가 개설되었고, 1971년 무렵에는 미국 전역에 600개가 넘는 죽음학 강의가 생겨났으며, 5년 뒤에는 그 수가 거의 배로 뛰었다(Hayasaki, 2014, pp. 20-21). 이제는 심리학, 철학, 의학, 사회학, 종교학, 교육학, 사회학, 법학 등에 이르기까지 다양한 분야에서 죽음학 강좌를 수천 개는 찾을 수 있다. 아울러 죽음과 임종 그리고 상실과 비탄에 초점을 맞춘 학술지, 교과서, 학회, 학위 과정, 협회, 단체들이 생겨났다. 요컨대, 1970년대 이후부터 죽음학 강좌들이 생겨나고 그에 관한 연구가 진행되면서 자연스럽게 죽음학(Thanatology)이라는 학문 영역까지 탄생하였다.

이처럼 서구 사회에서는 20세기 중엽부터 죽음이라는 주제가 공론화되면서 여러 분야의 학문에서 진지하게 논의되기 시작하였다. 특히 현대사회의 변화된 모습*은 삶과 죽음의 문제를 더욱 진지하게 다루게 하는 촉진 역할을 하였다. 당연히 학교교육에서도 학생들의 삶의 질과 관련하여 죽음의 문제를 교육과정 영역으로 끌어들이게 되었다.

이제는 우리도 성교육과 마찬가지로 죽음교육도 삶의 질 향상, 즉 행복한 삶의 영위라는 측면에서 정치가, 행정가, 교육가들이 한번쯤 진지

• 핵무기 등에 의한 인류의 집단 멸종에 대한 공포, 신종 바이러스의 등장, 각종 자연재해와 안전사고, 핵가족화로 인한 세대 간의 접촉 단절, 자살, 안락사 등이 있다.

하게 생각해 보아야 할 사회적 과제가 되었다고 생각한다. 록하드 등 (Lockard et al., 1986)과 같은 죽음학자들이 지적하는 것처럼 죽음에 관해 가르치는 것은 곧 산다는 것을 가르치는 것이며, 죽음에 관한 교육은 죽음의 막연한 공포를 제거함으로써 삶에 대한 인간의 존경심과 환희를 고양시키는 것이라고 본다면, 이는 곧 인간의 삶의 행복에 관한 문제이므로 우리는 죽음의 문제를 더 이상 교육의 영역에서 소외시킬 수 없는 중요한 교육 내용임을 상기할 수 있다.

특히 우리나라 청소년과 성인들의 행복지수는 OECD 국가 중 최하위이며, 자살률은 2003년부터 계속 1위를 차지하고 있다.* 청소년의 행복지수가 최하위이고, 성인 자살률이 최고라는 통계는 상호연관성이 있는 것 같다. '나는 불행하다.'고 생각하는 청소년이 성인기로 진입한 후, 그 연장선에서 그들 또한 불행감을 느끼며 삶을 저주하고 스스로 목숨을 끊는 것 아니겠는가? 따라서 청소년의 삶의 질 향상과 그에 따른 행복감의 회복은 청소년 및 성인 자살률을 낮추는 큰 요인이 될 것이다. 요컨대, '행복한 삶'과 죽음은 불가분의 관계이므로 행복한 삶을 위해서는 체계적인 죽음교육이 필요하다. 여기에서는 청소년의 행복한 삶을 위해 죽음교육이 왜 필요하며, 학교교육에서의 죽음교육이 지향하는 목적과 내용이 무엇인지를 살펴보기로 한다.

---

* 2018년 리투아니아가 OECD에 가입하게 됨에 따라 한국이 리투아니아에 이어 2위가 되었다.

행복한 삶과 불행한 삶

한국보건사회연구원의 논문 「국민복지 수준의 국제 비교」에 의하면 한국의 국민행복지수는 OECD 34개 회원국 중 33위로 최하위권이다. 통계청이 발표한 '2017년 사망원인 통계'에 따르면, 2017년 자살자 수가 인구 10만 명당 24.3명으로 지난 15년 동안 계속해서 OECD 국가 중 가장 높게 나타나고 있다.

한국방정환재단과 연세대학교 사회발전연구소가 공동 조사한 「2014년 한국 어린이·청소년 행복지수 국제 비교연구」 결과에서도 우리나라 어린이·청소년의 주관적 행복지수는 OECD 국가 중 6년째 최하위를 기록하였다. 한편, 통계청 자료에 의하면 청소년(10~19세) 인구 10만 명당 자살률은 2001년 3.19명에서 2011년 5.58명으로 57.2% 증가하였다. 같은 기간 성인자살률 50.5%(16.96명→33.58명)보다 높은 수치이다.

한국방정환재단과 연세대학교 사회발전연구소가 매년 공개하는 '청소년 행복지수'와 통계청이 발표하는 '청소년 자살률'을 보면 우리나라의 많은 청소년은 스스로를 불행하다고 생각하고 있다. 성인도 예외가 아니다. 이렇게 보면 전술한 바와 같이 청소년기의 불행감은 성인기의 불행감으로 연계된다는 자연스러운 추측도 해 볼 수 있다.

그렇다면 우리나라 청소년은 왜 자신의 삶에 대해 행복하지 않다고 느낄까? 기실 행복은 최고의 가치이자 이 세상 모든 사람의 공통된 소망이다. 우리가 하루하루 열심히 살아가는 이유도 행복을 찾기 위해서이다. 하지만 우리의 청소년은 성적이 행복 순이 아님에도 행복의 척도인 양 성적 올리기에 매달리는 입시 위주의 교육 풍토하에서 삶의 여유를 상실한 채 스트레스로 시달린다. 오늘날의 우리 청소년이 행복한 미래를 위해 경쟁적인 오늘을 초조와 불안감 속에서 살고 있지만, 과연 행복한 오늘이 담보되지 않고 행복한 미래가 보장될 수 있을까?

통계청 보고서에 의하면 청소년 자살의 주된 원인은 성적 및 진학 문제(39.2%)로 분석되고 있다. 교육부 보고서에도, 학생들이 학교를 싫어하는 이유가, ① 수업이 재미없고, ② 지나치게 엄격하고, 획일적인 틀 속에 학생들을 가두고 있으며, ③ 모든 것을 점수로 환원하고, 성적으로 줄을 세워 차별하고, ④ 가르치는 것에 속도감도 없고 참신함이 없으며, ⑤ 인권과 학습권을 존중하지 않고, ⑥ 배울 의욕이 없는 학생조차 학교가 무리하게 붙들고 있기 때문인 것으로 나타났다. 아울러 가정불화 등 가정교육의 문제가 지적되고 있다. 이것을 토대로 유추컨대, 가정에서의 가족 간 여가 활동 및 대화 결여, 가정불화, 가정과 학교에서 개인적인 여가 활동이 보장되지 않는 너무나 많은 강요된 학업 시간, 성적·입시 위주의 가정교육과 학교교육 풍토 등이 학생들로 하여금 극심한 스트레스를 갖게 하고 불행감을 갖게 하면서 스스로 목숨을 끊게 하고 있는 것이다. 실례로 같은 보고서에서 초·중학생이 행복의 조건으로 '화목한 가정'을 꼽은 것과 '행복하지 않다고 느끼는 경우나 상황에 대해서는 '성적에 대한 압박'(23.3%)과 학습 부담'(20.8%) 등을 가장 많이 꼽은 것이 이런 불만을 반영한 것으로 보인다.

대체로 행복한 사람은 놀랄 정도로 원기 왕성하고, 결단성, 융통성, 사교성이 철철 넘친다. 불행한 사람들과 비교해 보면 이들은 남을 믿고, 사랑하고, 타인을 수용할 줄도 안다. 여러 실험 결과에 의하면 행복한 사람이 불행한 사람보다 곤궁에 처한 사람들을 도우려는 마음이 더 많은 것으로 나타난다. 이것이 소위 '기분이 좋으면 좋은 일을 하게 된다 (feel-good, do-good phenomenon).'는 현상이다.

수많은 연구를 통해 밝혀진 사실에 따르면 일반적으로 불행한 사람이 행복한 사람보다 훨씬 자기중심적이고, 사회에서 종종 외톨이가 되며, 나아가 비판적이고 적대적인 성격을 갖기 쉽다고 한다. 반면 행복한 사람은 대개 더 친해지기 쉽고, 마음이 넓으며, 창조적이고, 나아가 불행한 사람보다 일상생활에서 느끼는 좌절감을 더 쉽게 극복할 수 있다고 한다. 중요한 것은 행복한 사람이 불행한 사람보다 애정이 풍부하고 용서를 잘한다는 것이다(달라이 라마, p. 18). 예컨대, 우리가 기분이 좋거나 행복할 때는 더 쉽게 타인을 용서하거나 타인에게 양보하는 사례를 종종 경험할 수 있다. 이렇게 보면 인간의 행복은 인간의 개인적인 삶뿐만 아니라 사회 자체를 더욱 인간적이고 즐겁게 만드는 원천이기도 하다.

욕망의 수준과 행복

그렇다면 앞에서 살펴본 보고서의 행복지수를 높일 수 있는 방법은 무엇일까? 기실 행복지수란 간단하게 말하면 소유(所有)를 욕망(慾望)으로 나눈 값이라 할 수 있다. 따라서 행복지수가 높으려면 분자를 높이거나 분모를 낮추면 된다. 분모에서 욕망을 조금만 줄여도 행복지수가 높아질 수 있다. 문제는 인간의 욕망은 끝이 없기 때문에 아무리 많은 것을 소유해도 행복을 느끼기가 말처럼 쉽지 않다는 데 있다. 흔히 우리는 어떤 조건이 갖추어지면 행복할 수 있다고 생각한다. '좀 더 돈을 많이 벌면, 좀 더 성공하면, 좀 더 높은 지위에 오르면 행복할 텐데……' 하는 조건형 행복을 꿈꾼다. "10억을 모으면 삶은 행복할 것이고, 그러면 그

때 기부도 할 거야."라고 말하는 사람은 과연 그럴까? 그러나 10억을 벌었어도 여전히 결핍감과 불만족을 느낀다. 조건을 충족시키는 동안 욕망이 20억, 30억으로 더 커졌기 때문이다. 그래서 불경에서도 "소유하지 못해서 불행한 것이 아니라, 만족하지 못해서 불행하다."고 하였다. 그렇다면 청소년 교육에서 무엇을 강조하여야 할 것인가는 자명하다. 조그만 것에서도 만족감과 행복감을 누리는 사람이야말로 행복한 사람이다. 세계에서 가장 행복지수가 높은 나라들은 GNP가 2천 달러도 안 되는 나라들이다. 청소년도, 학부모도, 정치인도, 경제인도, 교사도, 일반인도 모두 욕망의 수준을 스스로 낮추어야 한다. 나아가 청소년의 학업에 대한 지나친 욕망의 수준(기대 수준) 또한 낮추어야 한다. 결핍 상황에서도 행복감을 느끼면서 살아갈 수 있도록 욕망의 수준을 낮추어야 한다. 따라서 교육의 3마당(가정, 학교, 사회)에서 체계적인 인성교육을 통해 청소년의 자족감을 향상시켜야 하며, 성인이 스스로 실천적 모범을 보일 때 교육의 효과가 배가될 것이다. 보잘것없는 여건 속에서도 감사할 줄 알고 행복감을 느낄 수 있는 그런 인간을 우리는 길러야 한다. 그리하여 청소년으로 하여금 내가 속한 곳이 바로 행복한 가정, 행복한 학교, 행복한 사회, 행복한 국가로 느끼게끔 해 주어야 한다.

　작금의 우리 사회를 보면 혼탁하기 그지없다. 정치, 경제, 교육 분야가 모두 그러하다. 그 혼탁함 속에서 과연 청소년이 행복감을 누릴 수 있겠는가? 따라서 우리 교육의 화두는 '청소년의 행복한 삶'이 되어야 한다. 행복한 삶을 위한 정책과 프로그램을 개발하여 실천하여야 한다. 그리하여 청소년의 행복지수가 올라가고 자살률이 내려가면서 행복한 삶이 담보된다면, 불원간 행복한 사회가 도래할 수 있을 것이다.

행복한 삶을 위한
청소년 죽음교육의 필요성

죽음은 자연의 섭리이자 자연스러운 생애주기의 한 단계

출생과 마찬가지로 죽음도 또한 인간이 겪어야만 하는 삶의 여정의 한 부분이다. 하지만 대부분의 사람은 죽음이라는 사실을 그다지 달갑지 않은 삶의 어두운 측면으로 보는 경향이 있다. 사실 죽음이란 인간의 모든 경험 가운데 가장 위압적인 의미를 내포하고 있다. 다시 말해, 인간이 죽음에 대해 갖는 가장 보편적인 태도는 공포일 것이다(Cox, 1984). 따라서 죽음이라는 주제는 일반적으로 기피되어 온 것이 사실이다. 그러나 인간의 생애주기의 첫 단계가 출생이듯이, 죽음은 생애주기의 마지막 단계일 뿐이다(Glazer & Landreth, 1993). 따라서 삶의 자연스러운 발달단계의 하나인 죽음을 피해야 하고 두려워해야 할 그 무엇으로 간주할 필요가 없다. 즉, 출생 시에 출산 준비를 하고, 제2의 탄생기인 사춘기에 심신의 변화에 대한 준비를 하듯이 죽음에 대비한 준비, 즉 교육을 하는 것은 지극히 당연하다. 우리는 단지 4박 5일간의 여행을 떠날 때조차도 수일 전부터 세면도구나 내의, 응급처치 약 등의 준비물을 꼼꼼히 챙긴다. 만약에 여행 준비를 소홀히 해서 여행 중에 문제가 생긴다면 당사자도 고통스럽겠지만 집에 있는 가족도 고통을 받는다. 하물며 영원한 여행을 떠나는 마당에 준비도 없이 그냥 떠날 수 있겠는가? 만약에 전혀 준비 없는 상황에서 죽음을 맞이하였다면 당사자로서도 불행한 일이겠지만 남은 자들의 고통도 이만저만한 일이 아니다. 이렇게 보면 죽음에 대한 준비는 당사자에게도 중요한 의미를 지니겠지만 살아남은 자들에 대한 세심한 배려적 행위라고도 할 수 있다.

그렇다고 해서 죽음준비교육을 죽음 직전의 단계에서만 행하여야 한다는 것은 아니다. 다시 말해, 삶의 태도에 영향을 미치는 죽음준비교육은 전 생애에 걸쳐 발달단계에 따라 체계적으로 행해져야 한다. 즉, 죽음준비교육은 특정 발달단계에서만 요구되는 혹은 학교교육에서만 요구되는 교육과업이 아니라, 생애의 전 발달단계에 걸쳐 가정교육, 학교교육, 사회교육에서 전 방위적으로 다루어져야 할 평생교육적 과업이다. 사실 우리가 죽음에 관한 가장 명확한 진리인 ① '죽음의 확실성'과 ② '죽을 때의 불확실성'을 인식한다면, 특정 발달단계에 이르러서가 아니라 삶의 매 순간마다 죽음에 대비하여야 할 것이다.

봄이 가면 여름이 오고, 가을이 가면 겨울이 온다. 이른 봄에 나무에 물이 오르면 신록색의 잎들이 자라나고, 가을이 되면 낙엽이 되어 흙으로 돌아간다. 바로 이것이 자연의 섭리요, 신의 섭리이다. 사람도 태어나면 자라고, 언젠가는 죽는다. 석가모니는 이를 간단명료하게 생(生), 노(老), 병(病), 사(死)로 정리하였다. 이 또한 자연의 섭리이다. 따라서 죽음 또한 출생과 마찬가지로 삶의 한 여정일 뿐만 아니라 자연의 섭리이므로 우리는 죽음을 지극히 자연스러운 삶의 과정으로 받아들여야 한다. 바로 이러한 자연의 섭리를 우리는 '죽음교육'이라는 체계적인 교육과정을 통해서 내면화하자는 것이다.

죽음에 대한 긍정적 이해

일반적으로 인간은 죽음에 대한 부정적 인식 때문에 죽음을 두려워해 왔다. 죽음은 불길한 것이며 좋지 못한 것이라는 전래 이야기, 귀신과 연관된 부정적 이미지의 죽음 이야기, 전쟁터에서의 잔혹한 죽음의 이야기, 생체실험 이야기, 각종 영상매체를 통해 접하는 잔혹한 죽음 등을 통해서 우리는 죽음에 대해 자연스럽게 부정적 인식을 갖게 된다. 그래서 많은 사람이 죽음의 공포로부터 도피하고자 하였다. 스토아 철학자인 에픽테투스(Epictetus)는 "나와 죽음은 같은 시점에서 만날 수 없는 별개의 세계에 속해 있기 때문"에 죽음을 두려워할 필요가 없다고 역설하면서 죽음의 공포를 해결하고자 하였다. 즉, "죽음이 나를 찾아왔을 때 이미 나는 존재하지 않을 때이며, 내가 존재하는 한은 죽음이 나를 찾아올 수 없는 것"이기 때문에 죽음을 두려워할 필요가 없다는 것이다. 과연 그럴까? 미래를 생각하고 조망할 수 있는 능력을 지닌 인간은 아직 도래하지도 않은 죽음을 미리 내다보고 태산 같은 걱정을 하기도 하고, 반대로 적절한 긍정적 대처를 하기도 한다.

데켄(A. Deeken, 1991)은 인간이 죽음에 대해 갖는 두려움을 아홉 가지로 정리하였다. 즉, ① 고통에 대한 두려움(통증), ② 외로움에 대한 두려움(고독), ③ 불유쾌한 상황(아름답지 못한 얼굴 모습이나 호스로 연결된 모습 등)에 대한 두려움, ④ 가족이나 사회에 짐이 되고 있는 것에 대한 두려움, ⑤ 죽음을 통제하지 못하고 무방비 상태에서 피동적으로 죽음을 맞이하게 되는 무지한 삶에 대한 두려움, ⑥ 언제 죽을지 모르는 미지의 삶 자체에 대한 두려움, ⑦ 삶의 과제를 모두 마치지 못한 것에 대한 두려움, ⑧ 인간의 소멸에 대한 두려움, ⑨ 사후 심판과 처벌에 대한 두려움이다.

이와 함께 그는 죽음의 공포가 인간에게 주는 긍정적인 면으로, 첫째, 우리 몸에 아픈 증상이 나타나면 의사를 찾아가서 적절한 치료를 받는 것처럼 죽음의 공포가 인간에게 신호를 주어서 그것에 대처할 방안을 마련할 수 있게 하고, 둘째, 죽으면 흔적도 없이 사라진다는 무의식 속의 죽음에 대한 공포가 문학작품이나 그림, 음악 등과 같은 창의적 가능성을 개발할 수 있게 해 준다고 보았다. 이처럼 죽음에 대한 공포는 삶속에서 우리가 죽음을 어떻게 대처하느냐에 따라서 긍정적인 에너지로 빛을 발산한다. 이처럼 죽음의 공포를 긍정적인 삶의 에너지로 바꾸게 하기 위해서 죽음교육의 필요성이 대두된다.

인간의 죽음은 두 가지 확실성이 있다. 첫째, '아직은 죽지 않고 있다.'는 확실성과, 둘째, '언젠가는 죽을 것'이라는 확실성이 그것이다. 이것은 엄연한 삶의 현실이다. 따라서 우리 모두는 죽기까지의 '잠시 동안의 시간'을 이 세상에서 살게 되는 바, 어떤 이는 생후 100일도 되지 않는 시간을, 어떤 이는 30년을, 어떤 이는 무려 90년이라는 시간을 살다가 떠난다. 따라서 바로 이 세상에 머무는 '잠시 동안의 시간'을 의식화하는 것은 삶의 질에 큰 영향을 미친다. 즉, 이 세상에 얼마나 머무를지는 모르지만 '잠시 후'에 떠난다는 것을 의식한다면 현재의 삶의 태도가 달라질 것이라는 것이다. 요컨대, 이 '잠시 동안의 시간'을 어떻게 살아야 할 것인가는 인간의 문제이고 삶의 문제이기 때문에 교육의 문제일 수밖에 없다.

죽음은 항상 우리의 일상사로 우리 주변에 맴돌아 왔다. 그럼에도 우리는 그것을 삶과는 별개의 것으로 여기고, 의도적으로 우리의 의식 밖으로 쫓아내 왔다. 삶과 죽음은 별개의 것이 아니라 하나이며, 인간이 삶 속의 죽음을 의식할 때 그만큼 삶의 열정도 강렬해질 수 있다는 실존주의자들의 논리는 설득력이 있다.

죽음은 삶에 영향을 미친다. 죽음에 대한 태도 또한 삶에 대한 태도에 영향을 미친다. 결국 죽음의 철학은 삶의 철학에 영향을 미치며, 그

역의 경우도 마찬가지이다. 죽음의 문제가 삶의 문제이고, 삶의 문제가 인간의 문제라면 그것은 결국 교육의 문제이므로 우리는 교육 속에서 이를 적극적으로 수용하여야 할 것이다.

실존적 주체성의 자각: 자아존중감

죽음은 삶에 영향을 미친다. 그리고 죽은 사람은 살아 있는 사람에게 영향을 미친다. 결국 삶에 대한 철학은 죽음에 대한 철학에 영향을 미친다. 역으로, 우리가 죽음을 어떻게 인식하는가와 죽음에 어떠한 의미를 부여하는가가 우리의 삶의 방식에 영향을 미친다(DeSpelder & Strickland, 1987). 이렇게 볼 때, 우리는 죽음이 우리의 삶에 미치는 영향에 더 많은 관심을 두어야 할 것이다.

사실 죽음에 관한 논의는 희랍 시대 이래로 많은 학자에 의해 전개되어 왔다. 그중에서도 특히 실존주의 철학자들은 삶과 죽음의 문제에 지대한 관심을 보이며 죽음의 문제를 삶 속으로 끌어들였다. '삶의 철학(philosophy of life)'의 한 갈래인 실존주의에서는 죽음이라는 주제가 중심 위치를 차지하고 있다. 실존적 죽음관에서는 죽음이 인간에게 특별한 의미를 지니는 바, 그것은 인간이 살아 있는 모든 피조물 가운데 유일하게 죽어야만 한다는 사실을 아는 자이며, 그리고 그는 홀로 '실존하는' 자이다. 또한 인간은 유한성, 한계성, 기억의 일시성 그리고 구체적 상황에 의해 특징 지워진다. 요컨대, 죽을 운명으로 특징 지워진다. 이처럼 실존주의자들은 죽음을 삶 속에 내재된 하나의 사건으로 파악한다. 따라서 죽음 없는 실존은 없으며, 죽음의식이 없는 실존 이해는 불가능하다고 본다. 죽음의 의식이 있기에 삶의 긴장이 이루어질 뿐만 아니라 삶에의 열정도 그만큼 강렬해질 수 있다는 논리이다. 그러기에 삶에 대한 의미가 더욱 새로워지고 강렬해지게 하기 위해서는 삶 속에서 죽음을 의식화하도록 해 주는 것이다.

이런 측면에서 실존주의 교육가들은 삶의 부조리나 실존적 긴장, 즉 불안 등의 측면을 중요시한다. 그들은 진정한 인간교육은 삶의 좋은 측면뿐만 아니라 삶의 불합리한 측면, 즉 삶의 추한 측면까지도 포함한 전체로서의 인간교육으로 파악되어야 한다고 본다. 흔히 가정이나 학교에서는 성이나 죽음 등에 관한 문제에 있어 계획적인 거짓말을 하기도 한다. 왜냐하면 이러한 사실을 학생들에게 알게 하는 것이 불안감이나 혐오감 및 두려움을 자아내게 하므로 해가 된다고 보기 때문이다. 실존주의자들은 오히려 그 반대라고 주장한다. 즉, 진짜 상황을 알지 못하게 하면 더 큰 불안을 유발하게 한다는 것이다. 그러기에 그들은 죽음, 성, 좌절, 공포 등과 같은 어두운 측면을 감추거나 거짓교육을 시키지 말고 떳떳이 교육 내용으로 채택하여야 한다는 입장을 취한다(Kneller, 1964 & 1974; Ornstein, 1977; Ozmon & Craver, 1976). 흰색 주변에 검은색을 깔면 흰색이 더욱더 돋보이듯이 삶의 주변에 죽음이나 불안, 고뇌 같은 내용을 의식화시켜 주면 삶에 대한 의미가 더욱 새로워지고 강렬해진다는 것이 실존주의자들의 논리이다. 따라서 실존주의 교육가들은 죽음준비교육이 반드시 필요하다고 본다.

또한 실존주의자들은 인간을 주체적인 존재로 본다. 즉, 인간 개개인은 이 세상에 하나밖에 없는 유일무이한 존재이다. 다시 말하면, 비대체적이고 비반복적인 존재이다. 그 무엇으로도 나를 대체할 수 없을 뿐만 아니라, '나'라는 존재는 인류의 오랜 역사 속에서 단 한 번도 과거에 존재한 적이 없었고 앞으로도 영원히 존재하지 않는, 현 시점에 단 한 번 일회적으로만 존재한다. 다이아몬드의 희소성에 비할 바 아닌, 그 얼마나 고귀하고 독특한 주체적인 존재인가? 따라서 실존주의자들은 청소년에게 이와 같은 주체성을 자각시켜 주는 교육을 잘 행한다면 스스로 자아존중감을 가지게 되어 함부로 자살 행위를 하지 않을 것으로 본다. 이처럼 청소년을 위한 죽음준비교육은 청소년으로 하여금 생명의 소중함과 존엄성을 깨닫게 하여 올바른 인생관이나 가치관을 정립하게 하고, 자신에게 한정된 시간의 소중함을 깨닫게 하여 매일 매일의 삶을 성실하게 살도록 해 주는 데 목적이 있다(이재영, 2004). 이렇게 보면 자살의 예방 차원에서 청소년에게 실존적 주체성을 자각시키기 위한 철학적 차원의 죽음준비교육도 매우 의미 있다고 본다.

사실 청소년은 젊기 때문에 죽음을 현재의 나와는 무관한 먼 훗날의 막연한 사건이거나 아니면 노인에게나 해당하는 사건이라고 생각하기에 죽음에 대해 거의 의식을 하지 않는다. 그러나 자살충동률은 가장 높은 세대이기 때문에 청소년에게 예방교육 차원에서 반드시 필요한 교육이 죽음준비교육이다.

예방교육 차원의 죽음교육

영국 속담에 '예방의 1온스는 치료의 1파운드보다 낫다.'라는 말이 있다. 앞에서 밝힌 바와 같이 우리나라의 국민행복지수는 OECD 국가 중 최하위권이며, 자살률은 OECD 국가 중 10년째 최상위로 나타난다.

우리나라에서 학업 및 입시 스트레스로 자살하는 학생의 숫자는 20여 년 전부터 3일에 한 명꼴을 웃돈다. 3일에 한 명꼴로 연쇄 살인이

06 행복한 삶을 위한 죽음교육

몇 차례만 일어나도 나라가 난리가 나는 법이다. 게다가 학교폭력과 왕따로도 온 나라가 시끄러운 실정인데, 학생들이 3일에 한 명꼴로 자살을 한다면 이는 분명 초대형 사건임에 틀림없지만, 이를 예방하기 위한 교육이나 대책은 예나 지금이나 지지부진하기는 마찬가지이다. 실제로 국민건강보험공단 건강보험정책연구원의 보고서에 의하면, 2015년 현재 자살로 인한 사회경제적 비용은 무려 6조 5천억 원 정도가 된다고 하는데 정부의 자살 방지 관련 예산은 50억 원도 되지 않는다. 이러한 사회경제적 비용을 따지자면, 차라리 자살 예방을 위한 죽음교육(death education)을 학교 내외에서 체계적으로 시행하는 것이 훨씬 더 나을 것이다. 이 대목에서 '예방의 1온스가 치료의 1파운드보다 낫다.'는 영국 속담을 상기해 볼 필요가 있다.

사실상 개인적 문제로 인한 자살이든 사회적 문제로 인한 자살이든 간에 관계없이 자살은 예방이 가능하다. 국가 차원에서 자살 방지를 위한 적극적 의지를 가지고 행정적·재정적 지원을 한다면 확실히 자살률을 줄일 수 있다. 우리의 경우, 자살 예방 사업의 가장 큰 문제는 현재 정부의 지원금이 너무 적다는 사실이다. 10년 전부터 국가 차원의 자살 예방 시스템을 갖춰 온 일본은 자살 예방 사업이 안정화된 지금에도 한 해 3000억 원 이상을 지원한다. 우리나라는 세계 최고의 자살 국가임에도 자살 방지 관련 정부 지원금이 지극히 형식적인 수준에 불과할 뿐만 아니라, 자살에 대한 공식적이고 체계적인 연구와 자료 또한 태부족이다. 자살 원인의 80%가 우울증이라고 추론할 뿐, 제대로 된 원인도 모르는 실정이다. 20여 년 전, 한 해 자살률이 유럽에서 가장 높았던 핀란드 정부는 자살과 관련한 전국적인 조사를 실시하고 체계적으로 지원한 결과, 현재 세계적으로 가장 낮은 자살률을 기록하고 있다. 우리도 전국 규모의 자살 관련 통계 조사를 정밀하게 실시하고, 사회적 손실을 막기 위한 자살 예방 관련 예산을 대폭 늘려 국가 차원의 체계적인 지원을 한다면 분명히 자살률을 낮출 수 있을 것이다.

특히 우리 사회를 앞으로 이끌어 나가야 할 청소년의 자살로 인한 사회적 손실은 막대하다. 가정, 학교, 사회가 더 관심을 가지고 적극적인 자살 예방 교육을 해야 하는 이유가 바로 여기에 있다. 특히 청소년 자살에 대해 법정 스님은 "자살하는 당사자에게는 죽을 만한 이유가 있겠지요. 허락받은 세월을 반납하고 도중에서 뛰어내릴 만한 이유가 당사자한테는 있을 겁니다. 그러나 목숨을 끊는다고 해서 모든 것이 해결되는 것은 아닙니다. 자살은 혼자 죽는 것이 아닙니다. 가족과 친지들과 이웃에게 커다란 상처를 남깁니다. 현대인, 특히 젊은이들은 무엇이든지 그 자리에서 해결해 보려고 합니다. 참고 기다릴 줄을 모릅니다. 사각 컴퓨터와 인터넷 앞에서 모든 것을 즉석에서 확인하는 조급한 습관 때문에 이런 현상이 오지 않는가 생각이 됩니다."라고 나름대로 의미 있는 원인 분석을 한 바 있다.

많은 죽음학자가 지적한 바와 같이 죽음에 관해 가르치는 것은 곧 산다는 것을 가르치는 것이며, 죽음에 관한 교육은 죽음의 막연한 공포를 제거함으로써 삶에 대한 인간의 존경심과 환희를 고양시키는 것이라고 본다면, 우리는 죽음의 문제가 더 이상 교육의 영역에서 소외시할 수 없는 중요한 내용임을 상기할 수 있다. 더군다나 우리의 사회 및 교육제도 속에서 자살하는 청소년이 증가하고 있는 현실을 고려할 때 죽음에 관한 교육은 일종의 예방교육 차원에서 큰 의미를 가질 것이다.

죽음에 대해 특히 관심을 갖는 실존주의자들은 죽음을 삶 속에 내재된 하나의 사건으로 파악한다. 따라서 죽음 없는 실존은 없으며, 죽음의식이 없는 실존 이해는 불가능하다고 본다. 죽음의 의식이 있기에 삶의 긴장이 이루어질 뿐만 아니라 삶에의 열정도 그만큼 강렬해질 수 있다는 논리이다. 그러기에 삶에 대한 의미가 더욱 새로워지고 강렬해지게 하기 위해서는 삶 속에서 죽음을 의식화하도록 해 주는 것이다. 특히 죽음이란 나와는 무관한 남의 일인 양 도외시하는 청소년의 경우에 더욱더 죽음에 대한 의식화 교육이 예방 교육 차원에서 필요하다.

사실 생, 노, 병, 사의 인생사에서 보는 것처럼 천수를 다하여 맞이하는 자연적인 죽음은 피할 수 없는 죽음이다. 하지만 우리의 의지와 노력으로, 원하지 않는 죽음을 어느 정도 피할 수는 있다. 예컨대, 세월호 같은 인재에 의한 불의의 사고가 그러하다. 세월호 직원 및 세월호와 직간접적으로 관련된 직원들이 철저한 책임감과 준법정신을 가지고 대비를 하였다면 얼마든지 막을 수 있었던 인재이다. 이처럼 우리의 의지와 노력으로 삶의 기간을 연장하고 불의의 죽음을 피할 수 있는 것들이 있다. 예컨대, 교통사고, 전쟁, 환경 오염, 마약, 에이즈 등이 그러하다. 이러한 것들에 대해 예방 교육 차원에서 학교 안팎에서 체계적이고 지속적인 홍보와 교육을 행한다면 사전 예방 효과가 매우 클 것이다.

죽음의 승화: 인간적 성장

독일어에는 '죽다'를 뜻하는 동사가 2개(Verenden, Sterben) 있는데, Verenden은 정신적·육체적 능력이 쇠퇴해 종말을 맞이하는 동물적인 죽음을 의미하고, Sterben은 육체적으로는 쇠약해지지만 정신적·인격적으로는 계속 성장하는 인간다운 존엄에 가득 찬 죽음을 의미한다 (Deeken, 2008). 앞에서 살펴본 것처럼 죽음은 생애 주기의 마지막 단계이다. 우리는 생의 마지막 단계인 죽음을 아무런 생각 없이 운명인 양 자연스럽게 받아들일 수 있다. 나의 마지막 삶이 아무 생각 없이 마무리되는 것이다. 그러나 또 다른 면에서 생각해 보면 생의 마지막 단계인 죽음을 보다 의미 있고 가치 있게 마무리할 수도 있다. 즉, 생의 마지막 순간까지 인간적인 성숙을 할 수 있다는 것이다. 죽음을 눈앞에 둔 말기암 환자가 암 판정을 받은 다른 환자들을 대상으로 자신의 경험담을 들려주며 위로와 격려를 통해 용기를 북돋워 주고, 암 투병 중의 고통을 감내하고 극복하는 자신만의 노하우를 전수해 주는 행위는 얼마나 아름다운가? 자신의 고통과 죽음을 감내하면서 다른 투병자들을 위로하고 격려하는 행위야말로 살신성인의 숭고한 행위이다. 나아가 자신의 장기 및 시신을 기증하여 꺼져 가는 생명의 불씨를 되살리는 행위 또한 살신성인의 숭고한 행위이다. 이것이야말로 최고의 인간적인 성숙이며, 인간애의 지고한 행동적 표현이 아니겠는가?

인간은 동물과 달리 가치지향적인 욕구가 여타 생리적 욕구보다도 강하게 작용하는 특성이 있다. 그러하기 때문에 인간은 주어진 것에 만족하지 않고 보다 나은 것을 추구한다. 다시 말해, 보다 더 높은 가치를 추구한다. 철학적 인간학의 대표적 철학자인 쉘러(M. Scheler)는 인간은 보다 더 높은 가치를 추구하고자 하는 속성을 지닌 가치지향적인 동물이라고 갈파하면서 종교적 가치를 최고의 가치로 보았는데, 문화교육학자인 쉬프랑거(E. Spranger)도 종교적 가치를 최고의 가치라고 보았다. 즉, 쉘러는 가치의 위계를 감각적 가치, 생명적 가치, 정신적 가치, 종교적 가치로 분류하고, 감각적 가치는 쾌감에, 생명적 가치는 유기체의 유지에, 정신적 가치는 정의의 실현에, 그리고 종교적 가치는 사랑에 관련된 가치라고 파악하면서 종교적 가치를 최고의 가치라고 보았으며 (Scheler, 1998 pp. 151-157), 쉬프랑거는 가치를 이론적 가치, 경제적 가치, 심미적 가치, 사회적 가치, 권력적 가치, 종교적 가치로 구분하면서 종교적 가치를 존재에 대한 최고의 가치 체험이라고 보았다(김정환, 강선보, 1998, p. 334). 이처럼 인간은 생리적 욕구 충족에 만족하여 감각적 가치 단계에 안주하는 동물과 달리 보다 더 높은 가치 단계를 희구하는 속성을 지닌 존재이기 때문에 태어나서 임종하는 순간까지 인간적인 성장과 성숙을 할 수 있다. 죽음의 승화가 가능한 이유가 바로 여기에 있다.

인간다운 존엄에 가득 찬 죽음을 맞이하기 위해서는 가정, 학교, 사회에서의 죽음의 승화와 관련된 계몽 및 교육 활동이 적극적으로 이루어져야 한다. 왜냐하면 교육의 일차적인 목적은 인간적인 성장·성숙에 있기 때문이다. 다시 말해, 보다 더 높은 가치 단계를 추구하고자 하는 인간적 욕구가 교육을 통해서 더욱더 강하게 발로될 수 있기 때문이다. 그래서 '주마가편'*이라고 하지 않는가?

영원한 생명에 대한 희망

대부분의 사람은 사후 세계에 관심이 있다. 마찬가지로 대부분의 종교도 사후 세계에 관심이 많다. 주지하다시피 불교의 극락이나 기독교

• 주마가편(走馬加鞭): 달리는 말에 채찍질을 가한다는 의미로, 잘하는 사람을 한층 더 장려함을 이르는 말이다.

의 천국 등이 그러하다. 종교를 가진 사람들은 사후의 영원한 생명을 믿기 때문에 죽음은 끝이 아니라 천국이나 극락과 같은 영원한 미래가 보장되는 행복으로 가는 길이라고 생각한다. 예컨대, 기독교 신자의 경우 사후에 천국에서 사랑하는 자와 재회한다는 기대와 영원한 미래에 대해 밝은 희망을 갖는 사람이 많다고 죽음학자인 데켄(2008)은 보고하고 있다. 반면 종교를 믿든 안 믿든 사후 세계를 믿는 사람 중에는 사후 세계가 천국이 아닌 지옥과 같은 부정적 판결로 나올 것을 두려워하기도 한다. 그러나 많은 종교가 그러하듯이 인간이 진정으로 회개하고 종교에 귀의하면 사랑과 자비로 용서하며 신의 품으로 받아 주기 때문에 죄 많은 인간조차도 영원한 생명에 대한 밝은 희망을 가지고 죽음을 맞이할 수 있을 것이다.

어쨌든 죽음교육을 통해 청소년으로 하여금 영원한 삶에 대한 긍정적 희망을 갖게 함으로써 현세의 삶의 질이 고양된다면, 죽음교육이 갖는 의미는 더욱 커질 것이다.

삶을 위한 죽음교육*

죽음교육의 목적은 죽음에 몰두하는 데 있는 것이 아니라, 삶에 대한 감수성을 조장하는 데 있다.

---

* 이 장은 강선보(1997)의 논문 죽음에 관한 교육적 논의(사대논총. 제21집)를 재구성한 것이다.

즉, 죽음교육은 삶을 위한 것이다. 다시 말해, 죽음교육의 목적은 학생들에게 죽음의 개념을 내면화하게 하여 완전한 삶을 영위할 수 있게 하는 데 있다(Crase, 1982). 물론 죽음에 관한 어떤 개념은 일상생활의 과정을 통해 발전되기도 하지만, 잘 조직된 죽음교육의 커리큘럼은 청소년으로 하여금 죽음의 개념을 이해하고 수용하게 하는 것을 훨씬 용이하게 도와줄 수 있다.

죽음교육의 궁극적 목적을 인간의 행복 증진이라고 진술하는 것이 다소 역설적인 것 같지만, 죽음에 대한 학습을 통해 우리는 삶을 더 잘 알 수 있고, 실제로 보다 더 완전한 삶을 살 수 있다. 실제로 여러 학자의 견해를 종합하여 제시한 죽음교육 프로그램의 목적을 살펴보면 다음과 같다(Gibson, Roberts, & Buttery, 1982).

첫째, 청소년에게 죽음과 임종의 다차원적인 측면에 대한 기본적 사실을 알려 준다. 둘째, 각 개인이 의학 및 장례 서비스의 소비자임을 알게 한다. 셋째, (죽음을 의식함으로써) 개인적인 가치 및 우선순위에 대한 사려 깊은 고려를 통해 삶의 질 개선을 촉진하도록 한다. 넷째, 청소년이 자신의 개인적인 죽음과 자신에게 의미 있는 타자들의 죽음에 대한 감정을 적절히 다루고, 죽음이 현실화되었을 때 보다 효과적으로 대처해 나갈 수 있도록 한다. 다섯째, 사회적·윤리적 이슈(죽음에 관한 이슈)와 관련된 가치를 명료화하는 과정에서 각 개인들을 도와준다.

한편 레비튼(D. Leviton, 1977)은 연령이 다르고 서로 다른 관심을 가지고 있는 사람들에게 적용될 수 있는 죽음교육의 몇 가지 중요한 목적을 다음과 같이 제시한다(Papalia, Olds, & Feldman, 1992).

첫째, 어린이들이 가능한 한 죽음과 관련된 불안 없이 자라도록 돕는

디. 둘째, 사람들이 삶과 죽음에 대해 각자의 신념체계를 발달시키도록 돕는다. 셋째, 사람들이 죽음을 삶의 자연스런 종결로 보도록 돕는다. 넷째, 사람들이 그 자신의 죽음 및 가까운 사람들의 죽음에 대비하도록 돕는다. 다섯째, 사람들이 죽어 가는 사람들 주위에서 편하게 느끼고 그들이 살아 있는 동안 인간적으로 그리고 이해심 있게 대할 수 있도록 돕는다. 여섯째, 비전문가 및 의사와 간호사 같은 건강관리 전문가들이 모두 죽어 가는 이들과 그 가족에 대한 전문가의 현실적 입장과 의무를 갖도록 돕는다. 일곱째, 연령에 따라 사람들이 상실에 전형적으로 반응하는 방식과 비탄의 역동성을 이해한다. 여덟째, 자살하려는 사람을 이해하고 도울 수 있도록 한다. 아홉째, 개인 및 그 가족을 위해 필요한 장례 절차를 결정하도록 도움을 주고 어떻게 하면 현명하게 이를 구입하는지 보여 준다. 열째, 고통을 최소화해야 할 중요성을 강조하고, 따뜻한 개인적 보살핌을 제공하고, 죽어 가는 이의 보살핌에 가족과 가까운 친구를 포함시키고, 그의 희망과 요구에 신경 씀으로써 죽어 가는 과정을 가능한 한 긍정적인 경험으로 만든다.

한편 고든과 클라스(Gordon & Klass, 1979)는 아동을 위한 '죽음교육'의 목적을, 첫째, 문화 속에서 현재 보급되지 않은 사실을 학생들에게 알려 주기 위해서, 둘째, 죽음에 대한 관념 및 중요한 타인의 죽음을 학생들이 효과적으로 처리하는 것을 돕기 위해, 셋째, 학생들로 하여금 의료 및 장례 서비스에 대해 해박한 지식을 갖게 하기 위해, 넷째, 학생들이 죽음과 관련된 사회·윤리적인 문제를 공식화하고 가치판단을 명확히 하는 것을 돕기 위한 것으로 제시하였다.

또한 퍼킨스(Perkins, 1979)는 중등학교 학생을 위한 죽음교육의 목적을

06 행복한 삶을 위한 죽음교육

다음과 같이 제시했다. 첫째, 학생들이 다양한 유형의 문헌을 통해 죽음에 관한 주제를 탐구하는 것을 돕기 위해, 둘째, 학생들이 죽음과 임종에 관련된 다양한 관점과 행동에 대해 학습하는 것을 돕기 위해, 셋째, 학생들이 자신의 관심·경험과 죽음을 관련시키는 것을 촉진하기 위해, 넷째, 학생들의 죽음에 관한 태도 변화의 학습을 돕기 위해서이다 (Lockard, 1986).

상기와 같은 죽음교육의 목적을 분석하면, 학생들로 하여금 삶의 과정에서 일어나는 모든 것에 대처해 나가는 방법을 발견하게 하려는 것으로 요약할 수 있다. 따라서 죽음교육 프로그램을 위한 가장 기본적인 과업은 학생들의 욕구를 만족시키는 효과적인 방법을 발견하도록 그들을 돕는 것이 될 것이다.

죽음교육의 궁극적 목적을 인간의 행복 증진이라고 진술하는 것이 다소 역설적인 것 같지만, 죽음에 대한 학습을 통해 우리는 삶을 더 잘 알게 되고, 실제로 보다 더 완전한 삶을 살 수 있다.

앞에서 제시한 목적들은 여러 학자에 의해 제시된 일반적 진술의 예시들이다. 따라서 교육 현장에서의 죽음교육의 목적은 상술한 일반 목적을 바탕으로 교육 대상의 연령 및 요구에 따라 적절히 조정되어 재구성되어야 할 것이다. 특히 죽음교육의 한 영역인 자살 예방 교육의 경우는 보다 구체적인 목적과 목표가 설정되어야 한다. 예컨대, 자살 예방에 따른 자아존중감과 삶에 대한 긍정적 태도 변화 그리고 삶의 질 향상(즉, 행복한 삶) 등이 자살 예방 교육의 목적으로 설정되고 그에 따른 구체적인 목표들을 제시해야 한다.

죽음교육의 내용: 미국의 사례[*]

미국의 경우 정확한 숫자는 파악되지 않고 있지만, 죽음교육 프로그램이 급격히 증가하고 있는 것으로 보고되고 있다. 미네소타대학교의 죽음교육연구센터(Center of Death Education and Research) 소장인 로버트 풀톤(R. Fulton)은 미국의 고등학교 및 대학교에서 다루는 죽음과 임종에 관한 과정의 수가 1970년대에 이미 1,000개 이상인 것으로 추산한다(Newsweek, 1978, 5.1). 또한 베르크(Berg) 등은 미국의 약 200개 고등학교에서 죽음에 관한 교수 단원을 활용하고 있다고 보고한다(Gibson, Roberts, & Buttery, 1982). 이처럼 미국에서는 죽음과 임종에 관한 미니 코스와 단원을 제공하는 학교들이 1970년대 이후 점차 증가하고 있다. 고등학교와 대학 수준에서는 다양한 학문 분야에서 이들 주제가 다루어지고 있는 바, 체육학, 심리학, 사회학, 문학, 의학, 종교학, 법학 등에서 그러하다. 하지만 성교육에서와 마찬가지로 코스의 내용 결정은 여전히 논쟁적 영역으로 남아 있다. 즉, 연령과 학년 수준에 따라 누구에게 무엇을 가르쳐야 할 것인가 하는 문제는 학습자의 욕구나 흥미, 경험에 따라 달리 결정될 수 있다. 여기서는 대표적으로 초등학교와 중학교에서 어떠한 내용과 방법이 다루어지고 있는지 간략히 소개한다.

---

[*] 이 장은 강선보(1997)의 논문 죽음에 관한 교육적 논의(사대논총, 제21집)를 재구성한 것이다.

초등학교 및 중학교의 교육 내용

초등학교 커리큘럼에 3R's(읽기, 쓰기, 셈하기) 외에 또 다른 교과 영역이 출현하고 있는데, 그것은 곧 죽음교육이다(Molnar, 1983). 사실 아동기 동안에 20명 중 한 명이 부모의 죽음을 경험할 것이며, 16세까지는 다섯 명 중 한 명이 부모의 죽음을 경험할 것이다(Molnar, 1983). 이러한 상황은 정서적으로 아동의 삶에 영향을 미친다. 따라서 이러한 상황에 적절하게 대처할 수 없으면 심리적 문제를 유발할 수 있다. 바로 이런 이유로 죽음교육이 필요하다. 즉, 죽음에 대해 잘못된 개념을 가진 아동을 보호하는 것보다는 아동의 지각 수준에 맞게 사실적으로 죽음을 묘사한 자료를 제공하고, 나아가 더 높은 지각 수준으로 촉진해 나가는 것이 바람직할 것이다. 초등학교의 경우 대표적으로 다루어지는 주제는 동식물의 생활사(life cycle), 죽음과 이별, 슬픔과 표현, 그리고 장례 및 매장 관습 등이다. 흔히 사용되는 강의법은 아동이 실제 삶의 경험에 토대한 활동과 토론이다. 예컨대, 특별히 아끼는 물건(장난감 등)을 잃었을 경우의 상황에 대해 토론하거나, 앞 주제들과 관련된 책들을 읽고 토론을 한다.

대표적인 강의법 몇 가지를 소개하면 ① 죽음과 관련된 사건이 일어났을 때의 즉흥적 교수(incidental teaching), ② 영화, 슬라이드, 외부 강사, 현지 견학, 적절한 관련 문헌 등을 활용하는 정보-토론 접근법(information discussion approach), ③ 역할놀이, 가치명료화 활동, 작문 활동 등과 같은 정의적 요소를 통한 정보-토론 접근법, ④ 자기교수법(self-instructional approach) 등이 있다(Gibson, Roberts, & Buttery, 1982).

사실 죽음교육은 속성상 다학문적인 접근(multidisciplinary approach)이 유용하다. 내용이 다학문적이기 때문에 가르치는 방법도 다학문적인 접근이 가장 효과적이다(Crase, 1982). 이것은 중학교의 교육 내용을 보면 분명해진다. 중등학교의 죽음교육 커리큘럼에서 발췌한 다음 주제 목록은 죽음교육의 다학문적 성격을 입증한다(Gibson, Roberts, & Buttery, 1982).

- 자연, 즉 동·식물의 생활사
- 인간의 삶의 과정, 즉 출생, 성장, 노화, 죽음
- 생물학적 측면 – 죽음의 원인, 죽음의 판정
- 사회적·문화적 측면 – 장례 및 매장 관습, 죽음 및 관련 용어
- 경제적·법적 측면 – 보험, 유언, 장례에 관한 소비자 보호
- 우환, 애도, 사별
- 아동문학, 음악, 미술에 투영된 죽음의 측면
- 종교적 관점
- 도덕적·윤리적 문제 – 자살, 안락사, 뇌사
- 삶과 죽음에 관한 개인적 가치

고등학교 및 대학교의 교육 내용

1970년대 초만 하더라도 고등학교와 대학교 수준에서의 죽음교육 프로그램이 거의 없었다. 그러나 1970년대 말경부터 다양한 프로그램이 생겨났다. 고등학교와 대학교의 프로그램은 매우 유사하나 심도에는 차이를 보인다. 쿠어(Coor, 1978)는 죽음과 임종에 관한 여러 교과과정을 검토·종합하여 13개 단원으로 정리하여 제시하였다(Gibson, Roberts, & Buttery, 1982). 즉, ① 자아직면(self-confrontation)과 가치 확인(value identification), ② 죽음과 임종의 서술에 대한 분석, ③ 사회적·문화적 태도, ④ 역사적·인구학적 배경, ⑤ 죽음의 정의와 판정, ⑥ 안락사, ⑦ 자살, ⑧ 사회적으로 용인된 죽음, ⑨ 임종의 처리, ⑩ 유족과 슬픔, ⑪ 시체 처리, 장례 문제, 기타 후속적인 실제 문제들, ⑫ 아동과 죽음, ⑬ 삶, 죽음, 그리고 인간의 운명이 그것이다. 한편 맥마흔(D. McMahon, 1973)은 죽음교육의 내용을 7개 주제로 분류하고 각각 그 행동 목표를 제시한다. 그가 제시한 주제는 ① 죽음에 대한 터부(taboo), ② 죽음의 정의 – 생물학적·사회적·심리학적 측면, ③ 인간의 위기, ④ 죽음과 인간에 대한 관점, ⑤ 임종환자 또는 친척에 대한 이해, ⑥ 장례, 매장 그리고 사별 – 심리학적 함의, ⑦ 자살 및 자기파괴 행동(self-destructive behaviors)에 대한 이해이다(Gibson, Roberts, & Buttery, 1982).

실제로 미국의 대학에서 현재 강의되고 있는 죽음교육의 한 학기 강의 내용을 소개한다. 매주 작문 숙제를 중심으로 강의가 이루어지는데 구체적인 내용은 다음과 같다(Hayasaki, 2014).

작문 숙제 1: 작별 편지 쓰기
· 세상을 떠난(혹은 내 곁을 떠난) 누군가(무엇)에게 작별 편지를 쓰라.

작문 숙제 2: 살면서 가장 힘들었던 순간
· 누가 당신 곁에 있어 주었는가?
· 당신은 그 위기를 어떻게 극복하였는가?
· 그 일이 당신을 어떻게 변화시켰는가?

작문 숙제 3: 되감기 버튼
· 당신의 삶에 되감기 버튼이 있다면, 어느 때로 돌아가 무엇을 바꾸겠는가?

작문 숙제 4: 어린 시절의 자신에게 편지 쓰기

· 만일 어린 시절의 나에게 말을 걸 수 있다면 무슨 말을 하겠는가?
· 어떤 조언을 들려주겠는가?
· 그 편지는 '친애하는 __살 __야로 시작할 것, 그리고 반드시 서명하고
 날짜를 적을 것

작문 숙제 5: 호스피스 시설 방문에 관하여

· 호스피스 시설을 방문하고 환자들과 직원들을 만난 경험에 관해 보고
 서를 작성하라.

작문 숙제 6: 추도사 작성하기

· 본인의 추도사를 쓰라.

작문 숙제 7: 사형에 관하여

· 현재 사형 선고를 받고 집행을 기다리는 사례를 조사하라.
· 사형제도에 찬성하든 반대하든 한쪽 입장을 취하고, 조사한 바에 근거
 해 논지를 전개하라.

작문 숙제 8: 장례식장 방문하기

· 장의사 및 방부 처리 담당자와 이야기를 나눈 후, 방문 소감을 쓰라.

작문 숙제 9: 유령이 되기

· 두 달 동안 유령으로 지내라. 말하지 말 것. 전화도 받지 말고 대화도 나누
 지 말 것. 듣기만 하고, 주의만 기울이면서 지낼 것. 그 경험에 대해 쓰라.

작문 숙제 10: 다양한 종교와 영적 관점

· 당신과 다른 종교적 관점이나 영적 관점을 가진 사람을 인터뷰하라.
 그 인터뷰로 알게 된 내용에 관해 에세이를 쓰라.

06 행복한 삶을 위한 죽음교육

작문 숙제 11: 생전 유서 작성하기

·영구 의식불명처럼 의료적 결정을 내릴 수 없는 예측 불허 상황이 닥칠 경우 생의 마지막에 어떻게 의료적 처치를 하길 원하는지 유서로써 가족과 의사에게 알려라. 여기에는 생명유지 수단을 제공, 보류 또는 철회하는 결정도 포함된다.

작문 숙제 12: 버킷 리스트-죽기 전에 꼭 하고 싶은 일들

·살 날이 1년밖에 남지 않았다면 죽기 전에 무엇을 하고 싶은가?

·당신의 버킷 리스트를 작성하라.

·"죽기 전에 나는 _____을 하고 싶다."(밑줄 부분 채우기)

작문 숙제 13: 이 수업에서의 경험

·가족 중에 누가 이 수업에서 당신이 뭘 경험했는지를 묻는다면 어떤 이야기를 해 주겠는가?

이처럼 1970년대 이후에 죽음교육을 위한 교육과정 개발에 많은 진전이 있었지만 여전히 그 깊이와 넓이에 개선의 여지가 많다. 사실 죽음에 대한 관점과 태도가 문화권에 따라 다르기 때문에 죽음교육을 위한 교육과정 개발은 다양한 요인을 고려하여 신중히 추진되어야 한다. 왜냐하면 죽음교육은 개인과 사회에 모두 유익한 결과를 가져다주어야 하기 때문이다.

죽음교육을 통하여 행복한 삶을 보다

20세기 초반에는 죽음에 관한 언급을 부정적으로 보았으나, 1960년대에 이르러 일부 학자가 죽음교육이 성교육만큼 중요하다고 보았다. 1969년 『타임(Time)』 기사를 신호탄으로 정신과 의사 퀴블러 로스 같은 선구자들이 '어둠 밖으로 죽음을' 끌어내기 시작했고, 1963년 미네소타대학교에서 죽음에 관한 최초의 강좌가 개설되었다. 그 이후 여러 학교에서 죽음 강좌가 개설되면서 그 분야에 '죽음학(Thanatology)'이라는 이름이 붙여졌다(Hayasaki, 2014).

1971년 무렵에는 미국 전역에 600개가 넘는 죽음학 강의가 생겨났고, 5년 뒤에는 그 수가 거의 배로 뛰었다. 이제는 심리학에서부터 철학, 의학, 사회학에 이르기까지 다양한 분야에서 그와 같은 강좌를 수천 개는 찾을 수 있다. 죽음과 임종에 초점을 맞춘 학술지, 교과서, 학회, 학위 과정이 생겨났다.

이처럼 미국 등과 같은 선진국에서 삶과 죽음의 의미를 탐구하고 죽음과 관련된 주제에 대하여 다학문적 접근을 행하는 죽음학이라는 학문 영역이 성립한 것은, 이제는 죽음이라는 이슈가 더 이상 문화적으로 터부시되지 않음을 보여 주는 단적인 증거라 할 수 있다. 그럼에도 우리는 죽음이라는 주제가 아직도 교육의 언저리에서 맴돌고 있을 뿐이다. 세계 최고의 자살률을 10년째 유지하고 있는 나라에서 죽음교육은 여전히 홀대받고 있다. 우리는 여전히 죽음을 삶과는 별개의 것으로 여기고, 의도적으로 우리의 의식 밖으로 죽음을 쫓아내 왔다. 하지만 이제는 삶과 죽음은 별개의 것이 아니라 하나인 것이며, 인간이 삶 속에서 죽음을 의식할 때 그만큼 삶에의 열정도 강렬해질 수 있다는 실존주의자들의 관점을 적극적으로 수용할 때가 된 것 같다.

죽음은 삶에 영향을 미친다. 죽음에 대한 태도 또한 삶에 대한 태도에 영향을 미친다. 결국 죽음의 철학은 삶의 철학에 영향을 미치며, 그 역의 경우도 마찬가지이다. 죽음의 문제가 삶의 문제이고, 삶의 문제가 인간의 문제라면 그것은 결국 교육의 문제이므로 교육 속에서 이를 수용하여야 할 것이다.

이 글은 죽음교육의 필요성을 통해 학교 안팎의 교육가들로 하여금 죽음에 대한 교육적 관심을 환기시키는 데 있다. 왜냐하면 그간 우리의 교육 마당에서는 성과 죽음에 관해 오랜 기간 의도적으로 은폐하거나 거짓 교육을 행해 왔기 때문이다. 아직도 학교교육 현장에서는 죽음교육을 부정적으로 보는 시각이 많다. 따라서 이들을 위한 국가 차원의 지속적인 사회적 계몽과 체계적 연수가 필요하다. 실제로 자살률이 세계 최고였던 핀란드는 1986년부터 자살 예방을 위한 국가 차원의 프로젝트를 실시한 이후, 1986년 인구 10만 명당 30.3명에서 2012년 인구 10만 명당 17.3명으로 자살률이 대폭 감소하였다.*

실존주의 교육가들은 '감추지 않는 교육'을 진정한 교육이라고 본다. 그들은 진정한 인간교육은 삶의 밝은 측면뿐만 아니라 삶의 어두운 측면(부조리, 위기, 성, 죽음 등), 즉 삶의 추한 측면까지도 포함한 전체로서의

---

* 핀란드식 심리부검절차는 다음과 같다. 자살사건 발생→경찰 현장 조사→심리적 부검에 대한 유가족 동의 절차→정신과 전문의와 유가족 1대 1 심층면접→자살자 주변 환경(직업, 친구 관계 등 조사)→수집 자료의 전문가 분석·분류→자살자 유형별 분류 및 데이터베이스(DB)화→자살고위험자군 대상 맞춤 정책(정신의학적·사회심리학적)

인간교육으로 파악되어야 한다고 보기 때문에 죽음교육을 흔쾌히 수용한다. 삶의 한 면만이 아닌 양면을 모두 포괄적으로 보게 하기 위해서이다. 그리하여 삶의 모든 측면을 아우르는 인간교육을 통해 인간의 삶의 질을 개선한다면, 이것은 곧 행복한 삶을 위한 참된 교육이라고 할 수 있다. 이제는 우리도 죽음교육을 공교육의 영역 속에 당당하게 자리매김해야 할 필요가 있다. 그동안 성과 죽음은 별로 좋지 않은 것으로 치부되어 감추어져 왔지만, 그럼에도 청소년은 어떤 경로를 통해서든 결국 그것들에 관하여 알게 된다. 문제는 대부분의 청소년이 성과 죽음에 관한 학습을 주로 공인되지 않은 비공식적인 매체나 경로를 통해 한다는 데 있다. 그렇기 때문에 청소년이 성과 죽음에 관해 습득한 관련 지식 중 상당 부분이 잘못된 지식이라는 데 문제의 심각성이 있다. 청소년이 비공식적인 과정을 통해서라도 결국 이러한 것들을 학습한다면, 차라리 이러한 주제를 학교교육 속으로 과감히 끌어들여 공식적으로 제대로 가르치는 것이 효과적일 것이다. 삶과 죽음이 별개의 것이 아니라 하나인 것으로 본다면, 학교에서 죽음에 관한 교과를 억압하는 정도만큼 삶에 대한 이해를 억압하고 있는 것이다. 올바르게만 가르친다면, 죽음교육은 삶과 더 많은 연관을 맺게 될 것이며 나아가 삶의 질을 더욱더 고양시킬 것이다. 이처럼 죽음교육을 통하여 삶과 죽음에 대한 태도가 긍정적으로 변화하고 삶의 질이 고양된다는 것은 인간의 삶이 그만큼 행복해진다는 것을 의미한다. 요컨대 죽음을 통해서 올바른 삶을 보게 하고, 보다 더 열정적인 삶을 살게 하자는 것이다. 그래서 행복한 삶을 위해서는 죽음교육이 필요하다.

07

삶의 목적,
행복에 이르는 길

정창우
서울대학교 윤리교육과 교수

진정한 행복은 삶의 목적과 방향을 부여하는 자신의
인생철학에 의해 영위되고 유지된다. 이러한 인생철
학의 깊이는 삶의 목적을 통찰하는 안목과 자신의 내
면에 확립된 인문학적 삶의 깊이에 따라 결정된다.

삶의 목적, 행복에 이르는 길

행복한 삶의 여정을 위한 준비물

공자와 소크라테스 이래 동서고금의 수많은 철학자는 진정한 행복과 그 근원에 대해 논해 왔다. 그리고 우리는 동서양의 주요 사상가들이 제시한 행복관과 실현 방법을 학교교육과 독서 등을 통해 배워 왔다. 하지만 듣고 배워서 많은 지식을 머릿속에 담는 것이 중요한 것은 결코 아니다. 사상가의 생각이 내 영혼과 인생에 영향을 미치지 않았다면 실제로 얻은 것[得]이 없는 것이고, 현재 자신의 상황과 고민에 대입해 볼 수 없다면 그때의 성인의 말씀은 『장자』에 나오는 대로 "옛 사람이 남긴 찌꺼기"에 불과한 것일 수 있다. 정말 중요한 것은 기존 관념과 통찰에 자신의 생각이 더해져 삶의 즐거움과 행복의 경지가 무엇이고 이를 위해 어떤 변화가 필요한지를 스스로 깨닫는 것이다. 즉, 저마다 자신이 열어 가고자 하는 행복의 세계를 깨닫고 자신만의 라이프 스타일을 구축해서 삶의 차이를 만들어 나갈 때 우리는 비로소 행복에 다가설 수 있다.

비유적으로 표현하자면 행복한 삶의 실현은 일정한 기준 치수에 따라 만든 기성복을 그대로 입는 것이 아니라, 자신의 몸에 맞는 맞춤형 옷을 마련하는 것과 비슷한 것이다. 이와 같이 행복에 대한 자각을 얻기 위해서는 "행복이 무엇이고 어떻게 다가오는가, 그렇다면 어떻게 살아가야 하는가?"라는 질문 앞에 우리 자신을 온전히 내던져야 하지만, 바쁜 생활의 리듬에 묻혀 살아가는 삶의 일상을 탓하며 이 물음은 뒷전으로 밀려나기 일쑤이다.

그렇다면 필자가 생각하는 '행복'이란 과연 무엇일까? 내가 보기에 행복은 황폐해지기 쉬운 마음 밭에 꾸준히 자양분을 공급하여 윤택하고 건강한 마음 밭을 가꾸는 과정에서 얻는, 그리고 이런 마음 밭에서 훌륭한 과실이 맺혀 얻게 되는 즐거움과 만족, 보람 등을 총칭한다. 즉, 행복은 내적으로 충만한 상태에서 경험할 수 있는 혹은 도달할 수 있는 정신적인 상태이고, 적어도 건전한 상식과 교양, 최소한의 물질적 조건이 갖추어진 상태 등을 전제로 성립할 수 있다.

이 글에서는 행복한 삶의 여정을 떠나기 위해 꼭 필요한 준비물에 대해 얘기해 보고자 한다. 당신은 행복 여정을 떠나기 전에 미리 준비해야 할 필수 준비물이 있다면 무엇이라고 생각하는가? 주로 물질적 조건과 정신적 안정 등을 머릿속에 떠올리겠지만, 나는 그 대신에 나로서 사는 삶이 무엇인지, 무엇을 위해 살아야 할 것인지에 대한 고민을 통해 삶의 목적을 정하는 것이라고 생각한다.

'나'로서 사는 삶과 진정한 행복

　　　　　　　　　　그리스 신화에 보면, 헤라
클레스가 18세 되던 해에 아름다운 두 님프(그리스 신화에 나오는 요정)의 방
문을 받는데, 그들은 헤라클레스의 인생 목적을 자신들의 이름 가운데
서 선택하라고 한다. 그들의 이름은 각각 '쾌락'과 '미덕'이었는데, 쾌락
을 선택하면 언제나 즐겁고 안락한 삶을 얻고, 미덕을 선택하면 숱한 고
난을 겪지만 후에는 불멸의 삶을 누리는 길이었다. 헤라클레스는 고심
끝에 미덕을 선택하였다. 유명한 '헤라클레스의 선택' 이야기이다. 당신
이 이런 상황에 놓인다면 어떤 선택을 하겠는가?

　　오늘날 세상의 시류는 우리에게 쾌락의 길로 오도록 손짓하고, 이러
한 삶을 위해 어떤 길을 가면 되는가에 대한 관념과 믿음을 제공하고 있

다. 쾌락의 길은 부[財], 아름다운 배우자 혹은 연인[色], 명예[名], 지위[位]를 얻는 것이며, 이러한 세속적 관념이 우리의 의식과 삶을 마치 터널과 같이 좁고 제한된 길로 가두고 있다. '헤라클레스의 선택'에서는 그냥 쾌락을 선택하면 되었지만, 오늘날 우리가 살아가는 세상은 자원이 한정되어 있기 때문에 타인과의 경쟁에서 이겨야 명리(名利)를 얻을 수 있고 따라서 이를 얻으려는 자는 눈앞의 이익에 발목을 잡혀 인생을 즐겁게 누리지 못하고 멈춤 없이 앞만 보고 달려간다. 그러다 보니 과도한 업무 스트레스, 누적된 피로, 운동 부족, 부적절한 식사 등으로 인해 질병에 쉽게 노출된다.

하지만 우리는 쾌락의 길을 버리고 또 다른 선택지인 미덕의 길을 향할 수 있다. 이 길은 진정한 고뇌를 통해 자신이 누구인지, 어떤 삶이 가치가 있는지를 깨닫고, 그런 깨달음에 따라 살아가는 삶의 방식이다. 시인 박노해는 자신의 에세이집 『다른 길』에서 오래되고 다양한 삶의 길이 무서운 속도로 잊혀지고 삭제돼 가고 있다면서 다음과 같이 표현하였다.

(……) 내가 정의하는 실패는 단 하나다. 인생에서 진정한 나를 찾아 살지 못하는 것! 진정으로 나를 살지 못했다는 두려움에 비하면 죽음의 두려움조차 아무것도 아니다.

우리 인생에는 각자가 진짜로 원하는 무언가가 있다. 나에게는 분명 나만의 다른 길이 있다. 그것을 잠시 잊어버렸을지언정 아주 잃어버린 것은 아니다. 지금 이대로 괜찮지 않을 때, 지금 이 길이 아니라는 게 분명해질 때, 바로 그때,

다른 길이 나를 찾아온다. 길을 찾아 나선 자에게만 그 길은 나를 향해 마주 걸어온다.

　나는 알고 있다. 간절하게 길을 찾는 사람은 이미 그 마음 속에 자신만의 별의 지도가 빛나고 있음을. 나는 믿는다. 진정한 나를 찾아 좋은 삶 쪽으로 나아가려는 사람에게는 분명 다른 길이 있다(박노해, pp. 8-9).

　박노해는 이 글을 통해 진정한 행복은 '나'로서 사는 삶 혹은 나만의 길이 무엇인지 고민하고, 그곳을 향해 한 걸음씩 다가가는 것이라고 웅변하는 것 같다. 나만의 삶과 길은 유일해서 더욱 아름답고 가치 있지만, 자기 스스로 찾아야 하기 때문에 많은 노력과 고뇌가 뒤따를 수밖에 없다. "진정으로 나를 살지 못했다는 두려움에 비하면 죽음의 두려움조차 아무것도 아니다."는 시인의 표현은 고(故) 신해철의 노래 〈민물장어의 꿈〉의 가사를 떠올리게 한다.

　　저 강들이 모여드는 곳 성난 파도 아래 깊이
　　한 번만이라도 이를 수 있다면
　　나 언젠가 심장이 터질 때까지
　　흐느껴 울고 웃으며
　　긴 여행을 끝내리 미련 없이
　　아무도 내게 말해 주지 않는
　　정말로 내가 누군지 알기 위해

엄밀하게 보면 '나로서 사는 삶이란 무엇인가'라는 물음은 '무엇을 위해 살 것인가'라는 물음을 달리 표현한 것일 뿐 실제로는 같은 내용을 묻고 있는 것이 된다. 자신이 소중하게 여기는 가치, 자신이 살아가고 싶은 삶, 자신의 내부에서 이렇게 산다면 나중에 후회하지 않을 것 같은 삶, 아니 그렇게 산다면 후회해도 괜찮겠다는 삶이 곧 '나로서 사는 삶'이라면, 이것을 찾아나서는 일은 결국 삶의 목적, 즉 내 삶이 머물러야 할 최선의 상태를 찾는 일과 다름없기 때문이다. 행복한 삶이란 바로 이런 물음에 대한 답변을 추구하면서 얻은 성찰의 결실을 바탕으로 이를 현실에서 의도적으로, 지속적으로 실천해 나가는 과정에서 획득되는 것이 아닐까?

물론 아리스토텔레스가 "탁월성(덕)에 따르는 행위들은 그 자체로 즐거울 것이다. …… (중략) …… 그럼에도 불구하고 행복은 추가적으로 (재산, 친구, 용모 등) 외적인 좋음 또한 필요로 한다. 일정한 뒷받침이 없으면 고귀한 일을 행한다는 것은 불가능하거나 쉽지 않기 때문이다."라고 역설한 바와 같이, 행복은 외적인 좋음 또한 '추가적으로' 필요로 한다. 하지만 인생에서 근본이 되는 것과 말단이 되는 것은 구분해야 한다.

내가 보기에 진정한 행복은 삶의 목적과 방향을 부여하는 자신의 인생철학에 의해 영위되고 유지된다. 이러한 인생철학의 깊이는 삶의 목적을 통찰하는 안목과 자신의 내면에 확립된 인문학적 삶의 깊이에 따라 결정된다. 이러한 인생철학은 내적으로 풍요로운 삶을 누리게 할 뿐만 아니라 실천으로 연결될 때, 다른 사람들에게 울림을 주고 다른 사람들의 마음과 삶을 윤택하게 한다. 자신의 인생철학과 이를 바탕으로 타인의 삶을 전체적으로 포용하고 끌어안으려는 노력이 자신과 타인의 삶을 풍요롭게 만든다.

그렇다면 우리 주변에 훌륭한 인생철학과 진정한 삶의 목적을 가진 분이 누가 있을까? 나는 우선 로봇공학자인 캘리포니아대학교(UCLA) 공과대학 교수인 데니스 홍(한국 이름: 홍원서) 교수가 떠오른다. 그분은 필자가 몇 해 전에 '중등학교용 인성교육 프로그램'을 개발하면서 알게 되었다. 홍 교수는 방송 출연, 대학 강연 등 바쁜 일정에도 불구하고, 개발진의 인터뷰 요청에 대가 없이 흔쾌히 응해 주었다. 청소년들이 자신의 메시지를 통해 진정한 삶의 목적을 찾는 데 도움이 될 수 있다면 대가는 필요 없다고 하였다.

그분은 인터뷰 중에 자신이 "이 세상에서 아마 가장 행복한 사람"일 거라고 자신 있게 말하였다. 그 이유를 묻자 "나는 어릴 적부터 하고 싶어 했던 로봇 개발을 하고 있고, 학교에 가면 흥미가 왕성하고 창의적인 시도를 해 보려는 제자들이 있으며, 사람의 생명을 구할 수 있는 화재 진압용, 재난 구조용 휴머노이드 로봇 등 자신이 만든 로봇들이 세상을 이롭게 하는 데 기여하고 있기 때문"이라고 서슴없이 설명하였다. 그러면서 "행복한 삶을 위해서는 돈도 물론 중요하지만, 자신이 잘하는 것, 좋아하는 것, 그리고 가치 있는 것의 공통분모를 생각하며 소중한 꿈을 찾고 그 꿈을 이루기 위해 평생 노력해야 한다."고 강조하였다.

다음으로 진정한 삶의 목적을 가지고 삶을 살다간 사람으로, 돈 리치(D. Ritchie, 1925~2012)를 들 수 있다. 호주 시드니 남부를 여행하면서 필자는 아름다운 태평양을 품은 어느 공원에 새겨진 다음과 같은 글귀를 보면서 좋은 삶에 대한 깊은 이해와 공감을 경험한 적이 있다. 거기에는 "소박한 미소, 타인을 돕는 손, 경청하는 귀, 친절한 말의 힘을 항상 기억하라(Always remember the power of the simple smile, a helping hand, a listening ear, and a kind word.)"라고 새겨져 있었다. 그 어떤 사상이나 이론 혹은 명언에 기대지 않고도, 다른 사람과 어떻게 만나야 하는가를 이처럼 간명하게 제시할 수 있을까.

숙소에 돌아와 이 글귀의 출처를 검색해 보고 난 후, 이 말은 한층 더 큰 울림과 감동으로 다가왔다. 이 글은 돈 리치라는 호주 사람이 남긴 것인데, 그는 집 근처의 절벽에서 자살을 시도하려던 사람들[•]을 구해 낸 훌륭한 분이었다. 그는 자살을 시도하려던 이들에게 "내가 뭔가 당신에게 도움을 줄 수 없을까요? 만약 당신이 그대로 뛰어내린다면 당신은 다시는 그곳에 앉아서 아름다운 광경을 바라볼 수 없을 거예요."라는 말을 친절하게 건넨 후 그들을 자신의 집으로 데려가 함께 차를 마시며 얘기를 나누었다. 그리고 곧 서로 친구가 되었으며, 돈 리치와 함께했던 시간은 그 후 자살 시도자들의 삶에 큰 변화와 차이를 만들어 주었다고 한다.

• 공식적으로 160명, 돈 리치의 가족들은 400여 명으로 주장했다.

07 삶의 목적, 행복에 이르는 길

이런 그의 선행이 세상에 알려져 몇 차례 수상을 한 적이 있었는데, 인터뷰에서 그는 "누구나 할 수 있는 단순한 행위를 한 것뿐"이라고 했고, 그의 딸은 자신의 아버지가 바다를 참으로 사랑하고 "충만하고 행복한 삶"을 살아오신 분이라고 하였다. 또한 인터뷰에서 돈 리치는 어떤 경우엔 자살 시도자가 정말 뛰어내리려고 작심하고 마지막 걸음을 내딛으려는 순간, 그 사람에게 달려들어 제지하는 위험을 무릅쓰기도 했다고 언급하였다. 그리고 절벽의 꼭대기에서 그들과 대화를 시도함으로써 절망한 그들에게 도움의 손길을 내밀기도 했다고 한다. 이 글의 주제와 직접적으로 관련된 삶의 목적과 오랜 포부를 밝히면서, 그는 "자신의 삶의 목적은 삶의 가장자리에 서 있는 그들을 그곳에서 벗어나도록 돕는 것이고, 다시 생각해 볼 기회를 그들에게 주는 것이며, 세상사가 내일 아침에는 더 나아 보일 수 있다는 점을 깨닫는 기회를 제공하는 것"이라고 말하였다.

돈 리치와 같이 세상에 유익을 주는 행위는 그 자체로 의미가 있을 뿐만 아니라 행위자에게 큰 기쁨과 즐거움, 그리고 삶의 의미를 선사하는 법이다. 배려하고 친절을 베푸는 행위, 타인(특히 약자)의 권리를 존중하는 행위, 사적 이익을 넘어 공동선을 위해 적극적으로 참여하는 행위 등은 그 자체로 고귀하고 그 자체로 즐거운 것이기 때문이다. 이런 맥락에서 아리스토텔레스는 "탁월성(덕)에 따르는 행위들은 그 자체로 즐거울 것이다. 뿐만 아니라 그 행위들은 좋기도 하고 고귀하기도 하되, 각각의 경우마다 최고로 그러할 것이다."라고 주장한 바 있다.

당신이 사는 이유

오늘날 우리 중 얼마나 많은 사람이 삶의 목적을 가지고 살아가고 있을까? 이를 연구 질문으로 설정하여 삶의 목적 연구에 몰입한 학자가 바로 스탠포드대학교의 윌리엄 데이먼(W. Damon) 교수이다. 인간 발달 분야의 세계 석학 중 한 명인 그는 『무엇을 위해 살 것인가(The Path to Purpose)』라는 책에서 삶의 목적을 "자신에게 의미 있을 뿐만 아니라 자신을 넘어선 세상을 위해 중대한 무언가를 성취하기 위한 장기적인 의도"라고 정의한다. 이러한 삶의 목적은 시험을 잘 보는 것, 내년에 어디를 여행하는 것 혹은 좋은 옷을 사는 것 등과 같은 단기적인 목표와는 분명히 다르며, 무엇을 해야 한다, 하고 싶다 등의 이유에 대한 최종 답변에 해당하는 것이다. 즉, 목적은 그 자체가 마지막 목표이고, 단기적인 목표를 이끄는 궁극적인 관심사이다. '왜 내가 이 일을 하고 있나? 왜 이 일은 나에게, 그리고 이 세계에 중요한가? 왜 이 목표를 성취하려고 노력하는가?'와 같은 질문은 순간적인 목표와 동기를 넘어서 삶의 중요한 이유가 된다.

데이먼 교수는 이 연구에서 삶의 목적 형성이 특히 중요한 시기인 12~26세 청소년 1,200여 명을 대상으로 설문조사를 실시하였고 이 중 300명에게는 심층 인터뷰를 실시하였다. 면접 및 설문에 활용된 질문에는 "자신의 삶에서 무엇이 가장 중요한가? 왜 그런 것들에 신경을 쓰는가? 장기적인 목표가 있는가? 왜 이러한 목표가 자신에게 중요한가? 바람직한 인생을 산다는 것은 어떤 의미인가? 훌륭한 사람이 된다는 것은 무엇을 의미하는가? 인생을 되돌아본다면 어떤 사람으로 기억되고 싶은가?" 등이 포함되었다. 물론 이러한 질문은 조사 연구를 위해 개발된 것이지만, 이 글을 읽는 독자에게도 자신이 정말 삶의 목적을 가지고 있는지 점검할 기회를 제공할 뿐만 아니라, 삶의 목적을 찾아가고 있는 사람에게는 자신의 삶의 목적과 의미를 설정하는 데 도움을 줄 것이다.

데이먼 교수는 이러한 심층 인터뷰와 설문지를 활용한 조사 연구를 통해 결론적으로 삶의 목적에 대한 유형을 크게 네 부류로 구분하여 다음과 같이 제시하였다.

> 우리가 인터뷰했던 청소년 중 20%는 진정으로 '목적이 있는' 이들이었다. 그에 비해 어떤 목적도 이야기하지 않거나 장차 목적을 가질 만한, 무언가를 찾는 노력조차 전혀 하지 않는 '무관심한' 이들도 25%나 되었다. 나머지 약 25%는 목적을 가지고자 하는 열망은 있으나 실현을 위해 구체적으로 어떤 것도 실행하지 않는 '꿈꾸는' 이들이었다. 그리고 30% 정도가 잠재적으로 목적을 가질 만한 일들을 추구하고 있으나 왜 이러한 것을 하고 있는지에 대한 명확한 생각이 없고, 장래에도 이러한 관심을 유지할지에 대한 확신이 없는 '찔러 보는' 이들이었다(Damon, 2012).

당신은 데이먼 교수가 분류한 '삶의 목적 유형' 중 어디에 해당하는가? 삶의 목적 실현으로 나아가는 표지를 발견하고 이를 위해 노력하고 있는가? 아니면 무엇을 성취하고 싶은지, 자신의 적성이 자신을 넘어선 세상을 위해 어떻게 쓰일 수 있는지에 대한 고민 없이 자신에게 무슨 이익이 있는지, 타인의 관심을 끌 만해 보이는지, 부와 명성을 얻을 만한 가능성이 있는지만 생각하며 꿈을 꾸고 있는가? 아니면 자신이 누구인지에 대해 진지하게 생각해 본 적이 없고 무엇을 위해 살 것인가에 대해서도 무관심한가?

우리가 삶의 목적을 가져야 하는 이유에 관해 데이먼 교수는 "삶의 목적은 평온한 시기에는 행복을, 고난의 시기에는 견디어 낼 수 있는 회복력을 부여한다."고 주장한다. 삶의 목적을 가진 사람의 특징은 에너지, 끈기, 낙천성, 회복탄력성 등이 강하고, 극적인 삶의 굴곡을 견디면서 이겨 낸다는 점에 있다. 반면 목적의 상실은 강박증, 내적 공허감, 의욕 상실, 자기 파괴적 행동과 같은 정신적 고통으로 이어지고, 우울증이나 자살 증가의 원인이 될 수 있다고 지적한다. 일반적으로 스트레스가 원인이라고 하지만 데이먼 교수는 경쟁으로 인한 혹은 경쟁에 대한 부담감을 목적의식으로 이겨 낼 수 있다고 주장한다.

사실 데이먼 교수의 연구뿐만 아니라 다른 심리학 연구들도 삶의 목적의 추구와 행복 간에 강력한 연결고리가 있음을 보여 주고 있다. 명확한 삶의 목적을 찾는 것은 자신의 인생에서 행복과 만족을 성취하는 데 필수적이라는 것이다. 이런 연구자들은 삶에서 목적이 행복과 관련하여 어떤 역할을 하고 왜 중요한지에 대한 힌트와 통찰력을 우리에게 제공한다.

예를 들어, 행복의 핵심 동기에 대해 탐구하기 때문에 종종 '행복 연구'라 불리기도 하는 '긍정심리학'이라는 신생 학문은 행복을 가져다주는 심리적 특성 가운데 목적의식의 중요성을 보여 준다. 이 분야에서의 한 발견은 "가장 행복한 사람은 자신을 위한 행복을 얻기 위해 많은 노력을 기울이는 경우가 드물다."는 역설을 보여 준다. 사실 사람들이 행복해지기 위해 추구하는 것들 중 세속적인 욕망은 대개 실제 행복과는 거리가 먼 경우가 많다. 우리는 흔히 높은 보수, 질 좋은 음식과 고급스럽고 안락한 주거 환경이 행복을 위한 최선의 조건이라고 생각하는 경향이 있지만, 진정한 빈곤 상태를 제외하고 행복은 물질적·경제적 풍요에 비례하지 않는다. 권력, 명성, 부, 지위 그 어느 것도 실제로 기대만큼 자신을 행복하게 할 수 없다. 이러한 보상이 주는 만족은 대개 일시적이고 잠깐 반짝한 다음 곧 스러져 버리기 마련이다. 반면, 사람들을 몰입하게 만들고, 도전하게 만들고, 그리고 빠져들게 만드는 흥미로운 무언가가 진정으로 행복과 관련이 있다. 특히 자신이 찾는 무언가가 자기 자신을 넘어선 세계에 가치 있는 공헌을 할 수 있는 경우에 더더욱 행복을 느낄 가능성이 크다.

행복은 삶의 이유를 찾는 과정이다

행복하고 유의미한 삶을 위해 이제 우리는 자신을 둘러싼 세상이 아니라 자신의 내부를 들여다보면서 다음과 같은 질문에 대해 답해 보아야 한다. '나'로서 산다는 것은 무엇인가, 나는 무엇을 위해 살아왔는가, 내가 찾는 소중함(가치)은 과연 무엇인가, 무엇을 위해 살 것인가?

이런 물음에 대한 답을 찾는 방법은 르네 마그리트의 작품 〈금지된 재현(Not to be Reproduced)〉을 통해서 힌트를 얻을 수 있다. 이 작품에서 책과 다른 사물은 현실에서와 같이 거울에 비친 모습이 대칭적으로 그대로 재현된다. 반면, 거울에 비친 남자의 모습은 사실과 다르게 앞모습이 아니라 뒷모습만을 보여 주고 있다. 이 작품은 어떤 메시지를 우리에게 던져 주고 있을까?

아마도 이 작품은 우리에게 자기 자신의 진정한 모습을 보기 위해서는 '남들이 보는 자신, 과거의 자신, 자신의 일상적 모습이나 습관'을 넘어서 자신의 내면 깊은 곳, 심연을 들여다봐야 한다는 점을 보여 주고자 한 것이 아닐까? 르네 마그리트는 이 작품을 통해 다른 사람의 욕망을 마치 자신의 욕망인 것으로 간주하거나 자기 자신을 온전히 들여다보지 못하는 한계를 넘어서 자신의 진정한 모습을 바라볼 수 있어야 한다는 점을 우리에게 일러 주고 있는 것 같다.

자기 자신에 대한 이해를 확장시키면서 때로는 의도적으로 마음에 집중하여, 때로는 고요한 침잠을 통해 마음을 모아 자신의 삶의 목적에 대한 물음에 응답해야 한다.

앞서 언급한 바와 같이, 그 과정에서 인생에서 근본이 되는 것과 말단이 되는 것, 그리고 주된 목표에 해당하는 것과 (자연스레 따라오는) 부산물을 구분할 줄 알아야 한다. 여기서 근본과 삶의 주된 목표는 인간과 세상에 대한 깊은 이해와 통찰, 자신의 존

07 삶의 목적, 행복에 이르는 길

재 성찰 및 삶의 의미 발견, 자신의 가능성 혹은 잠재성 실현, 만물을 사랑하는 일 등에서 크게 벗어날 수 없으며, 어떤 목적 설정이든 이와 연결고리를 갖게 된다. 이러한 근본이 확립되지 않은 상태에서 말단이나 부산물만을 맹목적으로 추구하면 반드시 마음의 병폐가 생기고, 어떤 특정한 시점에 이르러 진정 의미 있게 인생을 살았는지 후회하게 되며, 결국 부끄럽고 비참한 인생으로 전락할 가능성이 높다.

행복 실현을 위한 필수조건:
멈춤의 지혜와 의지

삶의 목적과 행복에 이르기 위해서는 반드시 갖추어야 하는 능력이 있다. 인간 능력의 원천인 지혜와 의지 중에서 특히 '멈춤[止]의 지혜와 의지'가 필요하다. 필자가 보기에 잘못을 저지르거나 불행에 빠질 가능성을 최소화하고 삶의 목적 및 행복의 실현 가능성을 높이기 위해서는 반드시 멈춤의 지혜와 의지를 길러야 한다. 한마디로 멈춰야 하는 때를 알고 멈출 수 있는 의지력을 발휘할 수 있어야 한다는 말이다.

오늘날 무엇이 번아웃 신드롬(신경쇠약)을 날로 보편적이고 엄중하게 만들었을까? 오늘날 우리는 마치 제어장치에 문제가 있는 사람처럼 욕망에 그침이 없고, 그런 이유로 마음이 항상 편안하지 못한 상태에 있는 경우가 많다. 또한 미래의 필요나 목표를 위해 매일 분투하며 눈앞에 있는 시간을 수단으로만 여기고 오늘의 괴로움은 더 나은 미래를 위한 희생이라고 말하곤 한다. 그 결과 몸과 마음이 지칠 대로 지쳐 심리적 에너지가 고갈되고, 미래의 필요를 위해 현재를 희생한 것이 얼마나 부질없는 일이었던가를 뒤늦게 깨닫게 된다.

한편 실천윤리학의 거장인 피터 싱어(P. Singer)의 『이렇게 살아가도 괜찮은가(How are we to live?)』 서문에 등장하는 인물인 아이번 보스키˙는 왜 파멸의 길에 들어서게 되었는가? 온 국민에게 추앙받고 존경받던 황우석 박사가 몰락의 길을 걷게 된 근본적인 원인은 무엇이었을까?

그 외에도 화려했던 경력을 사람들의 비난 속에 마감한 사례가 한둘이 아니다. 빌 클린턴 하면 '부적절한 관계'라는 유행어까지 낳은 과거 스캔들을 떠올리는 사람이 적지 않을 것이다. 재임 기간 그는 많은 일을 했고 퇴임 후에는 나눔과 봉사 활동에 헌신하고 있음에도 이 스캔들 하나가 모든 것을 삼켜 버리고 말았다. 전 캘리포니아 주지사 아널드 슈왈제네거나 골프 스타 타이거 우즈가 이와 비슷한 예이다. 한국의 경우, 정치, 경제, 교육, 문화 등의 분야에서 최고의 자리에 올랐다가 국민으로부터 맹비난을 받으며 비참하게 자신의 직업적 삶을 마감한 경우가 적지 않다. 이들은 모두 똑똑한 사람들이다. IQ만 말하는 게 아니다. 사회적 지능이나 정서 지능 역시 탁월한 인물들이다. 그렇지 않았다면 어떻게 그런 위치에 이르렀겠는가? 그럼에도 불구하고 왜 이들은 불명예

˙ 마약 중독과 같이 부에 대한 중독에 빠져 미국 부호 명단의 아랫줄에 자신의 이름이 있다는 것을 받아들이지 못하고, 불법 내부자 거래 등을 통해 부당하게 이익을 취하다 결국 파멸의 길에 들어서게 된 인물이다.

의 주인공이 되고 말았을까?

우리는 이러한 현상의 원인을 자제력의 결핍, 과도한 집착과 욕망, 멈춰야 할 때 제대로 멈출 수 있는 지혜와 의지의 부족, 윤리에 대한 무관심 및 유혹을 뿌리칠 수 있는 군건한 신념의 결핍 등에서 찾을 수 있을 것이다. 이러한 다양한 원인 중에서 포괄적인 설명이 가능한 핵심 요인은 멈춤의 지혜와 의지의 부족일 것이다. 멈춘다는 것은 사실상 여러 가지 복잡한 의미를 동시에 함축한다. 서울대학교 김상환 교수에 따르면 유가적 사유의 관점에서 볼 때, 멈춘다는 것[止]은 ① 행동을 멈춘다는 것, ② 부질없는 충동과 욕망을 멈춘다는 것, 주의를 흩트리는 잡념과 사욕을 억제한다는 것, ③ 자기 자신으로 돌아간다는 것, ④ 어떤 장소에 머문다는 것(지극한 선 혹은 최고선에 머문다는 의미 내포), ⑤ (덕을) 모으고 쌓는다는 것 등을 포함한다.

멈춤의 지혜와 의지는 미덕 중에서 절제의 덕과 가장 관련이 깊다. 절제란 흔히 과도함에 맞서는 힘이자, 자신의 욕망과 욕구, 충동을 알맞게 조절해서 표출하는 힘으로 정의된다. 절제의 중요성은 『명심보감』「안분 편」에 잘 제시되어 있다.

> 만족함을 알아 항상 만족하면 한평생 욕됨을 당하지 않을 것이요, 그칠 줄 알아 항상 절제하면 한평생 부끄러움이 없을 것이다[知足常足 終身不辱 知止常止 終身無恥]

한편, 『니코마코스 윤리학(Nicomachean Ethics)』에서 아리스토텔레스 (Aristoteles)는 이 절제가 잘 발휘되어야 인간의 이성적인 삶이 가능해진다고 보고 있다. 즉, 그는 절제를 인간의 쾌락 추구, 욕망과 관련시키면서 그것들이 적정한 정도를 지키면서 이치에 맞게 다스려져야 인간의 이성적인 삶이 이루어질 수 있음을 지적하고 있는 것이다.

멈춘다는 것은 심리학적으로 자제력과 밀접한 관계가 있다. 심리학 역사상 가장 유명하고 중요한 실험 중 하나인 마시멜로 테스트(자제력 테스트)의 창안자로 널리 알려져 있는 월터 미셸(W. Mischel) 교수는 유혹에 저항하기 힘든 이유가 뜨거운 충동 시스템이 지나치게 '현재'에 치중하기 때문이라고 지적한다. 당장의 보상은 모두 고려하는 반면 유예된 보상은 '할인하여' 참작한다는 것이다. 그러므로 나이와 상관없이 자제력을 발휘하기 위한 핵심 전략은 '지금'을 차갑게 하고 '나중'을 뜨겁게 하는 것이다. 눈앞의 유혹을 시간·공간상으로 멀리 밀어 버리고 멀리 있는 결과를 마음속 가까이 가지고 오면 되는 것이다.

이러한 심리학의 연구 성과가 제공하는 지침에 주목할 수도 있겠지만, 우리 삶에서 제어 장치가 제대로 작동하도록 자신을 연마하는 가장 중요하고 근본적인 방법은 수시로 자성(自省)하고 명상하는 것이다. 스스로 성찰하는 삶을 산다는 것은 자신이 어디에 있고, 어디로 가고 있는지 헤아려 보는 것이고, 또한 자신의 인격에 무슨 결함이 있는지, 자신의 선택에 어떤 문제가 있는지, 자신의 정서 표현이나 조절에 어떤 문제가 있는지 여부를 비판적으로 검토해 보는 것이다. 수중에 쥐고 있는 일을 잠시 내려놓고 고요한 마음으로 성찰하면서 하나도 남김없이 자신에게 이야기해 보는 것이다. 이와 같이 진지하게 자아를 되돌아 볼 수 있어야 의미 있는 인생을 살아갈 수 있다.

명상은 일정한 시간 동안 자신의 마음을 살펴보면서[觀心] 어떤 욕망이나 생각이 자신의 마음과 영혼을 지배하고 있는지 발견하는 것이다. 이렇게 하면 자아에 대한 새로운 인식이 생겨나서 자신이 어떤 유혹 앞에 놓여 있는지, 자신을 지금 힘들게 만들고 있는 것이 무엇인지 알게 된다. 이런 과정의 반복은 그 자체로 치유의 힘을 가지고 있고 우리로 하여금 어떤 욕망이나 생각에 맹목적으로 빠져들지 않도록 제어할 수 있는 힘을 갖게 해 준다.

하지만 늘 눈코 뜰 새 없이 바쁜데 자성하고 명상할 여유와 시간이 어디 있겠냐고 반문할 수 있을 것이다. 정말로 바빠서 자성하고 명상할 시간이 없는 것일까? 칭화대학교 팡차오후이(方朝暉) 교수가 지적하듯이, 그보다는 명상과 반성을 하지 않는 생활 태도에 너무나 익숙해 있는 것이 실제 문제이지 않을까? 즉, 휴대전화를 수시로 들여다보고 인터넷을 하고 잡담을 나눌 시간은 있으면서 자성과 명상을 할 시간이 없다고 둘러대고 있는 것이 우리 모습이지 않을까 생각해 본다.

자성과 명상은 자신을 위한 특별한 공간에서 특별히 시간을 정해 할 수도 있겠지만, 마음만 먹으면 실제로는 어느 시간, 어느 장소, 어떤 경우에도 가능하다. 아무리 바쁜 생활 속에서도 짬을 내어 자신을 점검한다면 불행해질 가능성은 그만큼 자연스럽게 줄어들 것이다. 그리고 일을 하거나 다른 사람을 대할 때 마음을 차분하게 가라앉히고 좋지 않은 생각이나 감정이 일어나면 자연스럽게 사라지도록 하는 연습을 계속하면 우리의 행복감도 그만큼 증진될 것이다.

아름다운 인생을 위하여

이 글에서 나는 "무엇이 우리를 행복으로 이끄는가"라는 물음에 대해 삶의 목적을 중심으로 답해 보고자 하였다. 다시 말해, 인생의 방향을 알려 주는 삶의 목적이 우리 삶을 어떻게 풍요롭고 행복하게 만드는지 이론이나 사례를 통해 분명하게 보여 주고 싶었다. 또한 어느 시점에서 왜 멈추어야 하는지, 어디서 멈추어야 하는지, 어떻게 멈출 수 있는지를 생각하고 연습해야만, 환난을 예방할 수 있고 삶의 목적과 행복에 한 걸음 더 다가갈 수 있음을 강조하고 싶었다.

하지만 어떤 삶을 살아야 하는가에 대한 인생 조언을 할 만큼 학문이 깊고 덕이 확립된 상태는 아니기에, 나는 과연 그렇게 살아가고 있는가를 생각하며 이 글을 쓰는 내내 무겁고 두려운 마음이 들었다. 그저 학문을 사랑하고 덕 있는 사람이 되기 위해 정진하고 있는 어느 미완의 존재, 그리고 고결한 삶의 목적을 찾아서 이를 소중히 여기며 일생 동안 묵묵히 실천해 나가고 있는 사람을 본받고 싶은 어느 범부(凡夫)가 다른 사람들과 행복한 삶에 대한 고민을 공유하고자 쓴 글이라고 너그러이 이해해 주면 좋겠다.

끝으로 멈춤의 지혜와 의지에 기초하여 자신을 제어해 나가면서 '나'로서 사는 삶, 목적이 있는 삶을 통해 자신의 삶을 풍요롭게 만들고 이와 동시에 널리 세상을 이롭게 함으로써, 천상병 시인이 읊었던 것처럼 "이 세상 소풍 끝내는 날, 가서, 아름다웠더라고" 말할 수 있기를 기대하며 글을 마친다.

08

행복은
어디에서 오는가

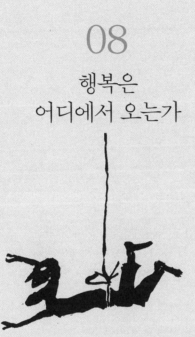

전 영
인하대학교 교육대학원 교수

행복은 그냥 오는 것이 아니다. 행복은 만들어 가는
것이다. 행복은 노력으로 얻어지는 것이다. 끊임없이
생각하고 또 생각하는 사람만이 행복해질 수 있다.
이 세상 만물은 모두 생각의 산물이다. 성공의 비결
도, 행복도 모두 생각의 힘에 달려 있다.

4차 산업혁명, 새로운 미래 시대가 온다

다보스 세계경제포럼에서는 4차 산업혁명을 인공지능(AI), 로봇 기술, 생명과학이 주도하는 차세대 산업혁명이라고 정의하였다. 일부 학자는 기업들이 제조업과 정보통신기술(ICT)을 융합하여 직업경쟁력을 제고하는 차세대 산업혁명이라고 한다.

또 다른 학자들은 빅 데이터가 주도하는 차세대 산업혁명을 의미한다고 말한다. 이를 통해 가상세계가 현실과 통합되어 이제는 사물이 지능적으로 제어되는 시스템이 가능해지는 산업상의 변화가 예상된다. 하버드대학교 마이클 포터(M. Porter) 교수는 지능형 상호연결 제품이 거대한 IT 변혁을 주도할 것이라고 예견하였다. 기존의 변혁이 생산성을 높이고 가치사슬을 바꿔 놓았다면, 새로운 물결은 산업의 구조와 경쟁의 본질까지도 변화시킨다는 것이다.

4차 산업혁명의 핵심은 물리학, 생물학, 디지털 등 모든 기술의 '융합'

으로 급격한 기술 발전이 이루어진다는 점이다. 이러한 융합 기술의 발전으로 우리 사회는 '초지능화'와 '초연결성'으로 특정 지어질 수 있다.

이제 바야흐로 무선인터넷, 스마트폰, SNS로 대표되는 모바일 시대를 지나 사람과 사물과 정보가 모두 지능형 네트워크로 이어지는 초연결 사회로의 진입이 시작된 것이다. 시공을 초월하여 생활할 수 있도록 도와주는 인터넷 없는 세상을 더 이상 상상도 할 수 없다.

어떻게 대처할 것인가

성공한 IT 기업의 사례들을 살펴보면 창의적 아이디어와 기술이 성공적으로 결합된 경우가 대부분인데(Microsoft, Google, Facebook 등), 창의적 아이디어는 감성과 매우 밀접한 관련이 있는 것으로 알려져 있다. 감성 연구로 유명한 다니엘 골먼(D. Goleman)은 인생의 성공에 영향을 미치는 비중에 대해 이성(Reason)적인 특징을 가진 IQ(Intelligence Quotient: 지능 지수)가 차지하는 비중은 20%에 불과하며 나머지 80%는 감성적 특성을 의미하는 EQ(Emotional Quotient: 감성 지수)의 요인에 의해 결정된다며 EQ의 중요성을 강조하였다. 이와 마찬가지로 창의성 분야를 연구하는 학자들도 80%의 EQ와 20%의 IQ가 어우러져 개인의 창의성이 나온다고 주장하고 있다.

21세기 지식정보화 사회에서의 경쟁우위는 바로 창의력에서 비롯된다. 즉, 창의성을 갖춘 개인, 집단, 사회 및 국가만이 치열한 경쟁에서 우위를 점하고 부강해질 수 있다. 4차 산업혁명은 속도, 범위, 영향력 등에서 3차 산업혁명과 완전히 다르다. 기술 진보의 속도는 인류가 전혀 경험하지 못한 것이며, 파괴적 기술에 의한 대대적인 기술 혁신은 각국 전

산업 분야에서 생산, 관리, 지배 구조 등 전체 시스템을 바꿔 놓을 것이라고 전문가들은 내다보고 있다.

노벨물리학상 수상자로 전 KAIST 총장을 지낸 로버트 러플린(R. Laughlin)은 '벤처코리아 2004'에서 행한 기조연설에서 "미래 정보기술(IT)의 핵심은 놀라운 전자제품이나 인터넷 환경을 만들어 내는 것이 아니라 이를 활용해 기업의 비용을 줄이고 이윤을 극대화 할 사업 전략을 창출해 내는 것이다."라고 말하였다. 다시 말하면 IT란 "기계 안에 들어 있는 특정한 과학기술이 아니라 경제적 가치를 창출할 수 있도록 인간과 기계, 그리고 시스템을 연계(align)하는 전략이 되어야 한다는 것"이다. 세계적인 과학자이면서 미래학자인 그가 시장 경제 원리에 바탕을 두고 철저한 실용주의에 입각하여 힘주어 말하고 있다. 이렇게 세상 사람들은 경제적 측면만 앞다투어 지혜 없이 열을 내고 있다.

특히 제4차 산업혁명을 주도하는 인공지능 시대는 인공지능을 제어하는 인간의 능력을 필요로 한다. 인공지능을 능가하고 제어할 수 있는 인간의 능력은 '인성'이다. 인공지능 시대를 대비하고 잘 살아가려면 교육의 역할이 매우 중요하다. 하나는 인공지능을 능가하는 새로운 세상을 개척할 창의성과 도전 정신, 융합적 사고력을 갖춘 인재를 양성하는 일이며, 다음으로 지금처럼 모든 사람이 인공지능 기술을 인간 활동에 자유롭게 적용할 시대에 대비하여 획일화된 교육에서 벗어나 학생들이 자신의 소질과 적성에 맞는 교육을 받고 저마다의 역량을 키울 수 있도록 학교교육 현장 전반의 여건을 개선하고 변화시키는 노력이 필요하다. 융합 기술만 가지고는 결코 행복해지지 않는다. 인간성이 살아 있는 인성교육이 더 심화되어야 한다. 개인 – 대인관계 – 공동체 차원의 연결

전 영

선상에서 자기관리의 역량, 심미적 감성 역량, 의사소통 역량, 갈등관리의 역량, 공동체 역량을 균형 있게 학습하여 가정·학교·사회에서 행동으로 행복역량교육을 실천하도록 통합적 접근이 요구된다.

이를테면 4차 산업혁명의 시대는 인공지능의 확산으로 양극화가 심화되고 일자리가 줄지만, 생산성은 극도로 향상되며, 일은 주로 기계가 하고 인간은 많은 시간을 소비하기 위한 여가 활용을 위한 교육이 요구된다. 잉여 시간이 여가 시간으로 증가됨에 따라 인간은 자기표현 욕구가 늘어나며 이러한 현상은 창조적인 일과 정답이 없는 일로 인간의 직업 방향을 바꾸도록 요구한다. 결과적으로 인간이 로봇이나 인공지능과 구별될 수 있는 것으로서 정서와 감정 등에 관련된 능력이 전 영역에서 요구되는 사회를 예견해 볼 수 있다.

우리의 사회적·교육적 현실

지금까지 우리의 사회적·교육적 현실을 사회학적 관점에서 고찰해 보고자 한다. 한국은 한국전쟁 이후 25년 만에 한강의 기적을 이루며 완전히 근대화된 새로운 나라로 등장하였다. 프랑스가 200년에 걸쳐 이룩하고, 미국이 125년, 일본이 75년에 걸쳐 이룩한 것을 한국은 불과 25년 만에 달성해 냈다. 우리는 초고속 압축 성장이 이루어지는 과정에서 좌, 우를 살필 여유도 없이 앞만 보고 달렸다. 이러다 보니 남을 배려하지 못하고, 나와 내 가족만 생각하는 이기심이 팽배하게 되었다. 사회적 양극화는 심화되었고, 한국 사회가 지향할 정신문화와 핵심 가치는 뿌리 내리지 못하고 있다. 우리는 도무지 행복하지 않은 사회이다. 한 연구기관에 의하면, 자살률이 10만 명당 31.2명으로 OECD 국가 중 최고이다.

한 해 자살로 생을 마감하는 사람의 수는 1만 5,566명, 하루 목숨을 잃는 사람이 42.6명이다. 시간당 1.8명이 생명을 잃고 있다. 자살률 1위, 교통사고율 1위, 저출산율 1위, 이혼율 1위로 세계 1위를 차지하고 있고, 행복지수는 OECD 국가의 평균치에도 미치지 못하고, 30개국에서 25위에 머물고 있다. 방글라데시, 부탄, 멕시코보다 밑이다. 세상은 점점 각박해져 가고 도태되거나 낙오되지 않으려고 끊임없이 경쟁한다. 이대로 가면 한국은 2300년에 지구상에서 사라진다고 구글이 뽑은 세계의 미래학자 토머스 프레이(T. Frey)는 경고한다.

우리는 왜 그럴까

우리는 철저히 성공 지향적으로 행복을 뒤로 하고, 돈, 명예, 권력에만 혈안이 되었다. 거기다가 '사공농상'이란 국민 의식이 뿌리 깊게 박혀 있다. 우리는 이런 DNA가 흐르고 있다. 그야말로 성공출세지향주의에 빠져 있다.

특히 우리는 행복의 주관적 잣대를 가지고 있지 않고, 다른 사람들에게 보이는 행복을 추구한다. 큰 아파트, 큰 차, 좋은 옷, 명품가방 같은 것을 소유하는 것이 행복이 되어 버렸다. 행복 자체를 추구하는 것이 아니라 행복의 조건이나 수단을 갈망한다. 유달리 체면을 중시하고 전 세계적으로 가장 물질적인 가치를 추구하는 나라가 되었다. 우리는 부정적 정서가 강하다. 사촌이 논을 사는데 왜 배 아파하는가? 기뻐해야지!

여기에 발 맞춰 교육은 어떤가

지금까지 우리는 입시 위주의 교육, 열심히 듣고 암기하고 시험 보고 잊어버리는 교육을 거듭 반복하였다. 즉, 집어넣는 교육만 한 것이다. 이제는 질문하고 대화를 나누고, 토론하고 논쟁하는 교육, 확산적 사고의 교육, 뇌를 격동시키는 교육, 소통하는 교육, 끄집어 내는 교육을 해야 한다. 즉, 티칭(teaching)도 아니고, 러닝(learning)도 아니고, 씽킹(thinking)하는 교육을 해야만 한다. 그래야만 살아남을 수 있다. 지금 우리나라의 소득과 생활수준은 과거에 비해 많이 나아지기는 했으나 행복을 느끼는 정도는 오히려 후퇴하였다. 이는 과도한 경쟁과 인간의 탐욕에 지쳐 있기 때문이다.

인간의 탐욕과 이기심, 과당 경쟁의 지배로부터 인간성을 회복하기 위한 생활의 쇄신이 필요한 시점이다. 물질만능주의와 기계화된 문명 속에서 인간성은 상실하고, 경제는 저성장, 양극화, 저출산, 고령화 시대에 진입하고 있다. 저성장이 고착화되고, 양극화로 인한 사회 갈등이 증가하는 추세이다. 이런 가운데 미국은 금리를 올리고, 일본 경제는 다시 살아나고, 중국은 두 자리 성장에서 7%에서 6%로 떨어지고, 한국은 7%의 성장 수준에서 3%, 2% 수준의 저성장 단계로 접어들면서 사회적 갈등이 첨예화되고 있다.

이처럼 경제성장이 지체되고 있는 현재적·물질적 수준에서도 행복지수는 더 높아질 수 있다고 생각한다. 자본주의의 창시자 애덤 스미스(A. Smith)는 분업을 강조하고, 경제의 효율성을 주장했지만, 위기가 왔다. 세계적인 경제학자 슘페터(J. Schumperter)는 분명히 자본주의 위기가 온다고 하였다. 필자는 이 같은 상황에서 오늘 이 위기를 극복하고 행복하게 살 수 있는 방법을 제시하고자 한다.

왜 행복역량교육인가

이제는 생각을 바꿔야 한다. 행복의 시대를 위한 발상의 전환이 필요한 시점이다. 인간의 궁극적 가치는 행복이다. 우리는 왜 사는가? 행복하려고 산다. 그런데 행복은 그냥 오는 것이 아니다. 행복은 만들어 가는 것이다. 행복은 노력으로 얻어지는 것이다. 행복 역량을 키워야 한다.

> 행복은 습관입니다. 어릴 적부터 행복하게 살 수 있도록 습관 들인 사람이 어른이 되어서라도 행복한 습관을 유지할 수 있습니다. '세살 버릇 여든까지 간다.'는 우리 속담이 그것을 증명하고 있습니다. 따라서 행복할 수 있는 역량을 개발해야 합니다. 성공한 사람이 행복한 게 아니라 행복 역량이 있는 사람이 성공한 것입니다. 우리 지도자들은 '돈이 많으면 행복해진다, 출세하면 행복해진다.' '현재의 행복은 미래의 불행이다.'라는 것은 착각이라고 가르쳐야 합니다. 그리고 행복 인식이 물질 인식보다도 왜 우위를 차지하고 있는지 논리적으로 가르쳐야 합니다(문용린, 2016).

폴란드 천문학자 코페르니쿠스(N. Copernicus)가 천동설은 잘못된 것이라고 정면으로 반박하고, 지구를 중심으로 태양과 행성들이 도는 것이 아니라 태양을 중심으로 지구와 행성들이 돈다는 지동설을 믿는 것처럼 성공이 인생의 중심이 아니라 행복이 우리 삶의 중심에 있다는 것을 깨닫고 믿어야 한다. 행복학의 대가 에드 디너(E. Diener)를 비롯하여 긍정심리학자들은 27만 5,000명을 대상으로 약 200여 개의 연구 성과물을 메타분석한 탐색적 연구를 통해 성공이 행복을 낳는 것이 아니라 행복이 성공을 낳는다는 사실을 밝혀냈다.

빌게이츠의 성공 비결은 바로 행복한 일에 몰두한 것입니다. 다시 말하면, 행복한 사람이 성공한 사람이란 것을 단적으로 보여 준 사례입니다. 부탄은 국민소득이 2800달러로 아주 못사는 나라이지만 1971년부터 국민 행복 증진을 국정지표 최우선 순위로 하고 국민행복역량교육을 과감하게 실천하여 국민이 행복하다고 생각하고 있습니다. 부탄은 왕조 국가로서 현재의 왕인 왕추크는 스스로 왕권을 약화시키고 의회 민주주의를 도입하며 경제개발 5개년 실천 계획을 세우고 이 계획의 성공 여부는 국민 행복도의 증진 여부로 판단할 것이라고 선언하고 GNH(국민총행복)를 국정지표로 삼고 국민행복역량교육에 매진한 결과 국민이 행복하다고 생각하고 있습니다. 전통적으로 못사는 나라였지만 행복 인식이 물질 인식보다 왜 우위인지 국민이 명백히 깨닫고 달라진 사례입니다(문용린, 2016).

필자는 그동안 교육부장관 특별정책과제로 8년 동안 창의, 인성, 행복을 주제로 국회 정기 학술세미나를 시행해 왔다. 그동안 위즈덤 교육포럼에서 연구 발표한 것이 인정되어 교육부에서 정식으로 2015년 개정 교육과정에 반영하는 큰 역할도 하였다. 그리고 6년 동안 인하대학교 사범대 사회교육학과에서 '행복학과 자기이해' 과목을 가르치고, 지금은

2년째 교육대학원에서 '행복학과 인성교육' '교사를 위한 행복학'을 강의하고 있다. 학생들한테 첫 시간에 무엇이 성공이고, 무엇이 행복한 것이냐고 물으면 이구동성으로 돈 많이 벌어서 명예를 누리고 떵떵거리며 잘사는 것이라고 한다. 그런데 한 학기 3학점짜리 강의를 듣고 나면 달라진다. 한 학생은 "교수님, 행복은 멀리 있지 않고 제 가까이 있으며, 소소한 것에 있다는 것을 깨달았습니다."라고 말하기도 하였다. 또한 학생들은 행복은 강의로 끝나는 것이 아니라 지속되어야 한다고 강조한다. 이러한 과정에서 국내 최초로 인하대학교에서 '라온 제나(즐거운 나)' 행복동아리를 만들었다. 이 학생들은 철저히 출세, 성공 지향주의에 혈안이 되어 있고, 사농공상이란 국민의식이 뿌리 깊게 박혀 있는 청년들이다. 필자는 바로 조선일보에 쫓아가 이 사실을 체크했고 신문사에서는 바로 기자단을 보내 취재해 크게 보도가 되었다.

필자는 행복학 강의를 듣고 변화된 학생들의 모습을 보고 교육부가 전국 대학에 '행복학과 자기이해'를 필수 교양과목으로 해야 하고 대학원에 '행복경영학과'를 개설해야 한다고 역설하고, 국회에서도 그 중요성을 인식시켰다. 반응은 말할 수 없이 좋았다. 통계에 의하면 연간 갈등지수를 해결하는 데 246조가 소요된다고 한다. 그 비용을 절감하는 데도 크게 역할을 하리라 생각한다.

시기와 질투, 경쟁, 탐욕에 지쳐 있는 학생들에게 이러한 변화를 볼 수 있는 것은 놀라운 일이다. 따라서 필자는 승자, 패자의 제로섬(zero-sum) 게임에 얽매이지 않고, 서로 상생하는 윈윈 전략에 최선을 다하는 행복역량교육 방법을 제시하고자 한다.

행복 역량 기르기

행복은 어디에서 오는가

고대 철학자 아리스토텔레스(Aristoteles)는 인간이 지향한 궁극적 가치를 '에우다이모니아(Eudaimania)', 즉 '행복한 삶'으로 정의하였다. 그의 사상에 의하면 "행복은 삶의 의미이며 목적이고, 인간 존재의 목표에서 이유이다." 일리노이대학교 심리학과 석좌교수 에드 디너는 "행복은 주관적 안녕감(subjective well-being)이다."라고 정의한다. 즉, 행복은 정서적 요소(즐거움)와 인지적 요소(우리가 어떤 경험에 부여하는 의미, 만족)를 둘 다 포함하고 있다는 것이다. 긍정심리학의 창시자 펜실베이니아대학교 교수 마틴 셀리그만(M. Seligman)은 "진정한 행복은 자신의 대표 강점을 찾고 일상에서 발휘하는 것이다. 대표 강점을 발휘하면 삶의 만족도가 자연스럽게 높아지고 그만큼 행복해지기 때문이다."라고 주장한다.

미국의 대사전 웹스터(Webster)에는 "행복(Happiness: the state of being happy)이란 삶에 있어 가치를 부여하고 단순한 만족으로부터 더 깊고 농도 짙은 즐거움에 이르기까지 바람직한 정서 상태가 오랫동안 지속하여 나타나는 마음이 평온한 상태이다."라고 쓰여 있다. 이 외에도 많은 긍정심리학자의 견해를 종합하여 "행복이란 무엇인가?"에 대한 답을 구한다면 행복은 삶이 즐겁고, 삶이 의미가 있고, 삶이 만족스럽고 일시적·순간적이지 않고, 지속적으로, 정서적으로 마음이 평온한 상태라고 할 수 있다.

과연 행복은 어디에서 오는가? 대부분의 사람은 물질적 풍요에서 행복을 찾으려고 하였다. 그리고 성공 속에서 행복을 찾으려 하고 있다. 그래서 돈, 권력, 명예에 혈안이 되었던 것이다. 물론 이런 물질적인 요

216

소들이 어느 수준까지는 행복에 도움이 되나, 최근 들어 이러한 것들이 행복의 필수 요소가 아니라는 것을 심리학, 사회학, 경제학 등 각 분야에서 밝혀내고 있다.

한국에서도 최고 권력을 잡았던 대통령, 도지사, 국회의원이 인간의 최고의 가치인 생명을 스스로 끊어 버리고, 우리나라 최고 재벌의 자녀가 스스로 목숨을 버린 일이 있다. 또 서울대학교 법과대학에 입학하여 학부를 마치고 법학전문대학원에서 공부하는 우수한 학생이 자살하는 현상은 무엇을 뜻할까! 세계적인 석학 하버드대학교 종신교수가 자살하는 것은 어떻게 표현할까! 이들은 돈이 많아도, 권력을 누리고 있어도, 명예를 누리고 있어도 결코 행복하지 않은 사람들이다.

네잎클로버의 꽃말은 '행운'이다. 많은 이가 네잎클로버를 찾기 위해 수많은 세잎클로버들을 헤집고 다닌다. 세잎클로버의 꽃말이 무엇인지 아는가? 바로 '행복'이다. 우리는 발밑의 무수한 행복은 뒤로 한 채 행운만을 찾기 위해서 삶을 허비하는 것은 아닐까? 그것도 행운으로 행복을 구하려고 말이다. 행복은 먼 데 있지 않다. 그렇다고 특별한 곳에 있는 것도 아니다. 내 가까이, 소소한 곳에 있다. 바로 나의 가족, 친구, 이웃, 동포, 나의 회사, 내가 소속한 조직에 있다. 당신을 불행하게 만드는 것은 생각이지 사건 자체가 아니다. 행복은 의식적인 선택으로 시작된다. 바로 머리를 잠시 식히고 한 번 힘껏 웃어 보자. 행복은 바로 불행이 없는 상태이다. 이 세상은 어느 누구도 일(work)과 관계를 떠나 혼자 살아갈 수 없다. 타인과의 소통을 통해 인간관계가 형성되고 그 인간관계(human relation)가 살아가는 데 초석이 된다.

이처럼 첫째, 더불어 사는 삶(관계)에서 행복이 오고, 정서적으로 즐거운 감정이 행복이다. 부정적 정서보다 긍정적 정서를 더 많이 품고 있는 사람일수록 삶의 만족도가 높고, 행복한 삶을 더 많이 영위한다고 긍정 심리학자들은 역설한다. 목적의식을 느끼려면 정한 목표가 자신에게 의미가 있어야 하고, 스스로에게 내리는 가치와 의미는 삶을 풍요롭게 하는 중요한 요소로써 행복한 삶을 이루는 데 핵심 요소이다. 이처럼 만족스럽고 행복한 삶을 살기 위해서는 즐거움을 추구하는 욕구와 의미를 추구하는 욕구 모두 충족되어야 한다. 그래서 둘째, 즐거운 삶 속에서 행복이 오고, 셋째, 의미 있는 삶 속에서 행복이 나온다. 넷째, 몰입하는 삶 속에서 행복이 나온다. 칙센트미하이(M. Csiksehtmihalyi)는 '어떤 활동에 고도로 집중하는 정신 상태'를 몰입이라고 한다. 예를 들면, 화가들이 그림을 그리는 이유가 완성품을 목표로 하는 것이 아니고, 그림을 그리는 과정 자체에서 '즐거움'을 발견하였기 때문이라고 한다. 몰입 후에 비로소 행복을 느끼고, 그 행복감으로 사람들은 또 다시 몰입하게 되어 황홀경을 맛보게 된다는 것이다. 이처럼 몰입과 행복감이 순환되면서 비로소 삶의 질이 윤택해지고 행복해진다. 마지막으로 다섯째, 성취하는 삶이다. 자기 수준에서 스스로 목표를 세우고 스스로 원하고 좋아하는 것을 이루면 어떤 성취든 다 가치가 있고, 당연히 행복하다. 그래서 아이가 행복을 맛볼 수 있으려면 성취의 경험이 필요하다. 성취 경험은 또 다른 성취를 만들어 내는 원동력이 된다는 점에서 매우 중요한 행복의 도구이다. 셀리그만이 긍정심리학을 처음 발표한 진정한 행복 이론에서는 긍정 정서, 의미, 몰입을 핵심 요소로 하고, 행복을 주제로 하며, 만족하는 삶을 목표라고 하였다. 하지만 셀리그만은 '진정한 행복 이론'이 완벽하지 않다고 고백하고 긍정심리학의 행복 이론의 핵심 요소에 관계와 성취를 추가하였다. 그래서 최근 새로운 긍정심리학의 주제는 행복을 넘어 웰빙이라고 하고, 목표는 플로리시(번영. 번성; 행복의 만개)라고 하였다. 여기서 플로리시는 우리의 숨어 있는 잠재 능력과 감정을 발휘하여 활짝 꽃피우는 것을 뜻한다.

결국 앞의 다섯 가지 행복의 핵심 요소, 긍정 정서, 의미, 몰입, 관계, 성취가 충족될 때 우리는 플로리시한 삶, 즉 삶의 만족도를 지속시켜 '인간이 누릴 수 있는 최고의 삶'에 다가설 수 있다.

행복의 다섯 기둥

첫째, 행복은 더불어 사는 삶(관계)에서 온다

인간은 더불어 사는 존재이다

인간은 서로에게 영향을 주고받으면서 산다. 부모와 자녀, 스승과 제자, 상사와 부하, 어른과 아이 등의 수직적 관계와 부부, 형제, 자매, 친구, 동료, 이웃 등의 수평적 관계를 맺으며 살아간다. 이러한 상호관계 속에서 인간은 정신적, 육체적, 물질적으로 끊임없이 상호작용하며 사회적 관계의 그물망 속에서 삶을 영위하고 있다.

인간은 죽을 때까지 한순간도 사회를 떠나 살 수 없다. 그래서 인간을 흔히 '사회적 동물'이라고 한다. 결국 인간은 사회적 삶을 본질로 한다는 뜻이다. 사회적 삶이란 인간들이 상호 의존 관계 속에서 생활하며, 서로 무언가를 주고받는 관계 속에 놓여 있다는 것이다(이영찬, 2008).

인간의 행동은 거의 대부분 다른 사람들과의 관계, 즉 대인 관계에서 비롯된다. 관계가 원만할수록 행복지수는 올라간다.

삶에 있어 가장 중요한 인간관계

하버드대학교에서 성공한 CEO를 대상으로 설문조사를 실시하였다. 그 결과 성공과 행복의 조건으로, 직무 능력 15%, 인간관계 능력 85%를 꼽았다. 직장에서 해고당한 사람의 95% 이상이 인간관계 능력이 부족해서였다. 행복과 성공은 인간관계 속에서 이루어진다는 사실을 알 수 있다.

행복학의 세계적 석학인 일리노이대학교 에드 디너 교수도 매우 행복한 사람들의 공통점은 좋은 유대 관계라고 말하였다. 행복한 사람은 가깝고 의지할 수 있는 사람이 많다. 혈연과 혼인 관계로 만들어진 것이 가족이지만, 따뜻한 마음을 나누는 유대감이 더 중요하다.

42년간 행복하게 늙어 가는 일곱 가지 요소를 연구한 하버드대학교 의대 교수 조지 베일런트(G. Vaillant, 『행복의 조건』의 저자)도 「인간 성장 보고서」에서 "행복하고 건강하게 나이 들어가는 것을 결정짓는 것은 지적인 뛰어남이나 계급이 아니라 인간관계"라고 말하였다. 긍정심리학의 창시자이자 미국 심리학회 회장을 역임한 펜실베이니아대학교 마틴 셀리그만 교수도 행복 방정식에서 "아주 행복한 사람은 혼자 지내는 시간을 최대한 줄이고 폭넓고 자기만족적인 사회생활을 한다."라고 하였다. 하버드대학교 행복학 강사로 유명한 탈 벤 샤하르(T. Ben-Shahar, 『해피어,

완벽의 추구: 하버드대 행복학 강의(Happier: Learn the secrets to daily Joy and lasting fulfillment)』의 저자) 교수도 "궁극적 가치를 위해서는 모든 종류의 대인 관계가 중요하다."고 강조하였다. 한국 언론에도 자주 등장한 버지니아대학교 심리학과 교수 조너선 헤이트(J. Haidt)는 인간의 행복은 바로 '사이(Between)'에서 온다고 강조하였다. 이처럼 사회의 가치는 인간관계에서 나온다. 현대 심리학자들은 삶을 살아가는 데 대인 관계도 지적 능력이며, 성공 만족도보다 관계 만족도가 행복지수를 더 높인다고 말한다.

인간의 삶은 관계 속에서 형성된다. 서로의 관계 속에서 각자의 생각, 감정, 행동이 조화와 균형을 이룰 때 인간은 행복해진다. 창의, 인성 행복 교육도 관계에서 시작된다.

인간관계를 좋아지게 하는 열쇠가 있다. 바로 감사이다. 탈무드에는 "세상에서 가장 지혜로운 사람은 배우는 사람이고, 세계에서 가장 행복한 사람은 감사하며 사는 사람이다."라고 쓰여 있다.

감사하는 태도는 행복지수를 높인다

감사하는 태도를 가진 사람은 질투를 느끼거나 신경질을 부리는 경우가 많지 않다. 좌절을 겪는 일도 현저히 적을 뿐만 아니라 다른 사람들을 배려하고 돕는 데도 적극적이다. 감사하는 태도는 NQ(Network Quotient)를 높여 준다. NQ는 인간관계를 얼마나 잘 유지하고 운영하는가를 나타내는 지수로, 일명 행복지수 또는 공존지수라고도 한다. 이는 무한경쟁 시대에 오히려 더 중요한 요소 중 하나이다. 현대사회는 수평적 관계를 맺는 '네트워크' 사회로 다른 사람과의 소통 및 관계가 중요하다. 인간은 NQ가 높으면 높을수록 사회에서 다른 사람들과 소통하기 쉽고, 소통으로 얻은 것을 자원으로 삼아 더 성공한다.

> 관계는 위에서 아래로 흐르는 물이 아니라 주고받는 탁구공
> 과 같다. 좋은 사람을 통해 내가 행복해지는 것도 사실이지만
> 내가 먼저 좋은 친구가 되어야 좋은 관계가 만들어진다는 뜻이
> 다. 좋은 친구가 없다고 불평하기보다 내가 먼저 좋은 친구가
> 되어 주려고 노력해야 한다(서울대학교 행복연구센터, 2013).

아리스토텔레스는 일찍이 우정 없는 행복은 없다고 하였다. 2009년 미국에서 한 연구 기관의 발표에 따르면, 급여가 1년에 1만 달러 증가하는 것보다 진실한 친구 한 명이 생기는 것이 행복감을 4.5배 더 증가시킨다고 한다. 이처럼 긍정적 인간관계는 삶의 만족도를 증진시키는 효과가 있다. 모든 인간은 다른 사람들과의 관계 없이는 살 수 없다. 관계가 중요한 이유는 그 관계에서 기인하는 이권 때문이 아니라 그 관계에서 연유하는 '감정' 때문이다. 그 관계에서 기인하는 감정이 좋으면 행복을 느끼고, 그 관계에서 연유하는 감정이 나쁘다면 행복을 느끼지 못하기 때문이다.

결국 타인과의 긍정적 관계, 서로 신뢰하는 관계가 확장될 때 우리 뇌는 옥시토신을 만들어 낸다. 다른 사람과의 친밀한 관계를 통해 스스로 행복해지는 것이다.

둘째, 행복은 즐거운 삶에서 온다

우리는 누구나 일상생활에서 다양한 긍정적인 경험을 한다. 즐거움,

08 행복은 어디에서 오는가

기쁨, 편안함, 친밀감과 같은 심리적 경험을 하면서 행복감을 갖게 된다. 쾌감 및 쾌락은 오감을 통해 직접 경험되는 순수한 쾌감에서부터 인지 과정이 개입되어 체험되는 복합적 쾌감에 이르는 다양한 긍정적 경험을 포함한다.

맛있는 음식이 주는 즐거움, 향수 냄새를 맡을 때 느끼는 즐거움, 재미있는 영화(만화)가 주는 즐거움, 코미디가 주는 즐거움, 따스한 햇살이 주는 즐거움, TV 프로그램 〈불후의 명곡〉, 〈전국노래자랑〉, 〈복면가왕〉 등에서 음악이 주는 즐거움 등은 우리를 감각적으로 즐겁게 해 주는 즐거움이다. 또한 어린아이의 모습을 보고 귀여움을 느끼거나 클래식 음악을 들으며 즐거움을 느끼는 경우는 좀 더 복잡한 심리적 과정이 개입되는 고등한 쾌감이라고 할 수 있다. 물론 우리 종의 생존과 보존을 위해서 필요한 짝짓기(섹스)도 쾌감이 주는 즐거움이다.

행복이란 결국 긍정적 정서를 늘리고 부정적 정서를 줄이는 작은 노력에서 비롯된다. 긍정적인 생각을 고수하면, 결국에는 그런 생각들이 유익한 효과를 발휘하며, 컵에 물이 반이나 채워져 있다고 생각하게 될 것이다. 힘들 때는 한 번 웃어 보자. 내가 자아내는 웃음과 내가 느끼는 기쁨이 여러 사람의 마음을 따뜻하게 하고 좌절을 딛고 일어서게 하는 원동력이 될 것이다. 전 국민이 아침에 한바탕 웃고 출근하는 나라가 있다. 그 결과 생산적 노동 가치가 높아졌다. 셀리그만은 현재의 행복도가 높은 아이일수록 학습이 향상된다고 말한다. 그 이유에 대해서 그는 긍정적 정서는 관심의 범위를 넓혀 주고 창의적 사고와 포괄적 사고를 높여 주는 반면, 부정적 사고는 좁혀 주고 비판적 사고를 높인다고 주장한다. 행복한 아이가 학습 능력이 뛰어나다는 것은 두뇌 활동에서도 나타난다. 인간의 뇌는 좌뇌와 우뇌로 분류되며 이것들은 각각 감정과 생각을 다루는 역할을 담당한다. 이때 감정을 다루는 좌뇌가 행복감을 자주 느끼면, 생각을 다루는 우뇌가 활성화된다.

셋째, 행복은 의미 있는 삶에서 온다

> 우리는 살아가는 동안 의미 있고 가치 있는 일을 하고 나서 뿌듯함을 느낀다. 비록 그 일을 하는 동안 정신적·육체적으로 힘들지만, 마음만은 보람 있는 일을 했다는 자부심에 그 어느 때보다도 즐거운 상태가 된다. 즉, 의미 있는 일을 하면서 발견하는 즐거움이 행복의 두 번째 모습이다(서울대학교행복연구센터, 2013)

우리나라의 수많은 직업 가운데 사명감이 가장 높은 직업이 소방관이라고 한다. 직업이 단순히 불 끄는 일이 아니라 한 사람의 생명을 구하는 일이라고 생각한다면 얼마나 뿌듯하고 힘이 나겠는가. 자신이 하는 일로 세상을 바꿀 수 있다고 믿는 병원 청소부는 자신의 일에서 의미를 느끼지 못하는 병원 의사보다 행복할 수 있다.

의학을 공부하는 이유가 그것이 의미가 있기 때문이라면 내적 요인이라고 할 수 있고, 사회적 지위를 얻거나 돈을 벌 목적이라면 외적 요인이라 할 수 있다. 그래서 행복은 감정적 요소(즐거움)와 인지적 요소(의미, 만족)가 결합된 상태라고 에드 디너가 말한 것이다. 의미 있는 삶이 긍정적 존재감을 키우며, 이것이 곧 행복한 삶으로 직결된다.

넷째, 행복은 몰입(만족)하는 삶에서 온다

무슨 일을 하는 데 시간 가는 줄 모르는 것이 몰입이다. 한 지인(知人)은 중국의 고전 『삼국지』를 읽는 데 하도 재미있게 읽는 바람에 3시간이 지났는데도 본인은 3분 정도 시간이 흘러간 것이라 생각했다고 한다. 이런 상태가 바로 몰입이다. 몰입의 창시자 칙센트미하이는 "몰입은 의식이 경험으로 꽉 차 있는 상태이다."라고 말하였다. 그는 몰입이란 "어떤 활동에 고도로 집중하는 정신 상태"라고 한다. 사람들은 자신이 좋아하는 일에 몰두하다 보면 시간의 흐름을 잊는다. 일에 푹 빠져서 시간과 공간, 그리고 자기 자신에 대한 생각마저 잊어버리게 되는 상태를 몰입이라고 한다. 그때 경험하는 즐거움이 바로 행복의 즐거움이다. 아프리카 초원을 거닐다가 사자와 마주쳤다고 하자. 이때는 어떻게 이 위기를 빠져 나갈까 하는 것 이외에는 아무 생각이 없을 것이다. 이 상태가 바로 몰입이다. 가장 흔하게 몰입을 경험하는 경우는 학교에서 시험을 볼 때이다. 특히 수학 시험을 볼 때 시험지를 받아들고 열심히 풀다 보면 어느새 종료 시간이 다 되어 당황했던 경험이 누구나 있을 것이다. 시험지를 받아든 순간부터 제출할 때까지 문제를 푸는 데 몰입한 나머지 시간의 흐름을 인식하지 못한다. 이처럼 우리는 중대한 순간 혹은 위기 상황에서 몰입을 경험한다. 몰입 후에 오는 즐거움은 뇌에서 기쁨을 느끼게 해 주는 엔도르핀이나 도파민과 같은 호르몬을 만들어 낸다. 이런 즐거움이 모여 현재의 행복감으로 표출된다. 몰입은 행복을 이루는 보편적 요소이다.

다섯째, 행복은 성취하는 삶에서 온다

성공과 성취는 다르다. 성취는 승리와 정복을 추구하는 인간의 본능에 기인한 것이며, 성공은 과정보다 결과에 의해 결정된다. 성취는 그 대상이 타인의 강요에 의한 것이 아니라, 스스로 원하고 좋아하는 것이다. 즉, 성취는 남들이 생각하는 기준보다 자기 자신이 생각하는 기준이 더 중요하다. 성공, 승리, 정복을 좋아하는 원초적인 본성이 충족되는 것만으로도 인간은 즐거움을 느낄 수 있고, 행복감을 가질 수 있는 것이다. 사람들은 성취 자체가 좋아서, 그저 승리하기 위하여 성취하려고 한다. 게임 황제로 추앙받는 프로게이머 임요한 선수는 동료들과 사무실에서 먹고 자면서 시간 가는 줄 모르게 연습 게임에 몰두하였다. 그가 그토록 훈련에 몰입한 이유는 다음 대회에서도 여전히 승리하고 싶었기 때문이다. 열정, 끈기를 가지고 열심히 노력하여 게임에서 승리하였을 때 느끼는 희열을 즐기고 행복감을 만끽하였기 때문에 하루 대부분의 시간을 연습 게임에 쏟아 부을 수 있었던 것이다.

아마추어 마라토너가 42.195km를 완주하고 "나도 해냈어!" 하는 경우나 악전고투 끝에 죽음을 무릅쓰고 히말라야 산맥 정상에 올라갔을 때처럼 "나도 해냈어!" 하는 그 성취감, 그 희열감, 그 행복감은 오로지 그 사람만이 느낄 수 있는 전유물이다. 손흥민 선수가 오로지 승리 하나만 보고 뛰는 것도 마찬가지이다. 인간은 이른바 성취 자체를 추구한다. 이때 성취는 주로 자신의 강점을 발휘할 때 얻어지며 노력과 의지가 필요하다. 운동선수들은 기본적으로 승리를 목표로 한다. 승리는 성취하는 것을 목표로 삼고, 더 많은 승리를 일구기 위하여 끊임없이 노력하고, 마침내 이루었을 때 긍정 정서를 갖는다.

오로지 성취만을 위한 성취는 재산 추구에서도 엿볼 수 있다. 록펠러, 카네기, 워런 버핏, 빌게이츠 이들 모두 삶의 전반기 때 셀 수 없을 만큼 엄청난 큰돈을 벌었고, 삶의 후반기 때는 그 상당 부분을 의학, 과학, 교육, 문화 분야에 기부하였다. 이들은 오로지 전반기 때는 성취가 좋아서 성취하는 삶 속에 승리를 즐겼고, 후반기 삶에서는 의미를 창조한 것이다. 이러한 예에서 본 것처럼 성취는 그 자체만으로도 충분한 즐거움과 행복을 제공하는 요소이다.

행복한 역량 기르기, 어떻게 할 것인가

왜 감사를 지속적으로 표현하면 행복한가

감사는 행복과 가장 밀접한 정서이다. 매일 '5감사 쓰기'를 통해 긍정 정서를 배양하고 확장, 구축해 행복을 증진시키는 방법을 알아보자.

세계적인 철학자 키케로(M. T. Cicero)는 "감사는 큰 덕목일 뿐만 아니라 모든 덕목의 어버이다."라고 말하였다. 부모님, 배우자, 선생님, 친구, 동료, 상사, 부하 직원, 이웃, 학생 등 다른 사람들에게 감사하는 마음을 표현하는 것은 자신의 행복지수는 물론 다른 사람의 행복지수도 높여주는 가장 효과적인 방법이다. 성경에도 '범사에 감사하라.'는 구절이 있다. 하지만 인류는 지금까지 햇빛, 공기, 물이 없으면 단 한시도 살 수 없다는 것을 알면서 별로 감사한지도 모르고 살아왔다. 심지어 부모님이 안 계시면 이 세상에 존재할 수 없었음에도 부모는 부모니까 하며, 그저 당연한 것으로 여기고 살아온 것 또한 부인할 수 없다.

나를 낳아 주셔서 감사합니다. 바르게 클 수 있도록 인도해 주셔서 감사합니다. 험난한 세상에 여자 혼자 아이들을 키우며 젊음을 희생해 주셔서 감사합니다. 엄마에 대한 100가지 감사거리를 써내려 가는 동안 사회생활을 하며 집안일을 도맡아 한다는 것, 여자 혼자 아이들을 키운다는 것, 힘든 삶 속에서도 마지막까지 우리를 품에 안아 주신 것 등 그동안 엄마라서 당연하게 받아오던 것들에 대해 그것이 당연한 것이 아니라 감사해야 할 일임을 깨닫게 되었다. 잊고 지냈던 어린 시절의 엄마와의 추억이 되살아나며 내가 얼마나 사랑을 받으며 자랐는지 기억하게 됐다. 그리고 내가 왜 엄마에게 '싸가지'였는지를 깨닫게 되었다.

이 글은 대학을 졸업하고 직장생활을 하고 있는 한 여 기자의 감사 일기이다. 이처럼 우리 주변에는 감사할 일이 너무 많다. 이 세상에 존재하는 것만 해도 행복한 일이다. 기회가 있을 때마다 감사를 표현하자. 감사하는 마음 자체가 진정한 즐거움의 원천이 될 수 있다. 감사는 사랑의 감정이다. 감사 속에는 칭찬, 인정, 격려가 담겨 있고 소통, 친절, 배려, 나눔, 존중, 겸손 등 생명의 에너지가 들어 있다.

탈 벤 샤하르 교수는 '내가 정말 행복한가?'라고 묻기보다는 '어떻게 하면 내가 더 행복해질 수 있을까?'를 물어야 한다고 강조하였다. 더불어 상대방에게 감사하는 마음을 갖고 있는 것과 그것을 표현하는 것과는 천지 차이라고 말하였다. 시인 타고르(R. Tagore)도 "감사의 분량이 행복의 분량이다."라고 하지 않았던가.

감사는 긍정 마인드이다. 즉, 감사는 자신에게 일어나는 일에 대한 긍정적인 해석이다. 모든 일을 긍정적으로 해석하면 긍정적으로 수용하게 되고 순차적으로 심리 구조가 긍정적으로 바뀌게 된다. 바로 감사가 생명까지 살리는 이유는 감사는 긍정적인 심리를 갖게 하는 도화선이기 때문이다. 와킨스(Watkins) 박사는 "과거에 어려움을 겪은 사람들이 아픈 상태에서 벗어나 행복을 찾을 때는 대부분 감사의 힘이 전해 주는 긍정 에너지가 작용한 것"이라고 설명하였다. 감사할 줄 아는 사람은 인생에 또 다른 기회가 있음을 믿고 그 기회를 기다릴 줄 아는 사람이다.

우리는 모두 감사 인사를 받는 걸 좋아한다. 감사의 힘은 중독의 성질이 있다. 감사에 중독되면 감사하기 위해 더욱 열심히 감사하게 된다. 감사의 힘으로 단련된 사람은 언제 어디에서든지 결코 포기하는 일이 없다. 감사의 긍정의 힘은 '피그말리온 효과'도 가져온다. 피그말리온 효과는 그리스의 피그말리온이라는 조각가가 자신이 상아로 만든 여인상을 너무 사랑한 나머지 살아 있는 여인에게 하듯 애정을 쏟으며 실제 사람으로 변하기를 바라는 간절한 기도를 드렸는데, 이에 미의 여신 아프로디테가 감동받아 조각상을 진짜 여인으로 만들어 주었다는 신화에서 유래한 말이다. 피그말리온 효과란 아무리 어렵고 불가능해 보이는 일이라도 간절히 이루어지길 바라고 믿으면 그 소망이 이루어진다는 메시지를 담고 있다. 비슷한 우리 속담으로는 '지성이면 감천이다.'라는 말이 있다. 심리학에서는 타인으로부터 긍정적인 기대나 관심을 받았을 때, 그로 인해 기대에 부응하는 쪽으로 변하려고 노력함으로써 좋은 결과를 가져온다고 말한다. 교사나 학부모가 학생을 믿어 주고 칭찬하면 할수록 학생이 더 잘하려고 노력하는 현상도 피그말리온 효과의 예이다.

감사와 긍정의 힘은 '플라시보 효과'도 가져온다. '할머니 손은 약손'이라고 굳게 믿으면 가짜 약으로 진짜 약과 같은 효력을 발휘하는 것이 플라시보 효과이다. 인간의 전뇌에서 나타나는 도파민이라는 신경전달물질은 감사하다는 말을 들었을 때 긍정 에너지를 발산해 플라시보 효과를 가져온다. 감사하다는 말을 지속적으로 들었을 때 계속되는 긍정 에너지는 불안정한 사람을 안정되게 하고, 불행했던 사람에게 행복감을 가져다준다.

감사는 과학이다

감사하는 태도를 가지면 잘된 일과 잘못된 일을 명확하게 구별할 수 있다. 다른 사람으로부터 관대하고 친절한 사람이라는 평판을 듣는다. 뿐만 아니라 예전보다 더 운동을 열심히 하고 숙면도 취하고 눈에 띄게 건강해진다. 결단력도 더 좋아지고 일처리도 더 체계적으로 하게 된다. 캘리포니아 데이비스대학교 심리학과 로버트 에먼스(R. Emmons) 교수와 마이애미 대학교 심리학과 마이클 매컬러프(M. McCullough) 교수의 실험에서 밝혀진 사실이다. 또한 감사하는 태도를 가진 사람은 정신적 상처와 스트레스를 훨씬 덜 받는다. 긍정적인 마음을 유지하는 사람은 부정적인 사람에 비해 면역력이 강하다는 사실이 분석되었고, 같은 스트레스 상황인데도 질병의 위험에서 벗어나 평균 10년 이상 장수한 것으로 밝혀졌다.

감사의 힘은 각박해져 가는 세상에서 큰 힘이 된다. 누군가가 진심으로 감사하면 그에 대한 감사가 자신에게 다시 돌아오는 부메랑 효과가 있다. 플라시보 효과와 같은 치유 효과도 거둘 수 있다. 실제 암 환자의 암 수치도 내려가는 것이 확인되었다. 미국 코넬대학교 교수 엘리슨 아이젠(A. Isen) 박사는 정신의학적 실험 심리 분석 결과에서, 감사함을 전달받은 사람은 기쁨이 증폭되어 행복감을 느끼거나 기분이 좋을 때 생기는 도파민이라는 신경전달물질이 분비된다는 사실도 밝혀냈다. 뇌 속에 아편과 유사한 수용체를 발견해 현대 의학에 일대 혁명을 일으킨 미국 신경과학자 캔더스 퍼트(C. Pert) 박사는 절망과 슬픔을 생각하면 절망과 슬픔의 신경전달물질이 나오고, 감사와 행복을 생각하면 감사와 행복 신경전달물질이 분비되어 행복한 감정을 느낄 수 있다는 사실도 과학적으로 밝혀냈다. 그리고 "우리의 신체는 천연약을 만들어 내는 제조 공장이다."라고 전해 의학계에 주목을 끌었다.

감사의 과학적 고찰

우주에 존재하는 삼라만상은 모두 소립자의 집합체이다. 눈에 보이는 물체들은 말할 것도 없고 보이지 않는 공기도 다양한 성분의 혼합물이다. 이들은 모두 원자와 분자로 구성되어 있다. 원자를 이루는 양성자, 중성자, 전자와 같은 기본 입자들은 곧 소립자의 대표적인 예들이다. 입자들의 상호작용은 곧 변화의 근본이 되는 원동력이다. 화학적 변화는 물론이거니와 물리적인 변화조차도 입자들의 상관관계에서 비롯된다. 예를 들어, 아름다운 음악을 듣는 과정에서 음파는 공기라는 매체를 통해 하나의 파동으로 전달된다. 그것이 일단 청각 신경을 자극하면 뇌세포의 물질을 이루는 일련의 분자들에서 구조적인 변화가 발생한다. 새로운 물질이 만들어질 수도 있고, 그것이 사람의 기분을 들뜨게도 한다.

감사하는 마음을 가질 때 인간의 행동에서 나타나는 것도 분자의 세

전 영   231

계에서 진행되는 변화의 결과이다. 여기서 주목해야 하는 것은 분자 구조의 변화를 위해서 반드시 에너지가 출입해야 한다는 점이다. 에너지의 형태는 다양하다. 예를 들어, 빛 에너지는 파장의 길이에 따라 에너지의 크기가 다르다. 자외선을 많이 쬐면 피부암의 원인이 되듯 사람의 마음도 역시 공기 속에서 전파되는 파동과 유사하다고 할 수 있다. 입자들의 에너지가 다르듯이 사람들의 마음속에 어떤 생각을 지녔는가에 따라 그 마음이 전달하는 에너지는 다를 것이다. 전달된 에너지는 결국 전달받은 사람의 뇌를 구성하는 입자들의 에너지에 변화를 유발할 것이다.

사람의 마음도 파동과 유사하다. 입자들의 에너지가 다르듯이 사람들의 마음은 어떤 생각을 지녔는가에 따라 전달하는 에너지는 다르다. 사랑하는 마음과 증오하는 마음이 다른 에너지를 가질 수밖에 없기 때문에 그 결과 또한 다를 수밖에 없다. 이를테면 우리가 평소에 사용하는 말은 마음(생각)에서 나온다. 이 생각(마음) 속에는 에너지가 있다. 이 에너지는 주파수를 갖는다. 마치 라디오 주파수를 맞추거나 텔레비전 채널을 맞추는 것처럼 어떤 생각(마음)에 주파수를 맞추느냐에 따라 불러오는 에너지가 각각 다르다. 따라서 마음도 공기 속에서 파동의 현상으로 나타난다. 우리가 주고받는 감사의 표현도 파동의 현상으로 나타난다. "감사합니다." "고맙습니다."라는 언어는 고유한 정보를 가지고 파동 에너지를 내보내어 말하는 사람과 듣는 사람의 마음을 모두 기쁘게 한다.

감사의 표현은 왜 마음을 기쁘게 해 줄까? 감사의 표현을 전달받은 사람들이 행복감을 느끼거나 기분이 좋은 이유는, 바로 기쁨과 희망의 신경전달물질(뉴로펩타이드)이 뇌에서 만들어지고, 도파민이라는 신경전달물질이 분비되기 때문이다. 실체가 없다고 여겨지던 '화병(Hwabyung)'을 세계 최초로 정신의학용어로 만든 정신의학계 권위자 이시형 박사는 "감사하다는 마음을 갖게 되면 뇌가 긍정적으로 변하면서 뇌간에서 행복 호르몬인 세로토닌이라는 신경전달물질이 분비되어 행복감을 느낀다."라고 말한다. 이러한 긍정 에너지가 몸의 세포 구석구석에 전달되어 저장될 때 우리는 정서적으로 안정되고 인간성이 회복되어 삶의 질이 높아진다. 양자물리학에서는 이 같은 현상이 인간 뇌세포 속에 '메모리된다.'라고 하였다.

매일 쓰는 감사 일기가 행복감을 준다

- 귀찮아서 구석에 쌓아 둔 빨래를 찾아서 세탁해 주시는 엄마 감사합니다.
- 보고 싶은 것이 있으면 보여 주고, 하고 싶은 것이 있으면 하게 해 주고 먹고 싶은 것이 있으면 먹게 해 주려고 노력하시는 엄마 감사합니다.
- 사랑받고 사랑하는 것이 얼마나 행복한 것인지 알려 주신 엄마 감사합니다.

하루하루 일상에서 좋은 일을 찾아내고 감사하는 것은 우리의 무한한 잠재력을 쌓는 기초가 된다. 매일 감사의 마음을 깊이 느껴 보는 오랜 시간을 가짐으로써 통찰력이 생기고 세상을 긍정적으로 보는 안목도 생긴다. 긍정심리학의 대가 바버라 프레드릭슨(B. Fredrickson) 교수는 "감사의 힘은 세상을 바라보는 시각을 완전히 바꿔 주고, 아주 소소한 것도 즐거운 마음으로 관찰하도록 만들어 준다. 우리 누구나 가지고 있는 잠재력을 발견하게 해 준다."고 하였다. 또한 "나는 감사를 연구하는 동안 더 감동을 잘하는 사람이 되었다."고 말하였다. 즉, 냉담하던 과학자가 가슴 따뜻한 한 인간으로서의 자신을 새로 발견한 것이다. '감사'는 말을 매우 달콤하게 이끌어 주는 비밀이다. 감사하는 습관이 길러지면 다시 되돌아오는 부메랑 효과가 있다. 감사를 표현하면 감사를 받는 상대방도 결국 나에게 감사하게 된다.

감사의 힘의 본질은 사려 깊은 마음이다. 즉, 마음을 모으고 삶의 질을 높이는 데 집중하면 감사하는 태도를 지니게 된다. 감사하는 태도는 참으로 우리에게 좋은 선물을 안겨 준다. 우리는 물론 주변 사람들 모두를 행복하게 해 준다. 우리는 감사하는 태도를 통해 더욱 사려 깊은 사람으로 거듭나게 되고, 사람들과의 관계에 대해 생각하는 습관이 생긴다. 사실, 대부분의 교육전문가들이 이구동성으로 전인교육, 인격교육을 강조하고 있지만, 이에 못지않게 심도 있게 중요하게 다루어야 할 사항은 사고력이다. 왜냐하면 교육은 사고력을 훈련시키는 과정이기 때문이다.

사고와 감정의 상호작용이 만드는 말과 행동

사건은 생각을 불러일으키고〈사건의 해석〉, 생각은 감정을 불러일으킨다.

> 사례 1 세 살 때 잃어버린 아이가 돌아온 것을 보고〈사건〉, 그 아이가 내 딸이라는 것을 깨달았다면〈생각〉, 연민과 사랑하는 마음을 느끼게 된다〈감정〉.

^{사례 2} 복면 쓴 강도의 모습을 보고 목소리를 듣자마자〈사건의 해석〉, 순간적으로 복면한 그 강도가〈사건〉 내 친구의 아들이라는 것을 깨닫고〈생각〉, 두려움과 무서움, 배신감을 느낀다〈감정〉. 그 순간 분하여〈감정〉 두 주먹과 이단 옆차기로 강도에게 일격을 가했다〈행동〉.

^{사례 3} 잠실 체육관에서 서울 시민들이 방탄소년단의 음악을 듣기 위해 기다리는 것을 보았고〈행동〉, 그것이 너무나 훌륭했다고 생각했다〈생각〉. 서울 시민들의 감정은 어떠했을까!〈감정〉

달라이라마(Dalai Lama)는 『행복』이라는 책에서 '행복'은 사고를 훈련해서 이루어진다고 하였다. 사실 즐거움도, 의미도, 만족도 모두 생각과 감정의 상호작용에 의해서 나타난다.

^{사례 4} 2018 러시아 월드컵에서 FIFA 랭킹 1위 독일과 57위 한국과의 축구경기에서〈사건〉, 독일의 총공세에도 불구하고 태극 전사들은 무서운 집중력, 투혼으로〈생각〉, 추가 시간 6분에 김영권이 선제골을 넣고, 3분 후에 손흥민이 승리 골을 넣어 2:0으로 독일을 격파했다〈행동〉. 세계 방송, 언론에서는 한국이 2:0으로 이기는 것보다 독일이 한국을 7:0으로 이기는 것이 더 쉽다고 했다〈왜곡된 믿음〉. 하지만 세계 월드컵 역사상 한국이 기적을 이루어 냈다〈생각〉. 온 국민이 흥분했고, 세계는 놀랐고, 그야말로 미적 황홀경이었다〈감정〉. 한국은 비록 16강에는 진출하지 못했지만〈행동〉, FIFA 랭킹 1위 독일을 꺾었다〈행

동). 여기에는 골키퍼 조현우의 불꽃 선방, 붉은 악마의 태극 물결, 응원의 열기〈행동〉가 기적〈생각〉 같은 승리에 힘을 보탰다〈생각〉. 가능성 1%, 불가능 99%의 세계의 왜곡된 믿음을 김영권의 선제골〈행동〉, 손흥민의 승리의 쐐기골〈행동〉, 조현우의 불꽃 선방〈행동〉, 온 국민이 쏟아낸 태극 물결〈믿음〉이 도저히 믿을 수 없는 기적을 만들었다〈생각〉. 손흥민 선수를 비롯하여 여러 선수가 얼싸안고 감동해서 울었고〈감정〉, 모든 국민이〈생각〉 감동의 눈물, 기쁨의 벅찬 승리의 눈물을 흘렸고〈감정〉, 도저히 이룰 수 없는 기적에 세계가 감동했다〈감정〉.

앞 네 사례에서 알 수 있듯이 감정과 행동을 불러일으키는 것은 우리가 겪는 사건이 아니라 그 사건에 대한 우리의 생각이다. 이렇게 나타나는 생각을 학자들은 '믿음(belief)'이라고 지칭한다. 바로 이런 믿음이 우리가 어떤 감정을 느끼게 하고 어떤 행동을 할 것인가를 결정한다.

다시 말하면, 인간의 정신에서 주목할 점은 바로 우리의 생각과 감정 그리고 이 두 요소의 상호작용에 의하여 모든 행동이 결정되어 나타난다는 것이다. 언어도 마찬가지이다. 이처럼 사람들은 한 사건이 발생하면 누구라도 시도 때도 없이 언제나 스스로 생각하고 누구와 상의한다. 왜 그것을 해야 할지, 무엇을 할 것인지 선택하고 어떻게 말하고, 어떻게 쓰고, 어떻게 질문할지, 어떻게 실천할 것인가를 끊임없이 생각하고 고민한다. 그래서 인간은 생각하는 동물이라고 한다. 왜냐하면 우리의 언어와 행동은 항상 우리의 사고와 감정의 상호작용에 의해서 결정되기 때문이다.

기획을 하고 계획을 세울 때도, 전략을 세울 때도, 창의력을 요구할 때도, 우리 인간은 매번 선택을 하면서 살아간다. 이때도 우리는 매번 생각을 한다. 삶의 모든 순간과 함께 수반되는 가치를 논할 때도 이것은 어떤 가치가 있는가 생각한다.

"판문점과 군사분계선 앞에서 두 정상이 악수를 하는 장면은 압권이었다. 김정은 위원장을 마중 나온 문재인 대통령과 악수를 하는 장면은 감동 그 자체였다. 꽉 막혔던 과거와 달리 함께 나아갈 동반자로 이어질 거라는 기대를 해 본다." 고등학교 친구는 여기서 머물지 않고 계속한다. "야! 전 교수 난 말이야! 판문점 회담 때 문재인 대통령이 김정은 위원장과 손을 잡고 걸어 나올 때 눈물이 나오더라." 이처럼 우리가 말하는 언어, 우리의 행동은 생각과 감정이 동시 다발로 나올 때도 있다. "너, 정말 싸가지 없는 놈이구나!" "너 미쳤어?" "너, 정말 돌았어?" "어떻게 그런 행동을 하고 어떻게 그런 말이 튀어나오니?"

올바른 생각이 행복을 만든다

우리가 매일매일 감사 일기를 쓰고, 몰입, 명상, 기도하며, 영혼과의 대화를 나눌 때도 시도 때도 없이 생각과 감정의 두 요소가 상호작용한다. 행복은 전적으로 생각, 올바른 생각에 달려 있다. 올바른 생각은 현실에 맞추어 조정된 생각이며, 행복 방정식을 긍정적으로 풀어 낸 생각을 의미한다. 이처럼 머리로 정확하게 이해하고 가슴으로 무엇인지를 느끼고 깨닫고 손과 발, 몸으로 행동한다면 누구든지 행복을 만들고 번성할 수 있다.

파스칼(B. Pascal)은 "인간은 생각하는 갈대"라고 하였다. 인간은 비록 작은 존재이지만 생각하고 지혜를 활용해 큰 힘을 발휘할 수 있다. 과학적으로 논리적인 사고와 추리 능력을 기르기 위해서는 평소에 어떤 문제점을 놓고 생각해 보고, 더 깊이 생각해 보며, 다시 생각해 보고, 더 차근차근 생각해 보는 훈련이 필요하다. 그리고 공간 능력과 관찰 능력을 기르기 위해서는 어떤 대상, 어떤 사물, 어떤 관계라도 눈여겨 보아야 하고, 귀담아 들어야 하고, 더 자세히 살펴보고 관찰해야 한다. 그래야 통찰력이 생기고 지혜가 싹튼다. IBM의 초대 사장 토머스 왓슨 주니어(T. Watson Jr.)는 본 회의 석상에서 처음으로 'think'라는 말을 썼다. 우리가 평소에 책을 읽을 때도 다독보다는 생각하고, 생각한 후 다시 읽고, 이야기를 듣고도 생각하고, 또 생각하고 또 다시 듣는다면, 그리고 토의하고 또 생각하고, 또 생각하고 또 다시 토론한다면, 사물을 관찰하고 생각하고 또 다시 관찰한다면 통찰력이 강화되고 창조가 시작되고, 아이디어가 떠오른다. 앞으로 미래 사회에서는 과학적이고 논리적인 사고를 갖지 않으면 선진대열에 끼지 못한다. 평소에 매사를 이렇게 섬세하고 다양하고 논리적으로 생각하는 습관을 기르도록 끊임없이 노력해야 한다. '5감사'를 하루도 빠짐없이 꾸준히 쓰면 깊이 생각하는 습관을 갖게 되며 사려 깊은 사람이 되어 종합적 사고력에도 도움이 되고, 관찰력 및 통찰력도 길러진다. 다음은 감사 일기 쓰는 법과 사례를 제시한 것이다.

감사 일기 쓰는 방법

1. 큰 것보다 작은 것에 감사하십시오.
2. 미래보다 현재에 감사하십시오.

3. 가장 가까운 사람에게 감사하십시오.

4. 감사로 눈을 뜨고 잠자리에 들 때 감사하십시오.

5. 날마다 반복되는 소소한 일상에 감사하십시오.

6. 무슨 일이든 당연하게 생각하지 말고 의식적으로 감사하십시오.

7. 입술에서 감사 찬양이 떠나지 않게 하십시오.

8. 다른 사람에게 먼저 감사하십시오.

9. 하루에 100번 이상 감사하십시오.

10. 평생 감사를 가훈으로 삼으십시오.

- 『365일 날마다 감사』 중 -

사례 1 **서울 명일 초등학교 5학년 류수아 어린이의 5감사**

1. 밖에서 밥을 먹게 해 주신 엄마께 감사합니다.

2. 주사를 맞게 해 주신 간호사 선생님께 감사합니다.

3. 병을 낫게 해 주신 의사 선생님께 감사합니다.

4. 인사를 잘했다고 칭찬해 주신 준희 엄마께 감사합니다.

5. TV를 보게 해 주신 엄마께 감사합니다.

사례 2 **김용민 포스텍 총장의 5감사**

1. 저를 낳고 기르고 교육시켜 준 대한민국과 국민, 또 선생님들께 감사합니다.

2. 꿈을 심어 주고 응원해 주신 부모님께 감사합니다.

3. 지난 36년 동안 저와 한 걸음 한 걸음 동반한 아내에게 감
   사합니다.
4. 인내와 겸손을 배우게 한 아이들과 학생들에게 감사합니다.
5. 오늘도 교육과 연구의 수월성을 향하여 노력하는
   POSTECH 구성원들께 감사합니다.

성공도, 행복도 생각의 산물이다

'인간관계'로 유명한 데일 카네기(D. Carnegie, 1888~1955)는 성공할 사람인지 실패할 사람인지는 '그 사람의 생각'을 알아보면 알 수 있다고 한다. 결코 틀린 말이 아니다. 무심코 하는 생각과 마음가짐이 하루를 만들고 1년을 만들고 일생을 만든다. '나는 생각한다. 고로 나는 존재한다.'의 명언을 남긴 근대 철학의 아버지 데카르트는 "당신의 인생은 당신이 생각하고 그린 그림대로 이루어진다."고 말하였다. 암탉이 병아리를 낳기 위해서는 알을 품고 있어야 한다. 어미 닭이 아무것도 품지 않으면 병아리는 깨어나지 않는다. 생각은 보이지 않지만 우리가 늘 긍정적인 생각을 하며 희망찬 꿈을 품고 있으면 끊임없이 우리의 삶 속에서 현실로 나타난다. 지금 마음속에 꿈꾸고 있는 꿈이 내일 반드시 나타나는 것이다. 생각은 보이지 않지만 현실의 생각은 미래에 나타난다. 내 생각 속에 과거와 현재와 미래가 다 실현된다.

미국의 사회심리학자 웨스트 우드(W. wood) 박사는 초등학교 1학년 어린이 100명에게 '장래에 너는 어떤 사람이 되고 싶으냐?'는 제목으로 조사를 하였다. 아이들의 대답은 발명가, 축구선수, 농구선수, 선생님, 변호사, 작가 등 다양했다. 우드 박사는 그 대답을 기록하고 그들이 고

등학교를 졸업할 때까지 똑같은 질문을 반복해서 했고, 그들에게 계속적인 확신을 심어 주었다. "열심히 노력하라. 너는 네가 원하는 대로 꼭 이룰 것이다."라고 격려해 주었다. 그 결과 100명 중 98명이 자신이 원하는 직업을 갖게 되었다. 생각이란 이처럼 중요하다. 긍정적으로 창조적인 생각을 하면서 인생에 대해 적극적인 기대를 하면 성공적인 삶을 살아갈 수 있다.

미국의 심리학자이자 동기부여가 셰드 햄스테터(S. Helmstetter) 박사는 『Self Talking』이라는 책에서 "인간은 하루에 5만에서 6만 가지 생각을 한다."고 하였다. 이 생각 중 75%인 3~4만 가지 생각은 자신의 의도와 상관없이 부정적으로 흘러 행복보다는 불행을 더 많이 생각하고 부정적인 시각으로 자신을 바라보며 세상을 평가하게 된다고 한다. 그래서 생각을 관리하지 않으면 누구나 부정적인 생각을 하고 부정적인 말을 할 수밖에 없다. 우리 인간은 누구나 수시로 생각하고 감정을 느끼는데, 대부분 대인관계에서 유래된다. 대인관계에서 원하는 목표가 달성되었거나 거의 성취된 경우에 느끼는 대표적인 긍정적 감정은 행복감과 환희이다. 기쁨, 환희(joy), 행복감(happiness), 편안함, 사랑과 애정, 자존감 등과 같은 긍정적인 감정도 경험하며 슬픔, 분노, 불안과 공포, 혐오감, 증오감, 수치감, 미움 등 부정적인 감정도 경험한다. 느낌(feeling)은 하나의 경험에서 나타난 긍정적 또는 부정적 반응을 표현할 때 사용되며, 주관적인 감정의 경험은 물론 신체적 변화를 능동적으로 경험하는 것을 의미한다.

그래서 4차 산업혁명시대, 21세기에 생존 대열에서 살아남으려면 Teaching(가르치기), Learning(배우기)보다는 Thinking(생각하기) 교육에 더 초점을 맞추어야 한다. 인격 교육도, 효 교육도, 행복(인성) 교육도, 창의력, 문제해결력, 비판적 사고, 종합적 사고, 강점을 찾고 강점을 발견하는 교육도, 협업, 협동심, 사랑, 배려, 소통, 시민정신, 정직, 용서, 행복 연습의 모든 교육이 사고력을 훈련하는 과정에서 심화되고 잠재력에 차곡차곡 쌓이고, 잠재력이 계발되는 생산적 교육이 되어야 한다. 세계 역사상 가장 위대한 과학자 아인슈타인(A. Einstein)도 "나는 몇 달이고, 몇 년이고 계속해서 몇 번이고 생각하고 또 생각하였다(I thought about it over and over again month after month, year after year)."고 말했다. 뉴턴도 말하기를 "나는 계속해서 그 일을 생각하고, 또 생각하고 있었기 때문에 만유인력이 떠올랐다(I was able to discover the Theory of Gravity because I kept thinking about it)."고 한다. 세계 역사상 가장 존경받고 성공한 모든 사람의 면면을 연구한 결과, 한 번 더 생각하고, 한 번 더 노력했다는 사실이 밝혀졌다. 결국 끊임없이 생각하고 또 생각하는 사람만이 성공하고 행복해질 수 있다. 이 세상 만물은 모두 생각의 산물이다. 성공의 비결도, 그리고 행복도 모두 당신의 생각의 힘에 달려 있다. 우리의 행복은 주변 세계의 조건보다 그런 조건을 두고 우리가 만들어 내는 생각이 크게 좌우한다. 생각에서 감정으로 발전하는 과정까지 차분히 주시하는 방법도 터득하고, 우리 눈앞에 나타나는 모든 것을 우리의 머릿속의 생각 속에서 지켜볼 수 있으며, 생각이 우리를 지배하는 힘은 결국 우리가 생각에게 부여한 힘에 불과하다는 것도 알게 된다. 부산에서 정비공을 하던 한 청년이 오디션 프로그램에서 2등을 한 후, 비록 1등을 못했지만, "지금 이 순간이 제겐 기적이고 행복이다."라고 털어 놓는다. 사람들 앞에서 노래하고 싶다는 그의 목표가 현실이 된 순간이 그에게는 기적이고 행복인 것이다.

모질게도 가난했던 시절 어렵고 힘든 가정의 아버지에게 시집오신 것에 감사드립니다. 아버지를 만나 행복하게 사시면서 우리 4남매를 낳아 주신 점 감사드립니다. 어려운 살림에 4형제를 고등학교까지 전부 졸업시키시고, 제대로 못 먹고 입으시면서도 사랑으로 키워 주신 점 감사드립니다. 어렸을 때 제가 말썽 피우고 어머니 말씀을 거역하였을 때, 회초리로 모질게 때려 주신 점 감사드립니다. 고등학교 시절 자취를 할 수 있도록 도와주시고 학자금을 한 번도 밀려서 내지 않도록 신경 써 주신 점 감사합니다.

이 감사의 글은 국방대학교 우보한 전문연구교수가 쓴 5감사이다. 우 교수는 부모님의 삶의 모습을 생각하면서 어떻게 보면 부모님이 자식에게 하는 것을 당연하게 여길 수도 있지만 의식적으로 어머니에 대한 감사의 마음을 세심하게 통찰력을 발휘해서 소소한 것까지도 사려 깊은 마음으로 깊이 생각하면서 감사의 글을 적고 있다. 이 감사의 글을 쓰면서 자연스럽게 효 교육, 인격 교육은 물론이고 비판적 사고, 사랑, 판단력, 분석력, 종합적 사고력, 논술 실력까지도 길러진다.

날마다 쓰는 감사 일기는 유치원생부터 대학교 총장님까지 남녀노소 누구나 마음만 먹으면 돈 안 들이고 할 수 있다. 학교와 가정은 물론이고, 직장에서도 의지만 있으면 할 수 있다. 매일매일 감사하는 습관은 바로 행복한 삶을 향한 첫 걸음이다. 오늘 이 순간부터 감사 일기를 쓰기 시작하면 행복이 온다. 바로 시작하라.

우리는 행복해질 수 있다

필자는 4차 산업혁명시대 행복역량교육이 왜 중요한지를 고찰하고, 인간의 궁극적 가치인 행복이 어디에서 오는가를 탐색하고, 어떻게 하면 인간이 더 행복해질 수 있는지 누구나 쉽게 실천할 수 있는 방법을 제시하였다. 따라서 행복 역량 기르기와 감사 나눔을 이해하고 깨닫고 실천한다면 유치원생부터 대학 총장님까지 남녀노소 누구나 마음만 먹으면 돈 안 들이고 잘할 수 있다. 학교에서 학생들과, 가정에서 가족들은 물론이고, 직장에서도 의지만 있으면 할 수 있다. 이를테면 초·중·고생은 말할 것도 없거니와 행복 교육이 대학에 자리 잡으면 대학 문화는 물론 국민 행복 역량을 키우는 교육에도 엄청난 기여를 할 것이라 확신한다. SKY 대학은 물론이고 특히 중·하위권 대학생에게 더 큰 영향력을 미칠 것이다. 자존감이 낮고 자신감이 없는 학생도 참 행복이 무엇인지 깨닫게 되고, 3억 대 1로 이 세상에 태어난 '나'라는 존재가 얼마나 소중하고, 가치 있는지 깨닫고, 물질 인식보다 행복 인식이 더 중요하다는 것을 깨닫게 되면 현재 자기 위치에서 자신의 모습에 즐겁게 최선을 다하는 마음을 갖게 될 것이다. 승자, 패자의 제로섬 게임에 얽매이지 않고 서로 상생하는 윈윈 전략에 최선을 다할 것이다. 결국 개개인은 물론, 자기가 소속해 있는 조직, 집단 모두가 번창하며 삶의 질은 높아지고 행복해질 것이다.

09
긍정심리학의
행복

우문식
한국긍정심리연구소 소장

사람은 항상 행복할 수만은 없다. 하지만 자신의 행
복을 잘 조절하는 기술을 배우면 무슨 일이 닥치든
만족스런 삶에 이를 수 있다. 행복은 위기를 이겨 나
가게 하고, 무기력과 역경을 극복하게 하며, 나쁜 습
관을 고치게 하고, 문제를 해결하고, 효율성을 높여
주고, 잠재력을 발휘하여 새로운 기회를 찾게 해 줄
것이다.

행복은 경쟁력이다

지금은 행복이 경쟁력인 시대

　몇 년 전 하버드대학교 긍정심리학 교수인 숀 아처(S. Achor)가 한국의 대표 기업인 S그룹 초청으로 3시간 동안 임원들을 대상으로 긍정심리학의 행복에 대한 강의를 한 적이 있었다. 그는 행복이 업무 성과에 어떤 영향을 미치는지 설명하기에 앞서 "행복이 무엇이라고 생각합니까?"라는 질문을 하였다. 그런데 통역을 맡은 임원이 통역을 하지 않았다고 한다. 행복을 국어사전에서도 찾아볼 수 있는 것으로 너무 쉽게 생각했고, 행복은 개인적 영역이라 조직에 별로 중요하지 않은 질문이라 판단해서였던 것 같다.

　2013년 6월, 삼성경제연구소에서 「대한민국 직장인의 행복을 말한다」라는 보고서가 나왔다. 이 보고서 내용에 따르면 직장에서의 만족도 53점, 직장에서의 긍정 정서 48점, 직장생활의 가치 65점으로 직장인의 평균 행복도는 55점이었다. 이 점수는 예상보다 매우 낮은 점수로 좋은 학교, 좋은 직장이 행복의 통로리고 생각하던 많은 사람에게 충격을 주었고 직장인의 행복에 대한 인식을 전환하게 된 계기가 되었다.

이 보고서는 직장인의 행복도를 높이고 조직의 경쟁력을 높이기 위해서 여섯 가지 방안을 제시하였는데, 이 모두가 긍정심리학의 행복을 만드는 핵심 주제이다. 이 보고서는 직장인은 행복해질 수 있는 나만의 전략을 모색하고 조직은 행복한 직장을 만들기 위한 노력과 지원을 강화해야 한다고 결론을 내렸다. 행복에 대한 인식이 바뀐 것이다.

1543년 폴란드의 천문학자 니콜라스 코페르니쿠스(N. Copernicus)는 천동설을 정면으로 반박하며, 우주의 중심이 지구가 아니고 태양이라는 지동설을 발표했다. 지구를 중심으로 태양과 행성들이 도는 것이 아니라 태양을 중심으로 지구와 행성들이 돈다는 것이다. 이 이론은 사람들이 지금까지 지구를 바라보는 방식 자체를 완전히 바꾸어 놓았고 큰 충격을 주었다. 최근 심리학에도 이 같은 현상이 벌어지고 있다. 그것은 행복이 먼저냐, 성공이 먼저냐 하는 것이다. 지금까지 대부분의 사람은 성공하면 행복이 따라 온다고 믿었다. 하지만 에드 디너(E. Diener), 로라 킹(L. King) 등 긍정심리학자들은 27만 5,000명을 대상으로 한 200여 개의 연구 성과를 메타 분석하여 행복이 성공을 낳는다. 즉, 행복을 중심으로 성공이 돈다는 사실을 밝혀냈다. 행복이 성공을 가늠하는 가장 중요한 요인이라는 것이다.

행복한 사람은 활력이 넘치고 직장에서는 창의적이고 생산적이고 협력적이며 타인을 기꺼이 돕고 정신적·심리적으로 강한 면역 체계를 구축하며 스트레스에도 보다 효과적으로 대처한다. 이혼율도 낮으며 직업부터 인간관계에 이르기까지 다양한 분야에서 성공을 거둔다. 또한 학생들의 성적도 올라가고 역경을 극복하는 회복력(resilience)도 향상되며 봉사 활동과 인성 함양, 사회성 지능도 발달하는 것으로 나타났다. 이들이 연구한 목표 가운데에는 만족스러운 직업이나 좋은 인간관계, 건강, 학업 성적 등 일반적으로 사람들이 인생의 목표로 삼는 내용이 포함되어 있다.

실제로 삼성경제연구소의 보고서는 행복한 직장인이 왜 직장에서 성공하는지를 알려 준다. 이 조사에서 행복한 직장인의 경우 긍정 정서 78점, 업무 의미감 82점, 업무 자신감 80점, 부정 감성(정서) 59점, 에너지 56점인 데 비해 불행한 직장인의 경우 긍정 정서 35점, 업무 의미감 54점, 업무 자신감 69점, 부정 감성(정서) 23점, 에너지 33점으로 행복한 사람보다 점수가 크게 낮았다. 행복한 CEO 역시 조직을 좀 더 건강하게 이끌고 직원들의 행복도를 높일 수 있는 조직 환경을 만들어서 개인과 조직이 지속적으로 성장할 수 있게 한다. 이렇듯 행복은 다양한 분야에 성공을 만들어 준다.

하지만 안타깝게도 많은 기업의 경영자가 아직도 결함투성이인 고정관념에 사로잡혀 있다. 더 많이 일하고 더 열심히 일을 해야 성공할 수 있고 그래야 행복할 수 있다는 것이다. 그래서 내적인 보상으로 만족감을 느끼게 하기보다 외적인 보상으로 성공을 부추긴다. 행복을 사치나 쾌락 등으로 업무에 최선을 다하지 않는, 성공을 방해하는 요인으로 인식하는 것이다. 늘 긴장과 위기의식을 조성하여 부정 정서가 팽배한 조직은 지속적인 성공을 이룰 수 없다. 왜 2008년 글로벌 금융 위기 때 전 세계 수많은 대기업의 경영자와 임원들이 행복을 과학적으로 만들어 주는 긍정심리학 교육과 강의에 몰려들었겠는가? 생각해 보자. 이제 더 이상 과거의 방법으론 안 된다는 것이다. 행복이 위기를 이겨 나가게 하고, 무기력과 역경을 극복하게 하며, 나쁜 습관을 고치게 하고, 자율적으로 문제를 해결하고, 효율성을 높여 주고, 새로운 잠재력을 발휘하여 새로운 기회를 찾게 해 준다면 어떻게 하겠는가? 이제 행복이 경쟁력이 되는 시대가 온 것이다. 행복은 인생의 최종 목표가 아닌 또 다른 목표를 이루는 데 동원되는 자원이기 때문이다.

행복은 인성을 키운다

오늘날 우리 교육의 최대 화두는 단연 인성(Character)이다. 이미 우리나라는 2015년 세계 최초로 「인성교육진흥법」을 만들어 시행하고 있다. 지금까지 암기와 입시 위주의 경쟁교육 방식에서 벗어나 앞으로는 인성과 창의성, 자존감, 사회성을 기르는 행복교육 방식으로 바꾸기 위한 조치라 할 수 있다.

인성이란 무엇이고 인성교육을 어떻게 시켜야 할까? 인성이란 사전적 의미로는 개인이 가지는 사고, 태도, 행동의 특성이다. 이 특성의 핵심은 선한 품성이다. 인성이 좋고 나쁨은 이 특성을 평가하는 것이다. 사람은 본래 선한 성품을 가지고 태어났다. 기본적인 인성교육은 사람이 타고난 내면의 선한 성품을 발현하도록 하고 외면의 비뚤어진 인성을 회복하는 것이다. 선한 성품은 개인의 도덕 규범을 기반으로 하며 지나치게 규제와 절제를 강요하는 경향이 있다. 그러다 보니 다양한 환경에 적응할 수 있는 유연한 인성이 요구되는 오늘날, 너무 경직된 인성으로 긴박한 상황에 유연하게 대처하지 못해 극단적인 선택으로 불행한 결과를 초래하기도 한다. 최근 빈번한 고위 공직자들과 사회 저명인사들의 자살 사건은 이러한 현상의 한 단면일 수 있다.

우리나라 인성교육의 목적은 자신의 내면을 바르고 건전하게 가꾸고 타인·공동체·자연과 더불어 살아가는 데 필요한 인간다운 성품과 역량을 기르는 것이다. 이 목적이 실현되기 위해선 도덕적·윤리적 개념과 규제, 절제를 강요하는 지식 전달형의 훈육적 교육으로는 한계가 있다. 타인과 공동체, 자연과 더불어 살아가는 데 필요한 교육이 되려면 도덕적 규범과 정서적 감정, 사회적 관계, 인지적 판단 능력에 대한 실천 중심의 교육이 병행되어야 한다. 오늘날과 같이 다양하고 경쟁적이고 속도화되고 상호 교류가 빈번한 사회구조에서 인간다운 성품과 역량을 기르기 위해선 나 개인 중심에서 나와 너, 나와 우리, 나와 사회까지, 학교, 가정, 직장, 지역사회, 국가까지 연계된 인성교육이 이루어져야 하며, 행복과 성공까지 이루어 갈 수 있는 교육이 되어야 한다. 행복과 성공이 배제된 인성교육이란 현실을 무시한 퇴보하는 인성교육이다. 이러한 교육이 되기 위해선 기존의 전통적·문화적 가치와 규범, 행위도 중요하지만 현대 심리학의 과학적 연구와 검증된 실천 사례가 포함되어야 한다. 그것이 긍정심리학이다.

긍정심리학은 영아부터 노년기에 이르기까지 생애 주기 어느 곳에도 적용할 수 있는 실천 학문이다. 긍정심리학의 목표는 힐링과 행복, 웰빙 모두를 포함시킨 최상의 상태에 도달하고자 하는 플로리시(flourish, 번성, 지속적 성장)이다.

플로리시를 위한 다섯 가지 요소인 긍정 정서, 몰입, 의미, 관계, 성취와 이들 모두의 기반이 되는 인성 강점(Character Strengths)에는 인성교육이 요구하는 도덕적(인성 강점), 정서적(긍정 정서), 사회적(관계), 인지적(지혜와 판단 능력) 개념과 이들을 실천할 수 있는 과학적으로 검증된 행복 연습 도구가 들어 있다. 이 도구는 규제와 절제를 강요하는 지식 전달형의 훈육 방법이 아닌 자율적 참여와 흥미를 유발시키는 방법이며, 이 연습 도구를 실천해 부모와 교사를 행복하게 만들 수 있고, 아이들에게 코칭도 해 줄 수 있다. 긍정심리학의 행복은 기존의 행복같이 일시적인 감정이 아니라 지속적인 정서에 의해 만들어진다. 행복 연습 도구들이 기분이 좋을 때나 나쁠 때도 스스로 행복을 유지시키고 증진시키게 만들어 주기 때문이다.

긍정심리학의 행복은 네 가지 특성이 있다. 첫째, 즐거움, 쾌락, 희열, 자부심, 희망 같은 정서적 기쁨이다. 둘째, 삶의 과정에서의 중요한 것들, 즉 일, 사랑, 자녀 양육, 성취, 여가 활동에서 느끼는 인지적 만족이다. 셋째, 지나온 삶에 대한 도덕적인 참된 삶의 모습이다. 넷째, 어떠한 역경도 스스로 극복하는 힘인 회복력이다.

이러한 행복의 특성은 긍정심리학의 행복 연습 도구를 실천함으로써 각자의 내면에 행복의 토양을 구축하게 되며, 이 토양 위에서 우리나라 인성교육의 핵심 가치 덕목인 예(禮), 효(孝), 정직, 책임, 존중, 배려, 소통, 협동뿐만 아니라 가정, 직장, 사회에서 요구하는 인성 덕목이 자발적으로 길러진다. 토양이 구축되지 않으면 아무리 좋고 우수한 인성교육도 뿌리내리기 어렵다. 그래서 행복은 인성의 다른 이름이라고 한다. 행복 하면 인성이 길러지기 때문이다.

인성교육이 단순히 가치 덕목을 가르치는 교육이 되면 안 된다. 일상에서 자발적으로 실천해서 길러지는 교육이 되어야 한다. 행복하면 마음에서 우러나오는 진심 어린 긍정 정서에 의해 기분이 좋아지고 즐거워지며, 내면으로부터 뿌듯한 감사한 마음과 자부심, 만족감을 느낀다. 그리고 참된 자신의 모습을 떠올리면 당당하고 자신감이 넘친다. 이렇게 되었을 때 좋은, 옳은, 선한, 최상의 생각, 태도, 행동의 인성 특성이 나타난다. 누구나 행복 연습 도구의 실천으로 행복의 토양을 구축하면 인성의 핵심 가치 덕목이 자발적으로 길러지며, 직무상 겪는 스트레스나 감정, 상호관계를 조절하고 증진시킬 수 있으며 조직의 성과까지도 높일 수 있다.

행복은 창의성을 키운다

정서는 감각, 감정, 생각, 행동의 네 가지 요소로 구성되며, 이 정서는 어떤 일을 계획하거나 목표를 정해 가는 과정에서 의식적이든 무의식적으로 유발된다. 이 정서는 다시 기쁨, 즐거움, 만족, 자부심, 희망, 감사와 같은 긍정 정서*와 공포, 불안, 분노, 증오심, 저주, 혐오감 같은 부정 정서로 나뉜다. 부정 정서는

---

* 긍정심리학 초기까지만 해도 긍정 정서를 행복이란 용어와 동일시하였다.

상황에 대처하는 사고와 행동이 위축되고 폭이 좁아지는 반면 긍정 정서는 사고와 행동이 유연하고 폭도 넓어진다. 그래서 주의력이 확장되며 창의성을 증진시킨다. 이와 같이 긍정 정서에서 비롯되는 사고의 확장은 아이디어 확장으로 이어져 창의성 증진으로 이어진다. 긍정 정서의 확장 및 구축 이론을 창안한 바버라 프레드릭슨(B. Fredrickson)의 연구가 이를 입증해 준다. 그는 세 집단의 사람들에게 긍정 정서, 중립 정서, 부정 정서를 유발하는 동영상을 보여 주고 나서 창의성을 요하는 과제를 주었는데, 긍정 정서를 경험한 집단이 가장 높은 점수를 얻었다.

우리는 긍정 경험을 하면 기분이 좋아진다. 당신도 한번 경험해 보기 바란다. 지금까지 살아오면서 가장 행복했던 순간을 떠올려 보는 것이다. 어린 시절 추억, 중·고등학교, 대학 시절에 시험이나 수상, 승리, 성인이 되었을 때 취직, 승진, 프로젝트 성공, 배우자와의 만남, 결혼 등에서 찾을 수 있을 것이다. 그때를 생생하게 음미해 보자. 어떤가? 기분이 좋아졌을 것이다. 긍정 정서를 느낄 때 도파민과 세로토닌이 분비되기 때문이다. 그로 인해 머리가 맑아지고 기억력이 증진되며 사고가 유연해져 사고력과 창의성이 높아지고 까다로운 문제를 효율적으로 처리하는 문제해결 능력이 향상된다.

심리학자 컬 던커(K. duncker)의 '기능적 고착' 실험을 예로 들어 보자. 던커는 기능적 고착 실험이 문제해결을 방해하는 원인임을 보여 주었다. 그는 압정 한 통, 성냥 몇 개비, 양초 한 자루를 이용해 촛농이 바닥에 떨어지지 않게끔 초를 벽에 붙이는 실험을 하였다. 이 과제의 해결방법은 압정으로 압정 상자를 벽에 부착시킨 후 그 상자를 양초의 받침대로 쓰는 것이다. 실험 결과 대부분의 사람은 압정을 이용해서 벽에 양초를 고정시키려고 하거나, 녹인 촛농을 초에 붙여서 양초를 벽에 붙이려고 하였다. 즉, 피실험자들은 압정갑을 양초 받침대가 아닌 압정을 담은 상자로 보는 고정관념 때문에 다른 용도로 사용할 생각을 하지 못하였던 것이다.

기능적 고착을 가지고 있는 사람은 어떤 대상을 볼 때 그 대상이 가지고 있는 기능적인 측면에만 고착되어 다른 활용 방법을 유연하게 생각하지 못한다. 상자는 압정을 담는 용기, 성냥은 불을 붙이는 도구, 양초는 불을 비추는 도구로만 기능적으로 생각하는 것이다. 반면 창의적인 사람은 상자를 양초 받침대로 생각하는 발상의 전환을 통해 문제를 풀었다. 던커의 실험은 유연한 사고력과 창의성이 요구되는 실험이다. 던커는 두 집단으로 나누어서 실험을 실시하였다. 한 집단에는 실험을 시작하기 전에 피실험자의 긍정 정서를 이끌어 내기 위해 작은 사탕 봉지 하나를 주거나, 재미있는 만화책을 읽게 하거나, 감정을 실어 긍정 단어들을 큰 소리로 읽게 하였다. 그러면 분명 잠깐이나마 기분 좋은 상태가 된다. 다른 집단은 아무런 사전 조치 없이 실험을 실시하였다. 어느 집단이 성공하였을까? 실험 전에 긍정 정서를 배양시키고 확장시킨 집단이었다. 그들은 먼저 상자에 들어 있는 압정을 모두 쏟아내고, 그 통을 벽에 압정으로 고정시킨 다음 촛대를 세우고 성냥을 켜서 불을 붙여 촛농이 바닥에 떨어지지 않고 통 안에 떨어지도록 하였다. 긍정 정서는 과제를 완수하는 데 필요한 창의력을 유발할 가능성을 높여 주었음을 입증한 셈이다.

코넬대학교 심리학 교수인 아이센(A. Isen)이 실시한 던커의 '기능적 고착' 실험에서도 10분간 재미있는 영화를 본 학생들은 75%가 10분 이내 문제를 풀었다. 하지만 논리적 수학 문제를 다룬 영화를 본 학생들은 10분 이내 19%만 풀었다. 아이센이 의사들을 대상으로 실험을 하였을 때도 긍정 경험을 한 의사들은 가장 정확하고 신속하며 창의적으로 환자를 진단한 것으로 나타났으며, 진료 과정에서 오진 등 까다로운 문제들을 해결하는 능력도 가장 뛰어난 것을 확인하였다. 브라이언(Bryan)은 수학 시험을 앞둔 학생들에게 지금까지 살아오면서 가장 행복했던 순간을 떠올리고 긍정 경험을 하게 했을 때 성적이 더욱 향상되었음을 확인하였다.

긍정 정서의 놀라운 효과는 기업에서도 예외가 아니다. 오늘날 급변하는 글로벌 경쟁 속에서 창조적이고 독창적인 아이디어와 전략 수립 능력이 기업의 성패를 좌우한다는 사실을 인지한 많은 기업은 직원들의 창의성과 자발적 문제해결 능력, 기회 포착 능력을 향상시키기 위해 근무 환경을 바꾸는 등 심혈을 기울이고 있다. 한 예로, 구글은 회사가 마치 하나의 커다란 놀이동산처럼 보인다. 직원들은 반려견을 데리고 출근할 수 있다. 각 부서에 벽이 없고 미끄럼틀이나 침대, 당구장, 명상 수련실, 수면실 등등 스트레스를 맘껏 해소할 공간이 있다. 직원 식당 또한 전 세계에서 오는 구글 직원들을 위해서 각 나라의 어떤 요리라도 무료로 먹을 수 있는 시설을 갖추고 있다. 이러한 환경은 모든 직원이 기쁨, 즐거움, 흥미, 자부심, 만족, 감사, 존중, 희망 같은 긍정 정서를 유발시키고 함양하게 해 준다.

구글이 왜 단기간에 세계 최고의 기업이 되었을까를 생각해 보자. 직원들이 원하는 근무 환경을 만들어 주고 그들이 가장 행복하게 일할 수 있도록 격려하며 배려해 주고 존중하는 긍정 환경이 있기 때문이다. 창의적인 생각은 긍정 환경에서 나오며 그 속에서 혁신적인 제품이 나올 수 있다.

행복은 조직을 번성시킨다

긍정심리학이 급속도로 발전하면서 긍정심리학 이론과 과학을 기반으로 하는 긍정 조직 이론이 속속 탄생하고 있다. 이제 긍정심리학이 기초 과학에서 응용과학으로 진보하는 것이다.

프레드릭슨과 로사다(M. Losada)는 기업의 긍정 정서를 높이면 업무 효율성이 증가하고 그만큼 성과가 향상된다는 사실을 입증하였다. 그들은 장기적으로 매년 10% 이상의 손실을 지속적으로 겪고 있는 한 글로벌 광업 기업의 긍정성을 변화 학습 프로그램 모형에 따라 조사하였다. 모형은, 첫째, 사람들이 얼마나 질문했는지 혹은 변호했는지, 둘째, 사람들이 얼마나 긍정적이었는지 혹은 부정적이었는지, 셋째, 사람들이 얼마나 타인 중심적이었는지 혹은 자기중심적이었는지, 넷째, 환경의 변화에 얼마나 저항했는지, 다섯째, 부정적인 사건들 때문에 해를 입지 않으려고 얼마나 빨리 반응하는지다. 결과는 긍정 정서와 부정 정서의 비율이 1.15 대 1에 불과하였다. 거의 1대 1 수준이다. 성공적인 기업의 긍정 정서와 부정 정서의 비율은 2.90대 1로, 이를 '로사다 라인'이라고 한다. 로사다 라인에는 긍정·부정 비율뿐만 아니라 다음과 같은 측정치가 있다.

로사다 라인에 의하면 높은 성과를 이루는 성공적인 기업의 경우 정서 영역이 기본적으로 48.36% 이상이다. 카트맨(J. Cartman)에 의하면 행복한 결혼생활을 유지하는 부부는 최고의 업무 팀과 마찬가지로 정서 영역을 85%까지 확장하며, 반대로 이혼을 선택한 부부는 고작 15%까지 확장하는 데 그친다고 한다.

성과가 높은 기업은 연계성도 25.04를 넘지 않는다. 연계성이란 일종의 팀워크를 측정하는 수치로, 전체 팀원 중 동조하지 않거나 반응하지 않는 팀원의 비율을 말한다. 즉, 연계성이 25.04라는 것은 전체 팀원이 20명일 때 나머지 팀원들과 단절된 사람이 다섯 명을 넘지 않는다는 의미이다. 마지막으로 수익성은 팀으로 일했을 때 개별적으로 일했을 때보다 프로세스 이익이 얼마나 향상되는지를 보여 주는 수치이다. 적어도 수익성이 14.56% 이상이어야 성공적인 기업이라 할 수 있다.

오랜 기간 적자에 시달리는 광업 기업의 수치는 성공적인 기업에 비해 상당히 낮았다. 이들은 기업 관리자들을 대상으로 긍정심리교육을 실시하였다. 9개월에 걸쳐 긍정적인 피드백과 긍정 관계를 통한 긍정 정서의 중요성을 강조하는 교육을 집중적으로 한 후 다시 측정한 수치는 놀라웠다. 긍정심리교육 이후 4개 팀의 프로세스 이익은 평균 42.15% 증가하였고, 정서 영역은 교육 전 평균 19.05%에서 59.29%까지 확장되었다. 연계성 수준도 39.19%에서 19.71%로 거의 절반 수준으로 감소하였다. 긍정·부정 정서 비율도 평균 1.15에서 3.56로 크게 증가하였다.

이 같은 결과가 나타나자 처음에는 긍정심리교육에 대해 회의적이었던 CEO도 조직에 주목할 만한 변화가 일어났음을 인정하였다. 긍정심리교육이 그동안 조직을 구속하던 매듭을 풀었고, 서로를 바라보는 시각은 예전에 비해 달라졌으며, 서로에 대한 신뢰가 더욱 돈독해졌다는 것이다. 또한 상대방을 불쾌하게 만들지 않고 의견을 제시하는 법을 배웠고, 자신의 성공은 물론 다른 사람들의 성공에 관심을 기울였다.

나는 우리나라에서 처음으로 긍정심리학의 주요 요소들이 조직 성과에 미치는 영향에 대한 박사학위 논문을 썼다. 경영학 박사학위 논문을 긍정심리학을 주제로 쓰는 것이 쉽지 않았지만 경영은 사람이 하는 것이고, 사람이 행복해야 조직의 성과를 높이며, 그 행복을 만들어 주는 것이 긍정심리학이라는 확신을 가지고 설득해서 천신만고 끝에 2013년 학위를 받았다. 제목은 '긍정 심리의 긍정 정서와 성격 강점이 조직 성과에 미치는 영향'이다. 긍정심리학의 요소 중 긍정 정서와 성격(인성) 강점을 선행 변수로 채택하고, 조직시민행동을 중재 변수로, 조직 몰입과 직무 만족을 조직 성과에 영향을 미치는 종속 변수로 채택하였다. 개인의 긍정 심리가 조직 발전을 위한 행위 의도에 어떤 영향을 미치며, 이런 결과는 긍정 심리가 조직 성과 증진에 영향을 미칠 뿐 아니라 행위 의도를 통해서도 조직 성과 증진을 위한 조직 몰입도와 직무 만족도가 향상될 것이라 기대한 것이다. 분석을 통해 다음과 같은 결과를 확인하였다.

긍정 정서는 조직 몰입, 직무 만족 및 조직시민행동에 각각 긍정적인 영향이 있는 것으로 확인되었다. 또한 성격(인성) 강점도 조직 몰입, 직무 만족 및 조직시민행동에 대해 각각 긍정적인 영향을 미치는 것으로 확인되었다. 이 연구 결과가 시사하는 바는 국내 최초로 긍정심리학의 주요 변수인 긍정 정서와 성격 강점이 개인 차원을 넘어 조직의 조직 성과 증진을 위한 주요 변수인 조직시민행동과 조직 몰입, 직무 만족에 어떤 영향을 미치는가를 검증하였다는 것이다. 그 결과 긍정심리학에서 제시된 긍정 정서와 성격 강점은 모두 조직 성과 향상에 기여하는 변수인 조직 몰입, 직무 만족 및 조직시민행동을 증진시킬 수 있는 중요한 요인임을 확인할 수 있었다. 이러한 검증은 우리 기업들이 치열한 경쟁에서 지속적으로 성장하기 위해선 지원 선발 과정부터 배치, 교육, 승진에 이르기까지 구성원들의 행복에 더 많은 관심과 투자를 해야 한다는 사실을 알려 준다.

행복교육은 성적까지 올려 준다

학부모 행복교육 시간에 "자녀를 어떻게 키우고 싶으세요?"라고 질문하면 대부분 "행복하게요."라고 대답한다. "그럼 지금 행복하게 키우고 계세요?"라고 다시 질문하면 대답하는 부모님이 거의 없다. 왜 그럴까? 행복에 대한 인식이 부족하다 보니 아이들이 놀기만 하고 공부를 못할까 봐, 그렇게 되면 경쟁에서 뒤쳐질까 봐 불안한 것이다. 하지만 긍정심리학의 행복은 아이들을 행복하게 만들어 줄 뿐 아니라 학업 성적도 올려 준다.

아이들을 행복하게 해 주려면 어떻게 해야 할까? 긍정심리(행복)교육이 필요하다. 긍정심리학의 행복 만들기 도구는 재미가 있다. 그래서 강요해서가 아니라 스스로 좋아서 참여한다. 현재 우리나라 학교는 대부분 심리상담사가 배치되어 있다. 하지만 일반 심리상담만으로는 한계가 있다. 미국과 유럽에서는 이미 초·중·고등학교와 대학교에까지 긍정심리교육을 실시하고 있다. 영국에서는 유치원부터 긍정심리교육을 실시하고 있다.

셀리그만을 중심으로 펜실베이니아대학교 긍정심리학응용센터 연구팀이 미국 스트래스헤이븐스쿨과 호주 질롱그래머스쿨 등에서 긍정심리교육을 실시하였는데 결과는 놀라웠다. 긍정심리교육은 우울증과 불안증의 해독제 역할을 톡톡히 해냈고, 삶의 만족도를 높여 주는 데도 크게 기여하였다. 뿐만 아니라 학습 성취도까지 향상시켰다.

긍정심리교육의 내용은 긍정심리학의 다섯 가지 요소와 성격 강점인 팔마스의 연습 도구로 구성된다. 부정적인 면보다는 긍정적인 면을 강조하는 긍정심리학의 특성은 긍정심리교육에도 그대로 이어진다. 대표 강점을 찾고 긍정 정서와 긍정 관계, 회복력, 감사, 의미, 몰입 등 행복을 만들기 위한 도구를 가르치는 것으로 긍정심리교육은 진행된다.

긍정심리교육은 별도로 긍정심리교육만을 위한 시간을 내지 않고도 얼마든지 재구성할 수 있다. 긍정심리교육을 선구적으로 실시하였던 질롱그래머스쿨 교사들은 학과목 수업, 스포츠 활동, 목회 상담, 음악, 예배 시간에 긍정심리교육을 적용하였다. 예를 들어, 영어 교사는 윌리엄 셰익스피어의 『리어왕』을 읽고 토론할 때 소설 자체는 우울한 내용이지만 학생들에게 주인공의 강점과 그 강점들이 어떻게 좋은 면과 어두운 면을 모두 가지고 있는지 확인하도록 한다. 또한 회복력을 이용해 아서 밀러의 『세일즈맨의 죽음』과 프란츠 카프카의 『변신』에 나오는 등장인물의 파국적 사고방식을 설명하기도 한다.

수사학 교사는 말하기 숙제를 제시할 때 '망신당한 순간에 대해 발표하라.'와 같은 부정적인 주제를 '타인에게 소중한 사람이었던 순간에 대해 발표하라.'로 바꾸었다. 실습 교사는 '감사 일기'의 감사한 일을 묻는 것으로 하루를 시작하고, 학생들은 '이번 주의 강점'을 잘 발휘한 학생을 지명한다. 음악 교사는 회복력 기술을 이용해 망쳐 버린 연주에서 낙관성을 이끌어 낸다. 모든 학년의 미술 교사는 아름다움을 감상하는 것을 가르친다.

이처럼 질롱그래머스쿨은 따로 시간을 할애해 독립적으로 긍정심리교육을 하는 한편 기존 수업에 긍정심리교육을 적용하는 방식도 실시하였다. 이 교육을 총괄하였던 셀리그만은 긍정심리교육을 실시한 후 질롱그래머스쿨은 크게 변했다고 말하였다. 학생들은 물론 교사들까지 모두 밝고 행복하고 의욕에 넘쳤다. 행복한 학교에 오고 싶어 하는 지원자도 대폭 늘고, 학교의 긍정적 변화를 보고 기부금도 크게 증가하였다고 한다.

필라델피아 외곽에 있는 스트래스헤이븐스쿨에서는 14세에서 15세인 9학년 학생, 347명을 언어학 수업 두 집단에 무작위로 배정하였다. 그리고 한 집단에는 언어학 수업에 긍정심리학 교육과정을 포함시키고 다른 집단에는 포함시키지 않았다. 참여 학생, 학부모, 교사들은 프로그램 시행 전, 시행 직후, 2년 후에 각각 표준 설문지를 작성하였다. 학생들의 강점, 사회적 기술, 행동 문제, 학교생활을 즐기는 정도를 조사하였다. 덧붙여 그들의 성적도 확인하였다. 이 종합적인 프로그램의 주요 목표는 다음과 같다. 첫째, 학생들이 자신의 대표 강점을 확인하게 도와주고, 둘째, 일상생활에서 이 강점의 활용을 늘리는 것이다. 이 목표에 더해 회복력, 긍정 정서, 의미, 목적, 긍정 관계를 향상시키기 위해 긍정심리학 개입을 시도하였다. 교육과정은 80분 수업, 20회 이상으로 9학년 내내 시행되었다. 여기에는 성격 강점과 그 밖의 긍정심리학 개념 및 기술 토론, 수업 중 활동 주 1회, 긍정심리학 연습 도구를 자신의 삶에 적용하는 실생활 숙제, 성찰 일기가 포함되었다.

스트래스헤이븐스쿨에서 긍정심리학 프로그램을 시행한 후 다음과 같은 결과를 얻었다. 이 프로그램은 호기심, 학구열, 창의성의 세 가지 강점을 향상시켰다. 이 결과는 해당 학생이 긍정심리학 집단과 통제 집단

중 어디에 배정되었는지 모르는 교사들의 보고서를 통해 얻은 것이다. 이 프로그램은 또한 학교에서 학생들의 몰입과 즐거움을 증가시켰다. 이 효과는 일반 수업에서 특히 두드러졌다. 긍정심리학 프로그램 참여 학생들은 11학년 내내 일반 언어학 점수와 작문 기술이 향상되었다. 우등반에서는 학점 부풀리기가 만연해 대부분 학생이 A학점을 받기 때문에 점수가 높아질 여지가 거의 없다. 중요한 점은 행복이 교실 학습의 전통적 목표인 학습을 약화시키지 않았다는 것이다. 오히려 강화시켰다.

긍정심리학 프로그램은 사회적 기술, 즉 사랑, 협동심, 자기주장, 자기통제를 향상시켰다. 학부모와 교사 양측의 보고서에 기초한 결과이다. 학부모들의 보고서에 따르면 나쁜 행동 역시 감소하였다. 행복과 인성이 함양된 것이다.

호주의 질롱그래머스쿨은 1학년부터 12학년까지 있고, 교사가 200명, 학생은 1200명이다. 2008년 마틴 셀리그만과 캐런 레이비치(K. Reivich)는 긍정심리학 교육자 15명과 함께 호주로 날아가서 2주 동안 질롱그래머스쿨 교사 200명을 훈련시켰다. 9일 훈련 과정에서 그들은 먼저 교사들에게 삶에서 긍정심리학의 행복 연습 도구 사용하는 법을 가르쳤다. 그런 다음 다양한 사례를 제시하고 행복 연습 도구를 학생들에게 가르치는 법에 관한 교육과정을 자세하게 설명하였다. 교사들은 2주 여름 휴가를 보수 없이 반납하였다.

교사들은 수업 시간에 긍정심리학의 행복 연습 도구들을 적용해서 가르쳤다. 교육을 받은 학생들은 어떻게 변하였을까?

질롱그래머스쿨의 모든 여섯 살배기처럼 케빈은 교복을 갖춰 입은 1학년 급우들과 함께 반원으로 앉아 하루를 시작한다. 선생님을 쳐다보머 질문이 들릴 때마다 케빈은 손을 번쩍 든다. "여러분, 어제 저녁에 잘 되었던 일(감사한 일)이 뭐였어요?" 서로 대답하려 조바심치며 몇몇 1학년생이 짧은 일화를 털어놓는다. "어제 제가 제일 좋아하는 거 먹었어요, 스파게티요." "형하고 체스했는데 이겼어요." 케빈이 말한다. "저녁 먹고 나서 누나랑 같이 현관을 청소했어요. 청소를 마치니 엄마가 저희를 껴안아 주셨어요."

선생님은 케빈의 말을 잇는다. "잘 되었던 일을 이야기하는 게 왜 중요하지요?" 그는 머뭇거리지 않는다. "기분이 좋아지니까요?" "케빈, 더 할 이야기가 있어요?" "네, 있어요. 엄마는 매일 제가 집에 가면 잘 되었던 일을 물어보세요. 얘기하면 엄마가 행복해해요. 엄마가 행복하면 모두 행복해요."

엘리즈는 양로원에서 이제 막 돌아왔다. 그녀와 5학년 학생들이 '제빵학' 프로젝트를 완수한 곳이다. 그 프로젝트에서 요리사인 존 애쉬튼이 외할머니의 빵 만드는 법을 4학년 학생들에게 가르쳤다. 그런 다음, 아이들은 양로원을 방문해서 노인들에게 그 빵을 나눠 드렸다.

"맨 먼저 저희는 우수한 영양 섭취에 대해 배웠어요." 엘리즈가 말했다. "그러고 나서 건강한 음식을 요리하는 법을 배우고요. 하지만 그것을 먹지 않고 다른 분들께 드렸어요." "네가 그렇게 오랜 시간을 들여 준비한 음식을 먹지 않는 일이 힘들었지? 냄새가 정말 좋았는데." "아뇨, 정반대예요." 그녀는 활짝 웃으며 단언했다. "처음에 저는 할아버지들이 무서웠어요. 하지만 제 마음속에서 작은 등불 하나가 켜지는 것 같았어요. 그 일을 또 하고 싶어요."

엘리즈의 대표 강점은 호기심, 학구열, 끈기, 친절, 사랑이다. 인성 강점은 내가 좋아하는 것이다. 엘리스는 자신의 대표 강점을 발휘해서 이 프로젝트를 훌륭히 마쳤으며 더 행복해졌고 인성도 길렀다. 엘리즈의 절친한 친구가 재빨리 끼어들었다. "다른 사람을 위해 어떤 일을 하는 건 비디오게임을 하는 것보다 기분이 더 좋아요."

긍정심리학의 행복

행복은 과학이며 진화한다

나는 강의를 시작하기 전에 "가장 원하는 삶이 어떤 삶이세요?"라는 질문을 자주 한다. 그러면 대부분 "행복한 삶이요."라고 대답한다. 이렇듯 행복은 인류의 영원한 화두이다. 아주 오래전부터 사람들은 행복한 삶을 꿈꾸며 살았다. 행복이란 무엇인지, 어떻게 해야 행복할 수 있는지를 고민하며 답을 찾기 위해 노력하였다. 그러면서 행복도 진화하였다. 르네상스 시대 3대 거장으로 불리는 라파엘로(R. Sanzio)의 그림 〈아테네 학당〉을 보면 중앙에서 왼쪽이 플라톤(Plato), 오른쪽이 아리스토텔레스(Aristotle)로 이들이 학당으로 들어오고 있다. 그중 아리스토텔레스 왼손에 들려 있는 책이 아리스토텔레스의 행복론이 담긴 『니코마코스 윤리학(Nikomachos Ethics)』이다. 이미 그때부터 행복을 가르치고 배웠다는 것이다. 하지만 지금까지 수천 년 동안 많은 사람이 행복을 가르치고 책을 썼지만 '긍정심리학'이라는 행복을 과학적으로 연구하는 학문이 나오기 전에는 어느 누구도 행복을 지속시키고 증진시킬 수 있는 과학적인 방법을 제시하지 못했다. 지금까지의 행복은 대부분 추상적(행복은 내 안에 있다, 마음먹기에 달렸다, 선물이다 등)이고, 관조적(내려놓으라, 버려라, 멈추라 등), 조건적(좋은 대학 들어가면, 좋은 집, 좋은 차, 명품백이 있었으면), 감각적, 감정적(맛있는 아이스크림, 초콜릿, 이성 간 접촉)이었다. 이러한 방법은 행복에 도움은 되나 지극히 일시적이고 시간이 지나면 쉽게 사라진다. 최근에는 행복이 일시적이고 감정적, 감각적 즐거움보다 더 광의적 차원에서 다루어지고 있다. 행복은 과학이며 진화한다는 것이다. 이제 행복은 개인의 삶에만 국한되는 것이 아니라 조직과 사회의 번성까지 영향을 미친다.

최초로 행복을 과학적으로 연구한 사람은 에드 디너이다. 그는 '주관적 안녕감'이라는 이론에서 행복을 정서적 기쁨과 인지적 만족이라고 하였다. 정서적 기쁨은 화, 분노, 불안, 무기력 같은 부정 정서가 적고 성취감, 감사, 즐거움, 자신감 같은 긍정 정서가 높은 상태이고, 인지적 만족은 자신의 삶을 전체적으로 혹은 일, 사랑, 자녀 양육, 여가 생활 같이 중요한 영역별로 평가하였을 때 긍정적인 상태를 말한다. 긍정 정서를 많이 경험하고 부정 정서를 적게 경험할수록 주관적 안녕감 수준이 높아지며, 자신의 삶이 전체 혹은 영역별 평가에서 긍정적일 때 만족감을 느낀다는 것이다.

셀리그만은 "긍정심리학의 행복은 순간적이고 주관적으로 느끼는 마음 상태에 머무는 것이 아니다. 행복이란 개념에는 참되게 살아온 개인의 삶이 포함된다. 이것은 주관적으로 판단할 문제가 아니다. 참됨(authenticity)은 자신의 대표 강점을 발휘함으로써 만족과 행복을 자아내는 행위를 뜻하기 때문이다."라고 말하였다.

참된 삶의 모습은 긍정심리학의 미덕과 강점을 일상에서 발휘하는 것을 말하는데, 미덕과 강점에는 도덕성과 선한 품성의 개념이 포함되어 있다. 다시 말하면, 참된 삶의 모습이란 올바르고 깨끗한 도덕적 행동을 말한다. 최근 들어 새롭게 행복에 영향을 많이 미치는 것이 역경을 극복해 주는 회복력이다. 우리는 살아가면서 의도하지 않은 크고 작은 역경을 겪는다. 하지만 똑같은 역경을 겪어도 어떤 사람은 무너지고 어떤 사람은 일어나 더 강해진다. 나는 그 원인이 회복력에 있음을 발견하였다. 회복력이 약하면 행복을 지속적으로 유지하기가 어렵다. 이렇게 네 가지인 정서적 기쁨, 인지적 만족, 참된 삶, 역경을 이기는 회복력이 행복이며, 이 행복을 지속적으로 유지, 증진시켜서 행복을 만들어 주는 것이 긍정심리학의 팔마스이다.

긍정심리학의 팔마스(PERMAS)

긍정심리학은 행복이 무엇인가보다 어떻게 하면 더 행복해질 수 있을까를 연구하는 학문이다. 마틴 셀리그만이 긍정심리학을 처음 발표한 '진정한 행복 이론'에서는 긍정 정서(즐거운 삶), 몰입(몰입하는 삶), 삶의 의미(의미 있는 삶)에 중점을 두었고, 주제는 행복이었으며, 목표는 만족한 삶이었다. 행복도를 측정해 삶의 만족도를 구했던 것이다.

하지만 셀리그만은 최근 저서 『플로리시(flourish)』를 통해 '진정한 행복 이론'이 완벽하지 않다고 고백하며, 플로리시를 위한 새로운 이론을 발표하면서 긍정심리학의 목표도 행복 측정에 의한 삶의 만족에서 플로리시로 바꿀 것을 제안하였다. 긍정심리학의 새로운 목표는 플로리시라는 것이다. 플로리시를 위한 새로운 웰빙 이론은 긍정 정서(Positive Emotion), 몰입(Engagement), 관계(Relationship), 의미(Meaning), 성취

(Accomplishment)의 다섯 가지 핵심 요소로 구성되며, 이 핵심 요소를 각 요소의 첫 글자를 따서 팔마[PERMA: 영원, 영속; 팔마스(PERMAS)는 강점을 포함한 것임]라고 한다. 성격(인성) 강점(Character Strength)은 '진정한 행복 이론'에서는 몰입에 속해 있었으나 새로운 이론에서는 다섯 요소 전체의 기반이다. 그만큼 긍정심리학에서 강점의 역할이 커졌다.

플로리시를 위한 다섯 가지 요소와 전체의 기반인 인성 강점을 간단하게 살펴보면 다음과 같다. 첫째, 긍정 정서는 우리가 느끼는 것, 즉 기쁨, 희열, 따뜻함, 자신감, 낙관성 등을 말한다. 이러한 정서를 지속적으로 이끌어 내는 삶을 '즐거운 삶'이라고 부른다. 둘째, 몰입(관여)은 음악과 하나 되기, 시간 가는 줄 모르는 것, 특정 활동에 깊이 빠져든 동안 자각하지 못하는 것, 자발적으로 업무에 헌신하는 것을 의미하며, 이 요소를 지향하는 삶을 '몰입하는 삶'이라고 한다. 셋째, 관계는 타인과 함께 하는 것을 말한다. 큰 소리로 웃었을 때, 말할 수 없이 기뻤던 순간, 자신의 성취에 엄청난 자긍심을 느꼈던 때를 생각해 보면 우리는 대부분 타인과 함께할 때였을 것이다. 혼자가 아닌 타인과 함께하는 삶을 '좋은 삶'이라고 한다. 넷째, 의미는 자아보다 더 중요하다고 믿는 어떤 것에 소속되고 그곳에 기여하는 것에 기초한다. 인생의 의미와 목적을 추구하는 삶을 '의미 있는 삶'이라 한다. 다섯째, 성취도 플로리시를 위한 중요한 요소이다. 사람들은 오직 이기기 위해서나 물질 추구만이 아닌 성공, 성취, 승리, 정복 그 자체가 좋아서 그것을 추구하기도 한다. 일시적인 상태로는 업적이며 확장된 형태로는 성취이다. 성취를 위해 업적에 전념하는 '성취하는 삶'이다. 이 다섯 가지의 기반인 성격 강점은 개인의 성격적·인성적 특성을 말하며, 특성에는 긍정적·부정적 특성이 있으나 인성 강점은 긍정적 특성이다.

이상과 같은 팔마스는 행복, 인성, 건강, 교육, 조직 등의 분야에 플로리시를 지원한다. 지속적 성장을 통해 활짝 꽃피도록 해 준다는 것이다. 팔마스가 없는 긍정심리학은 긍정심리학이 아니다.

행복 4.0

행복은 즐거움을 극대화하고 고통을 최소화한다는 아리스티포스 (Aristippos)의 쾌락주의 행복에서부터 내적 자아의 진정성을 의미하는 아리스토텔레스의 자아실현적 행복, 정서적 기쁨과 인지적 만족인 에드 디너의 주관적 안녕감(웰빙), 마틴 셀리그만의 팔마스인 긍정심리학의 행복에 이르기까지 진화해 왔다. 그리고 아리스토텔레스의 "행복은 인생의 궁극적인 목적이다."와 같이 행복이 일원론이란 주장에서 마틴 셀리그만의 행복은 다원화라는 주장에 이르고 있다. 셀리그만은 행복은 다원론이란 주장을 뒷받침하기 위해 과학적으로 검증된 긍정심리학의 팔마스를 제시하였다. 행복을 하나의 변수에 담기에는 한계가 있다는 것이다. 긍정심리학에서 행복이 과학이라는 대표적인 근거는 행복의 가설' '행복 공식' '팔마스'이다.

뉴욕대학교 스턴경영대학원 교수인 조너선 헤이트(J. Haidt)는 3,000년 동안 이어온 세계의 10대 위대한 사상(지혜)을 통해 행복 가설을 세우고 세계의 문명이 빚어 낸 사상 한 가지씩을 통해 행복을 증명하였다. 최초의 행복 가설은 '행복은 내가 원하는 것을 얻는 데서 온다.'라는 것이다. 자신이 원하는 것이 돈이든 명예든 권력이든 손에 넣으면 그것으로 행복해질 수 있다고 믿었다.

나는 여러 가지 큰일을 성취하였다. 궁전도 지어 보고, 여러 곳에 포도원도 만들어 보았다. 나는 정원과 과수원을 만들고, 거기에 온갖 과일나무도 심어 보았다. ……나는 또한 지금까지 예루살렘에 살던 어느 누구도 일찍이 그렇게 가져 본 적이 없을 만큼 많은 소와 양 같은 가축 떼를 가져 보았다. 은과 금, 임금들이 가지고 있던 여러 나라의 보물도 모아 보았으며, 남녀 가수들도 거느려 보았고, 남자들이 좋아하는 처첩도 많이 거느려 보았다. 드디어 나는 일찍이 예루살렘에 살던 어느 누구보다도 더 큰 세력을 가진 사람이 되었다. 지혜가 늘 내 곁에서 나를 깨우쳐 주었다. 원하던 것을 나는 다 얻었다. 누리고 싶은 낙은 무엇이든 삼가지 않았다. …… 그러나 내 손으로 성취한 모든 일과 이루려고 애쓴 나의 수고를 돌이켜보니, 참으로 세상 모든 것이 헛되고, 바람을 잡으려는 것과 같고, 아무런 보람도 없는 것이었다.

– 「전도서」 2장 4~11절

이 글은 「전도서」의 저자인 솔로몬 왕이 자신의 삶과 함께 행복과 만족을 추구하였던 그동안의 행적을 돌아보며 기록한 것으로 추정된다. 그는 원하는 것을 얻으면 행복할 수 있다고 믿고, 물질적 풍요 속에서 행복을 찾으려고 하였다. 하지만 정작 원하는 것을 얻어도 잠깐 행복했다가 이내 사라지거나 공허함과 허탈감을 느끼면서 최초의 행복 가설은 힘을 잃었다. 이런 행복은 지속 시간이 짧다는 것이다.

최초의 행복 가설보다 진일보한 가설이 '행복은 안과 밖에 있다.'라는

09 긍정심리학의 행복

것이다. 이 가설이 나오기 전까지는 행복은 마음속에 있다고 생각하는 사람들이 많았다. 세상을 바꾸는 것보다는 마음을 바꾸는 게 좌절에 대한 더 효과적인 대응 방법일 수 있으니 말이다. 대표적인 인물이 석가모니인데, 석가모니는 마음의 번뇌와 욕망과 명예와 같은 삶에 대한 집착을 버려 마음의 평화를 얻으면 그게 행복이라고 말하였다. 지금도 석가모니처럼 행복은 마음속에 있다고 말하는 사람이 적지 않다. 일명 '행복 마음론'으로 행복은 구체적인 실체 없이 마음속에만 존재하는 것이어서 마음을 편안하게 가지면 행복해질 수 있다는 논리이다.

서양의 사상가들은 동양의 석가모니와는 다르게 생각하였다. 그들은 행복은 자신이 처한 외부 환경을 변화시킬 때 온다고 믿었다. 사람을 사랑하고, 목표나 즐거움을 열정적으로 추구하며, 인생을 최대한 만끽해야 한다고 주장하였다. 삶에 대한 열정과 집착은 때론 고통스러울 수도 있지만 행복의 동력이 되기도 한다는 것이다.

석가모니와 서양의 사상가들 어느 한쪽의 손을 들어주기에는 행복이 그리 단순하지 않다. 행복이란 안에서도, 밖에서도 올 수 있는 것이기 때문이다. 또한 안과 밖, 어느 한쪽만으로는 충분히 행복하지 않고, 안과 밖이 조화를 이루었을 때 행복이 극대화된다고 보았다.

하지만 두 번째 가설도 헤이트에 의해 행복을 정확하게 설명하지 못한다는 것이 증명됐다. 헤이트는 두 가지 가설을 수정하면서 '행복은 사이에 있다.'라는 새로운 행복 가설을 제시했다. 다양화되고 복잡한 사회에서는 사이, 즉 균형과 조화를 이루는 관계가 중요하다는 것이다. 내 의식과 행동, 나와 너, 나와 가족, 나와 직장 동료, 나와 신과의 사이까지 다양한 사이를 분열과 갈등 없이 잘 풀어갈 때 행복해질 수 있다는 것이다.

세 번째 가설은 앞의 두 가설에 비하면 상당히 과학적이며 행복의 실체에 많이 접근하였지만 이 또한 행복을 완전하게 설명하지는 못한다. 셀리그만과 피터슨, 류보머스키는 "행복은 만들 수 있다."라고 말하였다. 셀리그만은 행복이 좋은 유전자나 행운으로 얻어지는 것이 아니라 바이올린 연주나 자전거 타기 기술같이 부단한 연습과 노력으로 만들 수 있음을 과학적으로 증명하였다. 셀리그만은 2011년 긍정심리학의 새로운 '팔마스' 이론을 『플로리시』에 발표하면서 "나는 이제 당신의 플로리시를 만들어 줄 수 있다."라고 말하였다. 그만큼 긍정심리학에 대한 확신을 가지고 있다는 것이다. 긍정심리학과 함께 과학도 발달하였다. 지금은 과학기술의 발달로 초정밀기기까지 개발되어 다양한 방법으로 행복을 측정할 수 있게 되었다.

나는 지금까지 10년 이상 긍정심리학을 연구하고 있으며 그 속에 있는 도구를 내 삶 속에 적용하고 있다. 세계적인 긍정심리학 석학들의 연구와 내 연구를 종합해 볼 때 '행복은 만드는 것이다.'라는 결론을 도출할 수 있었다. 그래서 2014년 11월 『행복 4.0』을 통해 새로운 긍정심리학의 행복 4.0 개념을 제시하였다. 행복 1.0은 '행복은 내가 원하는 것을 얻는 데서 온다.' 행복 2.0은 '행복은 안과 밖에 있다.' 행복 3.0은 '행복은 사이에 있다.' 행복 4.0은 '행복은 만드는 것이다.'이다.

행복은 내가 직접적으로 얻거나 찾을 수 있는 것이 아니다. 식물이 잘 자라기 위해서 햇빛과 적당한 기온, 물과 좋은 토양이 필요하듯 행복에도 정서적인 기쁨과 인지적인 만족, 도덕적인 삶, 역경을 극복하는 회복력이 필요하다. 이를 위해 긍정심리학의 여섯 가지 요소인 팔마스

(PERMAS: 긍정 정서, 몰입, 관계, 의미, 성취, 강점)를 일상에서 찾고 길러 가노라면 행복은 만들어지는 것이다.

행복 공식

류보머스키, 리켄, 셀리그만은 행복을 과학적으로 증명할 수 있는 '행복 공식'을 발표하였다. 행복 공식은 상당히 과학적이다. 다양한 환경과 조건에 처한 사람 누구든지 행복 공식에 따라 실천하다 보면 행복이 만들어질 수 있다는 사실을 증명해 주기 때문이다. 행복을 만들어 주는 공식은 다음과 같다.

여기에서 H(Happiness)는 실제로 내가 경험하는 지속적인 행복 수준이다. S(Setpoint)는 이미 설정된 행복의 범위이자 설정 값이고, C(Circumstances)는 삶의 상황(조건)이며, V(Voluntary Activities)는 개인이 스스로 통제할 수 있는 자발적 행동을 의미한다. 이 중 우리가 주목해야 할 것은 C와 V이다. S는 행복에 미치는 영향은 50%로 이미 유전의 영향과 자동조절기 같은 설정된 값으로 바꾸기 어렵기 때문에 행복을 만들려면 결국 C와 V에 집중해야 한다. 이는 바로 자신의 삶의 조건과 자신이 할 수 있는 자발적 활동이다. 이 공식에서 특이한 것은 삶의 조건이 행복에 미치는 영향은 10%대로 그렇게 크지 않다는 것이다. 이는 지금까지 많은 사람이 행복을 조건으로 생각하였기 때문이다. 크리스토퍼 피터슨의 행복과의 상관관계에 대한 연구에서도 일반적으로 중요한 조건이 행복과의 상관관계가 낮게 나왔다.

조건은 자신이 바꿀 수 있는 것과 바꿀 수 없는 것 두 가지가 있다. 인종, 성, 나이, 장애는 내가 바꿀 수 없는 조건이고, 재산, 결혼 상태, 사는 장소는 자신이 노력하면 바꿀 수 있는 조건이다. 최소한 내 삶의 일정 시기 동안 조건은 일정한 상태를 유지하기 때문에 이들은 내가 적응할 가능성이 높은 종류의 것들이다. 반면 자발적인 활동은 행복에 미치는 영향이 40%로 강점, 긍정 정서, 몰입을 활용한 명상, 운동, 신기술 습득 혹은 여가를 즐기는 것처럼 내가 선택하는 것들이다. 이런 활동은 대부분 노력과 주의가 필요하다. 그만큼 자발적 활동을 하기가 쉽지는 않지만 일단 적극적으로 참여해 실천하면 행복을 만들 수 있다.

긍정심리학의 과학이 진보함에 따라 최근엔 행복 공식 중 S가 변화될 수 있다는 연구 결과가 나오고 있다. 설정값의 핵심은 쌍둥이 유전자 연구인데 우울, 공포, 분노, 수치, 후회 등으로 영향을 받을 수 있다는 것이다. 행복과 소득의 관계에 대한 연구도 마찬가지이다. UCLA의 경제학자 리처드 이스털린(R. Easterlin)은 국가 차원에서 시간이 흐르면서 소득이 증가해도 행복은 제자리걸음이라는 연구 결과를 발표하였다. 한 예로 미국의 경우, 지난 수십 년 동안 가계 소득은 크게 증가하였지만 평균 행복 수준은 변하지 않았다. 이 결론은 국가의 부, 소비, 사회 기반 시설이 증가하면 실제로 삶의 질이 높아질 것이라는 믿음에 의문을 제기한다. 하지만 2002년 이후 많은 경제학자, 사회학자, 심리학자가 충분한 자료와 정교한 분석을 토대로 이에 반박하는 논문을 내놓았다. 그 논문에 따르면, 행복과 소득의 관계는 그렇게 단순하지 않다. 어떤 사람이나 국가에는 해당되지만 다른 사람이나 국가에는 해당되지 않을 수도 있다는 것이다. 개인과 국가의 가치관은 행복에 영향을 미치는 것으로 보인다. 그렇다면 어떻게 해야 할까? 이제 긍정심리학이 해야 할 일은 행복이 무엇인지보다 행복 수준을 지속적으로 유지시키는 요인과 수준을 증진시키는 요인이 무엇인지 밝혀내는 것이 더 중요하다. 이것이 긍정심리학이 해야 할 과제이다.

긍정심리학의 행복 만들기

행복은 만드는 것이다

앞에서 행복 4.0과 행복 공식에서 과학적인 측정과 자발적인 행동으로 '행복은 만드는 것'이라는 사실을 확인하였을 것이다. 행복은 우연히 오거나 저절로 만들어지는 것이 아니다. 이러한 행복은 일시적이며 순간적이고 굴곡이 심하다. 감정의 지배를 받기 때문이다. 행복은 불행의 반대 개념도 아니다. 반대로 불행 역시 행복의 반대 개념이 아니다. 불행하지 않다고 행복한 것이 아니며 행복하지 않다고 불행한 것이 아니다. 행복은 자신이 노력과 연습을 통해 만드는 것이다. 불행하지 않다고 생각하는 사람, 행복하지 않다고 생각하는 사람, 불행하다고 생각하는 사람, 행복하지만 더 행복을 원하는 사람들에게 적극적으로 행복을 만드는 방법을 과학적으로 알려 주는 것이 긍정심리학의 행복이다.

긍정심리학 행복의 핵심은 일시적 감정이 아닌 지속적 정서이며, 그 정서는 진심 어린 긍정 정서이다. 진심 어린 긍정 정서란 억지로 웃는 웃음 같은 가식적인 것이 아니라 내면의 기쁨과 즐거움, 만족감 등에서 우러나오는 진짜 웃음을 말한다. 웃어서 행복한 것이 아니라 행복해서 웃는 것이 진심 어린 긍정 정서이다. 이러한 정서들이 행복을 만들어 주는 것이다.

행복을 만들어 주는 것은 긍정심리학의 팔마스인 긍정 정서, 몰입, 의미, 관계, 성취, 성격 강점이며, 이 요소들에는 스스로 행복을 만들 수 있는 행복 연습 도구가 있다. 긍정심리학은 강요가 아닌 자발적 선택이다. 내가 그 자체가 좋아서 선택하는 것이다. 이 도구들은 지난 15년 동안 긍정심리학자들이 철저한 경험적 과학 실험을 통해 성과를 입증한 것들이다. 대부분 일상생활에 적용하기가 쉽고 재미있다. 이 도구를 통해 각자의 행복을 만들어 가는 것이다.

사람을 차에 비유하면 행복은 험한 날씨에도 기어를 잘 바꿔 가며 가파르고 구불구불한 도로를 흔들림 없이 달릴 수 있는 잘 조율되고 관리된 엔진과 같다. 행복하면 일이 아주 잘 풀릴 때건 심히 꼬일 때건 잘 대처할 수 있도록 준비할 수 있게 만들어 준다. 사람은 항상 행복하게 살수만은 없다. 하지만 자신의 행복을 잘 조절하는 기술을 배우면 무슨 일이 닥치든 만족스런 삶에 이를 수 있다.

행복 연습 도구 1: 행복 워밍업

오늘 하루 동안 당신에게 일어난 사소하지만 좋은 일을 잠깐 생각해 보자. 누구나 일상생활에서 수시로 경험하는 사소한 것들이 실은 행복을 만들 수 있는 간단한 방법이다. 당신은 미처 생각하지 못하였는가? 하지만 다른 사람들은 이미 이런 긍정 경험을 통해 행복을 만들고 있다. 행복이 무엇을 이루고 성취한 그 자체가 아니라 정서적 기쁨과 인지적 만족, 참된 삶의 모습이라는 것을 기억하는가? 당신이 경험하는 긍정적인 일들 덕분에 긍정 정서가 배양되고 확장되며 구축됨으로써 행복을 키운다. 많은 사람이 행복을 멀리에서 찾지만 실은 아주 가까이 내 주변에 있다.

- 아침 식사를 만들어 쟁반에 올린 다음 사랑하는 사람에게 직접 가져다준다.
- 길을 건너는 노인이 있으면 그분과 똑같은 속도로 걸어서 그분 때문에 다른 사람의 통행이 방해받지 않는다는 사실을 알게 해서 서두르지 않고 편안히 건널 수 있게 해 준다.
- 오후 시간에 동료들에게 따뜻한 차나 커피 한 잔을 가져다 준다.
- 익숙하지 않은 음악 장르의 공연을 보러 가거나 관심 있는 취미생활에 대해 소개하는 텔레비전 프로그램을 보는 등 특별한 이유가 없어도 뭔가 새롭고 색다른 일을 시도해 본다.
- 관심 있는 책을 읽고 중요하다고 생각하는 문장 10개를 옮겨 적어본다.
- 경비 아저씨나 청소부 아주머니에게 "안녕하세요, 좋은 아침입니다. 행복한 하루 되세요."라고 인사를 한다.
- 집 안 청소나 설거지를 돕는다.

평소 횡단보도에서 길을 건너는 어르신을 만나면 어떻게 하는가? 어르신의 느린 걸음을 답답해하면서 빨리 지나쳐 갔는가? 사람들로 복잡한 출퇴근 시간, 만약 당신이 일부러 어르신과 똑같은 속도로 걸어간다면 그 순간 당신과 어르신 두 사람만이 공유할 수 있는 무엇이 생긴다. 다른 사람은 다 몰라도 어르신은 느끼기 때문이다. 당신 또한 느낀다.

내가 어르신을 위해 무언가 역할을 하고 있다는 느낌을 받는다. 얼마나 뿌듯한가? 크고 대단한 것만 찾으려고 하지 말라. 행복은 크고 대단한 것에서 찾는 것이 아니다. 일상에서 이러한 사소한 긍정 실천이 행복을 만들어 가는 시작이다.

행복 연습 도구 2: 좋은 하루 만들기

우리는 누군가와 헤어질 때 대부분 "좋은 하루 되세요."라는 말을 많이 한다. 특별한 의미를 부여하지 않고 으레 하는 말이지만 기분은 좋다. 이 '좋은 하루 보내기'는 피터슨(C. Peterson)이 착안해 많은 사람의 실험을 통해 입증된 행복 연습 도구이다.

좋은 하루를 보내려면 실제로 무엇을 해야 하는가? 사람마다 서로 다른 답을 내놓기 때문에 이 연습 활동은 두 단계로 나누어 할 수 있다. 1단계는 당신이 좋은 하루를 보낸다는 것이 무엇인지를 정해야 한다. 우선 하루 중 좋은 것과 좋지 않은 것이 무엇인지를 주의 깊게 관찰하는 것이 필요하며, 관련된 특성이 무엇이고 규정할 수 있는지 살펴보아야 한다. 2단계는 만약 이런 것을 확인할 수 있다면 기분을 좋게 하는 요인을 극대화하고 불쾌하게 하는 요인을 최소화하여 어떻게 앞으로 변화시킬 수 있는가를 탐색해야 한다.

피터슨은 당신에게 연습 활동을 통해 구체적인 행동을 실천할 것을 제안한다. 예를 들어, 만약 당신이 부모님과 통화를 했다거나 운동을 하고 일기를 썼다거나 봉사를 한 시간 한 것이 좋은 하루였다고 말할 수 있다면 이런 일을 하는 시간을 늘리고 그렇지 않은 날을 줄이자.

이런 연습이 어쩌면 진부해 보일 수도 있으나 기분 좋은 하루를 보내기 위해 무엇을 해야 하는지를 생각해 볼 수 있는 좋은 방법이다. 만약 이런 것을 추상적인 것으로만 생각했다면 구체적인 수준에서 이것이 적절한 해답은 아닐 수도 있다. 따라서 공책이나 연습장 혹은 엑셀 워크시트를 만들어서 당신이 하루 동안에 무엇을 했는지를 추적해 보라. 어떤 사람들은 시간대별로 일지 형식으로 쓰는 것을 쉽게 생각하는 반면 이떤 사람들은 자신의 하루를 두드러지게 드러낸 행동의 관점에서 분석하는 것이 더 낫다. 즉, 하루를 마무리하는 시점에서 총체적인 평가를 해 보는 것이다.

10: 인생에서 가장 훌륭했던 하루

9: 굉장했던 하루

8: 훌륭했던 하루

7: 아주 좋았던 하루

6: 좋았던 하루

5: 평균적이거나 평범했던 하루

4: 평균 이하였던 하루

3: 나빴던 하루

2: 끔찍했던 하루

1: 인생에서 최악이었던 하루

적어도 2주, 가능하면 3주 동안 이런 식으로 해 보자. 모두 마칠 때까지는 기록을 되돌아보지 말고, 그런 다음에 되돌아가서 하루하루의 패턴과 주간 패턴을 살펴보라. 좋았던 날들을 그런 날에 당신이 무엇을 했는지의 관점에서 좋지 않았던 날들과 비교해 보라. 이러한 훈련을 한 모든 사람은 하나의 양상이 명백히 드러난다고 말했으며, 때론 이것이 그들을 놀라게 하였다.

아주 좋은 하루를 보내는 자신만의 특별한 방식이 있다면 그것을 활용할 수 있다. 이 연습 활동의 핵심은 다음과 같다. 즉, 자신만의 방식을 찾아 그것을 기초로 좋은 하루 만들기에 대한 자신만의 전략을 개발하는 것이다. 그런 다음 그 전략에 의해 평범한 날들을 더 좋은 날들로 바꾸어 보자.

행복 연습 도구 3: 감사 일기

감사하는 방법은 많다. 중요한 것은 지속적인 긍정 정서를 배양하기 위해선 과학적으로 검증된 방법을 사용하는 것이 좋다는 사실이다. 일시적으로 기분만 좋게 해 주는 감사 방법은 지속적으로 실천하기도 어렵고, 큰 도움이 되지도 않는다. 감사 방법 중 비교적 쉽게 실천할 수 있고 과학적으로 효과가 검증된 방법 중 하나가 '감사 일기(잘 되었던 일 세 가지)'를 쓰는 것이다.

2005년 『타임(Time)』은 긍정심리학을 커버 스토리로 다루었다. 이때 셀리그만이 가장 심각한 우울증 환자 50명을 대상으로 우울증 검사와 행복도 검사를 한 다음 감사 일기를 쓰도록 한 내용이 소개되었다. 이들의 평균 우울증 점수는 34점이었다. 그 정도면 '극단적' 우울증 범주에 속하는데, 그런 사람들은 가까스로 침대 밖으로 나와서 컴퓨터 앞에 앉았다가 다시 침대 속으로 들어갈 정도이다. 그들은 각자 감사 일기 연습을 실천해 일주일 동안 매일 그날 잘 되었던 일 세 가지와 왜 잘 되었는지 이유를 함께 적었다. 그들의 평균 우울증 점수는 34점에서 17점으로, 즉 극단적 우울증에서 경미한 우울증으로 크게 내려갔고 행복 백분위 점수는 15점에서 50점으로 올라갔다. 50명 중에서 47명이 이제 덜 우울하고 더 행복해졌다. 셀리그만은 지난 40년 동안 심리치료와 약물로 우울증을 치료하였지만 이런 결과를 목격한 적은 한 번도 없었다고 한다.

많은 사람이 하루하루를 무의미하게 살아가거나 힘겹게 살아간다. 이제부터 하루 중 잘 안 되었던 일보다는 잘 되었던 일, 즉 감사한 일을 의식적으로 생각해 보자. 꼭 거창한 것이 아니더라도 찾아보면 감사할 일은 얼마든지 있다. 혹시 잊고 있던 친구에게서 전화를 받진 않았는가? 며칠 동안 밤을 새워 가며 준비한 프레젠테이션을 성공적으로 끝마치진 않았는가? 친구가 무사히 건강한 아이를 출산하지는 않았는가?

아마 한두 가지 정도는 좋은 일이 분명 있을 것이다. 그동안 당연하게 생각해 왔던 일이 실은 감사한 일이고 축복이다. 감사할 일인 것이다. 이런 감사할 일을 매일 세 가지씩 적고 왜 잘 되었는지 이유를 쓰면 그 자체로 훌륭한 감사 일기가 된다. 감사한 일만 쓰는 것보다 감사한 이유를 쓰면 감사의 의미를 더 깊게 느낄 수 있기 때문에 효과적이다. 예를 들어, 학교에서 선생님한테 칭찬을 받았다면, '밤을 꼬박 새워 발표 준비를 열심히 한 것을 인정해 주셨기 때문에.'라고 적을 수 있다. 남편이 퇴근길에 아이스크림을 사 왔다면, '내가 퇴근길에 아이스크림을 사 오라는 말을 잊지 않았기 때문에.'라고, 책을 읽었다면 '이 책을 읽게 돼서 감사한다. 행복을 만드는 방법을 배웠으니까.'라고 쓰면 된다.

처음엔 다소 어색할 수도 있다. 하지만 2주 정도만 쓰면 익숙해지고 6개월 정도가 되면 중독될 것이다. 꾸준히 감사 일기를 쓰면 설령 긍정성서를 적게 타고난 사람이라도 얼마든지 긍정 정서를 높일 수 있다. 감사 일기는 유치원생에서 80세 어르신까지 남녀노소 누구나 할 수 있으며, 학교에서 학생들과 가정에서 가족이 함께할 수도 있다. 특히 아이들에게 이 방법을 알려 주고 매일 함께 감사 일기를 쓴다면 아이는 더 즐겁고 자신감 넘치며 행복한 아이가 될 수 있을 것이다. 직장이나 단체에서도 실시하면 긍정 정서의 확장과 구축으로 긍정 문화를 조직에 확산시킬 수 있을 것이다.

행복 연습 도구 4: 대표 강점을 찾고 발휘하자

20세기 경영의 아버지로 불리는 피터 드러커(P. Drucker)는 약점으론 그 어떤 성과를 낼 수 없으며, 성과를 내는 것은 오직 강점뿐이라고 하였으며 긍정심리학의 창시자 마틴 셀리그만은 진정한 행복은 일상에서 강점을 찾고 발휘하는 것이라고 하였다. 다중지능 창시자이며 하버드 대학교 교육대학원 원장인 하워드 가드너(H. Gardner)는 심리학 반세기에 가장 큰 업적은 셀리그만과 피터슨의 성격(인성) 강점 발견이라고 하였다. 이렇게 강점은 개인이나 교육, 조직 사회 전반에 중요한 역할을 하고 있다. 성격(인성) 강점은 여섯 가지 미덕과 24가지 강점으로 구성되어 있다. 미덕은 3,000년 이상 전 세계에 두루 퍼져 있는 종교적·철학적 핵심 덕목 200개 중 6개를 선정한 것이고, 강점은 인간에게 가장 많이 나타나는 성격 특성 18,000개 중 어느 문화에서도 적용할 수 있는 보편적이고 노력으로 키울 수 있는 24가지 성격(인성) 특성을 선정한 것이다.

- 지혜와 지식(창의성, 호기심, 학구열, 판단력, 예견력)

09 긍정심리학의 행복

- 용기(용감성, 끈기, 정직, 열정)
- 사랑과 인간애(친절, 사랑, 사회성)
- 정의감(팀워크, 시민 정신, 공정성, 리더십)
- 절제력(용서, 자기통제력, 신중함, 겸손)
- 영성과 초월성(감상력, 감사, 희망, 유머, 영성)

이 강점은 도덕 개념과 선한 품성을 기반으로 하기 때문에 오늘날 인성교육의 핵심 역할을 하고 있다. 이 강점의 특징 중 하나는, MBTI나 DISK 같은 성격 검사는 유형으로 분류하지만 성격(인성) 강점은 정도의 차이를 측정하는 것이어서 키울 수 있다는 것이다. 대표 강점은 24가지 강점 중 자신의 성격(인성) 특성과 심리적 특성을 가장 잘 나타내는 강점으로 강점 검사(Seligman, 2002)를 통해 찾을 수 있다. 가장 점수가 높은 7개가 상위 강점, 그다음 12개가 중간 강점, 가장 낮은 5개가 하위 강점이다. 상위 강점 중 대표 강점 특징을 가장 잘 나타내는 5개가 대표 강점이다.

대표 강점을 찾고 일상에서 발휘하려면 대표 강점의 특징을 아는 것이 중요하다. 대표 강점은 현재 자신의 모습이자 정체성이라 할 수 있다. 강점 검사를 통해 대표 강점이 창의성, 학구열, 정직, 끈기, 희망이라면 "이게 나야, 나는 이런 사람이야."라는 것이다. 사람들이 미래에 대한 확신과 자신감을 갖지 못하고 걱정과 불안감을 갖는 것은 자신의 정체성을 제대로 모르기 때문이다. 대표 강점은 자신의 소유물이다. 대표 강점을 소유하고 있다는 것만으로도 자신감이 생긴다.

우리에겐 행복한 삶을 위해 필요한 자원이 있다. 신체적 자원, 사회적 지원, 지적 자원, 물질적 자원, 심리적 자원이다. 가장 소중한 자원은 무엇일까? 심리적 자원이다. 아무리 많은 물질적·사회적·신체적, 지적 자원을 가졌어도 심리적 자산이 무너지면 끝이다. 사회적으로나 경제적으로 남부러울 것 없어 보이던 유명 인사가 무기력증에 빠지고 우울증에 시달리다가 자살하는 일이 비일비재하다. 이런 안타까운 일은 대부분 심리적 자원이 고갈되었을 때 일어난다.

대표 강점을 찾아 발휘한다면 미래에 대한 막연한 불안감을 떨쳐 버릴 수 있다. 비록 돈, 직업, 명예가 부족해도 죽을 때까지 함께할 대표 강점이 있다면 행복을 만드는 데 중요한 심리적 자원을 갖춘 심리적 부자이기 때문이다. 이 소중한 자신만의 자산인 대표 강점을 일, 사랑, 자녀 양육, 여가 등 일상생활에서 많이 활용할수록 행복지수는 높아진다. 대표 강점의 특성은 다음과 같다.

- 내 강점에 대해 '진정한 내 모습'이라고 할 수 있도록 내가 가진 것이어야 하며 내 진짜 모습과 일치해야 한다(소유감과 진정성, '이게 진짜 나야, 정체성').
- 내 강점을 드러낼 때, 특히 처음 드러낼 때 큰 기쁨을 느낀다.
- 내 강점을 활용해 주제를 배우거나 일할 때 학습과 일의 속도가 매우 빠르다.
- 내 강점을 활용할 새로운 방법을 열심히 찾아낸다.
- 내 강점에 따라 행동하기를 열망한다("나 좀 내버려 둬.").
- 내 강점을 활용할 때 피곤하기는커녕 오히려 기운이 난다.
- 통찰과 직관으로 강점을 발견한다.

- 내 강점을 주로 활용할 수 있는 개인적인 일(프로젝트, 창업)을 스스로 고안하고 추구한다.
- 그 강점을 활용할 때 황홀경에 빠지기까지 한다.
- 강점을 사용하고자 하는 내적 동기를 가진다.

자신의 강점 찾기에서 최상위 강점들은 대부분 이러한 조건을 충족시킨다. 셀리그만은 이 강점을 되도록 많이 사용하라고 말하였다. 만일 최상위 강점 중 이 조건을 충족시키는 것이 하나도 없다면 일, 사랑, 여가 활동, 자녀 양육에 활용한다고 해도 큰 효과를 얻기 힘들다는 것이다. 셀리그만이 착안한 행복한 삶의 공식은 자신의 대표 강점을 주요 일상 활동에서 날마다 발휘해 큰 만족과 참된 행복을 자아내는 것이다.

행복 연습 도구 5: 적극적이고 건설적인 반응 기술

조너선 헤이트는 행복은 사이(관계)에서 온다고 하였다. 크리스토퍼 피터슨도 긍정심리학을 한마디로 설명하면 타인, 즉 관계라고 말한다. 그만큼 관계가 행복에 영향을 많이 미친다는 것이다. 긍정 관계에서 가장 중요한 것이 무엇일까? 복잡하게 생각하지 말고 간단하게 생각해 보자. 상대를 기분 좋게 해 주고 상대가 나를 좋아하게 만드는 것이다. 적극적이고 건설적인 반응 기술이 상대방을 기분 좋게 해 주고 나를 좋아하게 만드는 도구이다. 인간관계는 상호적인 것이다. 손바닥도 마주 쳐야 소리가 나듯이 인간관계도 어느 한쪽만 노력해서는 긍정적인 관계를 만들기 어렵다. 긍정 관계를 만들기 위해선 상대방이 어떤 긍정적인 이야기를 하였을 때 잘 반응해 주어야 한다. 어떻게 반응하느냐에 따라 그 사람과의 관계가 좋게 발전할 수도 있고, 보기만 하면 으르렁거리는 원수지간이 될 수도 있다.

먼저 자신이 사람들이 말할 때 평소 어떻게 반응해 왔는지부터 살펴보자. 친구가 좋은 자동차를 샀다고 자랑할 때, 아이가 좋은 성적을 거뒀다고 말할 때, 새 집을 장만했다고 뿌듯해할 때 어떻게 반응해 왔는지 잠시 생각해 보자. 만약 친구가 다이어트에 성공한 일을 들떠서 이야기한다면 다음 중 어떤 반응을 보이는지 골라 보자.

① "한눈에도 날씬해진 걸 알겠어. 축하해! 기분이 어때? 주변에서는 뭐라고 그래? 날씬해졌다고 하지? 거울 보면 기분이 어때?"
② "잘됐네."
③ "다이어트하면 뭐하니? 얼마 못 가서 금방 다시 살이 찔걸."
④ "우리, 뭐 먹으러 갈까?"

아이가 학교에서 시험을 보고 와서 "엄마! 저 오늘 국어 시험 100점 받았어요!"라고 하였을 때 반응을 골라 보자.

① "그동안 열심히 공부하더니 해냈구나. 기분이 어떠니? 선생님은 뭐라셔? 친구들은? 아빠한테 전화해서 알려 드려야겠다. 뭐 먹고 싶니? 엄마가 맛있는 거 해 줄게."
② "잘했다."
③ "국어 시험만 100점 받으면 뭐하니, 내일 수학 시험은 60점도 못 받을 텐데."

④ "빨리 손 씻고 학원 갈 준비해!"

만약 ②, ③, ④번 가운데 하나를 골랐다면 이야기해 놓고도 곧 후회하거나 만족스럽지 못했을 것이다. 하지만 ①을 골랐다면 관계가 더욱 친밀해졌을 가능성이 높다.

사람들은 어떤 이야기를 했을 때 부정적인 반응보다는 긍정적인 반응을 기대한다. 가령, 새 차를 뽑고 잔뜩 기대에 부풀어 "이 차, 어때?"라고 질문하였을 때 시큰둥하게 "응, 괜찮네."라고 대답하면 기분이 나빠진다. 반대로 "정말 끝내 주는데! 시승식은 누구와 했어? 제일 먼저 어디에 가 보고 싶어?"라는 반응을 보이면 기분이 좋아진다.

사람들이 타인의 긍정적인 경험을 듣고 난 후 반응하는 기술은 기본적으로 네 가지가 있다. 첫째, 적극적이며 건설적인 반응 기술이다. 이 기술은 진실하고 열광적인 지지를 보내며, 진정한 미소와 신체 접촉, 미소 등의 태도로 감정을 표현하고, 눈 맞춤을 유지한다. 둘째, 소극적이며 건설적인 반응 기술이다. 절제된 지지를 보내며 적극적인 감정 표현이 거의 없다. 셋째, 적극적이며 파괴적인 반응 기술이다. 긍정적 사건의 부정적인 측면을 지적한다. 눈썹을 찡그리거나 인상 쓰기 등 부정 정서를 표현한다. 넷째, 소극적이며 파괴적인 반응 기술이다. 이 기술은 긍정적인 사건을 무시한다. 눈 맞춤도 하지 않고 고개를 돌리며 방에서 나간다. 처음 질문에서 ④를 골랐다면 소극적이고 파괴적인 반응, ③을 골랐다면 적극적이고 파괴적인 반응, ②를 골랐다면 소극적이고 건설적인 반응, ①을 골랐다면 적극적이고 건설적인 반응을 보인 것이다.

이제부터는 누군가 자신이 겪은 좋은 일을 들려줄 때마다 세심하게 경청하고 적극적이며 건설적인 반응을 보여 보자. 상대는 기분이 더 좋아지고 당신을 더 좋아하게 될 것이다. 오늘 누군가를 만나는가? 그렇다면 당장 시도해 보자. 놀라운 체험을 하게 될 것이다.

참고 문헌

02 어떻게 하면 행복한 미래가 오는가

박미영 역(2007). **천재가 된 제롬**. 서울: 황금가지.

박현모(2014). **세종이라면**. 서울: 미다스북스.

양동일(2014). **토론 탈무드**. 서울: 매일경제.

전성수 외(2015). **질문이 있는 교실 초등편, 중등편**. 서울: 경향BP.

전성수(2011). **복수당하는 부모들**. 서울: 베다니.

전성수(2012). **부모라면 유대인처럼 하브루타로 교육하라**. 고양: 예담.

전성수(2012). **자녀교육혁명 하브루타**. 서울: 두란노.

전성수(2012). **헤브루타 그림성경**. 서울: 두란노 키즈.

전성수(2014). **유대인 엄마처럼**. 서울: 국민출판사.

전성수(2014). **최고의 공부법**. 서울: 경향BP.

전성수, 양동일(2014). **유대인 하브루타 경제교육**. 서울: 매일경제.

전성수, 양동일(2014). **질문하는 공부법 하브루타**. 서울: 라이온북스.

정영훈(2016). **세종의 말**. 서울: 소울메이트.

조벽(2010). **인재혁명**. 서울: 해냄출판사.

현용수(2006). **유대인 아버지의 4차원 영재교육**. 시울: 동아일보사.

EBS 다큐프라임. 왜 우리는 대학을 가는가? 5부 말문을 터라.

KBS 파노라마. 21세기 교육혁명, 거꾸로 교실의 마법, 가르침시대의 종말.

http://cafe.naver.com/talmudkorea 하브루타교육연구소, 하브루타교육협회.

Aaron, P. (2004). *The Talmud*. NY: Alpha.

Anita D., & Karen, K. (2008). *How to Raise a Jewish Child*. NY: Schocken Books.

Daniel, L. S. (2007). *Train Up a Child*. Clarksville: Lederer Books.

Holzer, E., & Kent, O. (2013). *A Philosophy of Havruta*. NY: Academic Studies Press.

Stadler, N. (2009). *Yeshiva Fundamentalism: Piety. Gender, and Resistance in the Ultra-Orthodox World*. NY: NYU Press.

Torah Aura Productions (2007). *Talmud with Training Wheels*. LA: Joel Lurie Grishaver.

Wolpe, D. J. (1993). *Teaching Your Children About God*. NY: Harper.

03 행복은 여가를 통해 발견된다

김정운(2003). **휴테크 성공학**. 서울: 명진출판.

김정운(2009). **나는 아내와의 결혼을 후회한다**. 경기: 쌤앤파커스.

김형철(2015). **철학의 힘**. 서울: 위즈덤하우스.

박용철(2013). **감정은 습관이다**. 서울: 추수밭.

법정(2006). **맑고 향기롭게**. 서울: 조화로운 삶.

정여울(2015). **그림자 여행**. 서울: 추수밭.

안도현(2014. 9. 18.). [DBR 경영지혜] 현재는 미래에 대한 선물… 일상을 기록하면 행복이 옵니다. 동아일보.

오윤희(2013. 11. 16.). [weekly Biz] 행복하려면, 명품 핸드백, IT기기보다 특별한 체험을 사라. 조선비즈.

오윤희(2014. 10. 4.). [커버스토리] 행복의 다섯 가지 조건, PERMA를 훈련하라. W-BIZ.

유태우(2009. 5. 6.). 유태우의 건강은 선택이다. 주간한국.

유희경(2015. 7. 23.). 서울시민 '여가생활 현실'… 44% 'TV 시청'. 문화일보.

정여울(2015. 10. 10.). [삶의 향기] 선택의 고통에서 해방되는 법. 중앙일보.

최은수, 정석환(2011. 7. 26.). 여가학 대가 로젝 교수, "근로자여 감정 노동으로 무장하라." 매일경제.

최현민(2014. 10. 12.). [방주의 창] 거울 뉴런과 공감. 가톨릭신문. 22면.

홍혜민(2014년 9월 2일). 인생은 70부터… 50대보다 더 행복해. 서울신문.

Bristol, Claude M. (2007). **신념의 마력**(*Magic of believing*). 최염순 역. 서울: 비즈니스북스. (원저는 1948년 출판)

Gilbert, D. (2006). **행복에 걸려 비틀거리다**(*Stumbling on happiness*). 서은국, 최인철, 김미정 역. 경기. 김영사.

Pink, D. (2012). **새로운 미래가 온다**(*Whole new mind*). 김명철 역. 서울: 한국경제신문사.

05 행복의 조건과 한국인의 행복 유전자

김문겸, 김영순 외(2014). **한국인의 일상과 문화 유전자**. 경기: 스토리하우스.

박영신, 김의철(2013). **한국인의 성취의식: 토착 심리 연구.** 경기: 교육과학사.

박영신, 김의철(2014). **한국인의 행복과 삶의 질.** 경기: 교육과학사.

박영신, 김의철 역(2001). 자기효능감과 삶의 질: 교육 건강 운동 조직에서의 성취.
문화심리학 총서 3. 서울: 교육과학사.

Bandura, A. (1977). *Self-efficacy: The exercise of control.* New York: Freeman.

Baumeister, R. F. (1998). The self. In D. T. Gilbert, S. T. Fiske, & G. Lindzey(Eds.),
Handbook of Social Psychology (4th ed., pp. 680-740). New York: McGraw-Hill
Press.

06 행복한 삶을 위한 죽음교육

강선보(1997). 죽음에 관한 교육적 논의. **사대논총, 제21집.**

강선보(2003). 실존주의 철학에서 본 죽음과 교육. **교육문제연구, 제19집.**

김정환, 강선보(1998). **교육철학.** 서울: 박영사.

이재영(2004). 청소년들의 죽음에 대한 의식과 종교교육. **종교교육학연구, 제19권.**

통계청(2017). **사망 원인 통계.**

Cox, H. (1984). *Later Life: The Realities of Aging.* N. J.: Prentice-Hall Inc.

Crase, D. (1982). "Death Education's Quest for Maturity." ERIC No. ED214489.

Deeken, A. (1991). **알폰스 데켄 박사 강연집: 죽음의 철학, 죽음준비교육의 목표**, pp.
53-56. 서울: 각당복지재단 – 삶과 죽음을 생각하는 회.

Deeken, A. (2008). **인문학으로서의 죽음교육**(生と死の教育). 전성곤 역. 서울: 인간
사랑.

DeSpelder, L. A., & Strickland, A. L. (1987). *The Last Lance: Encountering Death and Dying.* Calfornia: Mayfield Publishing Co.

Gibson, A. B., Roberts, P. C., & Buttery, T. J. (1982). *Death Education: A Concern for the Living.* Indiana: Phi Delta Kappa Educational Foundation,

Glazer, H. R., & Landreth, G. L. (1993.) A Developmental Concept of Dying in a Child's Life. *Journal of Humanistic Education and Development, 31.*

Hass, M. E. (1991). "The Young child's Need for Death Education" Paper presented at the Annual Meeting of the American Educational Research Association, Chicago, April 3-7.

Hayasaki, E. (2014). **죽음학 수업**(*The Death Class*). 이은주 역. 서울: 청림출판.

Kneller, G. F. (1964). *Introduction to the Philosophy of Education.* NY: John Wiley & Sons, Inc.

Lockard, B. E. (1986). "How to Deal with the Subject of Death with students in Grade K-12" Paper presented at the Annual Meeting of the Mid-South Educational Research Association, Memphis, Nov. 20.

Molnar, L. A. (1983). "Elementary Death Education" Paper presented at the Convention of the Louisiana Association for Health, Physical Education, Recreation and Dance, March.

Ornstein, Allan C. (1977). *An Introduction to the Foundations of Education.* Chicago: Rand McNally College Publishing Co., 1977.

Ozmon, H., & Craver, S. (1976). *Philosophical Foundations of Education.* Ohio: A Bell & Howell Co.

Papalia, D. E., Olds, S. W., & Feldman, R. D. (1992). **인간발달**(*Human Development II*). 정옥분 역. 서울: 교육과학사.

Scheler, M. (1998). **윤리학에 있어서 형식주의와 실질적 가치윤리학: 윤리적 인격주의의 정초를 위한 새로운 시도**(*Der Formalismus in der Ethik und die materiale Wertethik*). 이을상, 금교영 역. pp. 151-157. 서울: 서광사.

Wass, H. (1983). "Death Education in the Home and at School" ERIC No. ED 233253, Apr.

07 삶의 목적, 행복에 이르는 길

Damon, W. (2012). **무엇을 위해 살 것인가**. 정창우, 한혜민 역. 서울: 한국경제신문. (원저는 2008년에 출간)

Singer, P. (2014). **이렇게 살아가도 괜찮은가**. 노승영 역. (원저는 1993년에 출간)

김상환(2014). "사유란 무엇인가." **예술과 삶에 대한 물음**. 서울: 민음사.

박노해(2015). **다른 길**. 서울: 느린 걸음.

핑차오후이(方朝暉, 2014). **나를 지켜낸다는 것**. 박찬철 역. 경기: 위즈덤하우스. (원저는 2008년 출간)

08 행복은 어디에서 오는가

권석만(2015). **긍정심리학**. 서울: 학지사.

노중석(2017). 4차 산업혁명시대의 조직 경쟁력을 위한 조직코칭. 한국조직코칭 연구회.

문경은 역(2003). **유대인의 천재교육**. 서울: 아이템북스.

문용린(2010). 배려와 나눔을 실천하는 창의인재 육성을 위한 창의 인성교육 활성화

방안 연구. 서울: 한국과학창의재단.

문용린(2014). **문용린의 행복교육**. 서울: 리더스북.

서울대학교행복연구센터(2013). **행복교과서**. 경기: 주니어김영사.

이군현 외(1997). **EQ · IQ 창의력**. 서울: 여성사.

이영창 외(2008). **알기 쉬운 사회학**. 서울: 정림사.

조선일보(2015). 인하대 행복 동아리 '라온제나' 끊임없이 행복 훈련.

전영(2012). 감사나눔을 통한 창의·인성교육. 위즈덤교육포럼 2012 학술세미나.

전영(2013). 인간의 행복은 관계에서 나온다. 위즈덤교육포럼 2013 학술세미나.

전영(2014). 감사 나눔을 통한 행복 교육실천방안. 위즈덤교육포럼 2014 학술세미나.

전영(2015). 인성교육, 실천이 답이다. 위즈덤교육포럼 2015 학술세미나.

전영(2016). **행복학과 삶**. 한국교육연구원.

전영, 이어령 외(2016). **우리는 무엇으로 행복해지나**. 서울: 프런티어.

Baker, S. (2009). *Putting a price on social connections*. Bloomberg Business Week.

David Peat, F. (1987). *The Bridge Between Matter and Mind*.

Vailliant, George E. (2003). *Aging Well: A Smart Important Book about Human Development Everything about It is Profoundly Provocatively New*.

Seligman, M. E. P. (2004). *Authentic Happiness: Using the New Positive Psychology to Realize your Potential for Lasting Fulfillment Happiness: Using the New Positive Psychology to Realize your Potential for Lasting Fulfillment*. Free Press.

Ben-Sarhar, T. (2009). *The Pursuit of Perfet: How to Stop Chasing Perfection and Start Living a RICHER*. Happier Life.

Emmons, R. (2004). Gratitude. In C. Peterson. & M. E. P Seligman (Eds), *Character strength and virtues*(pp. 563-568). Oxford University Press.

Seligman, M. E. P., & Csikszentmihalyi, M. (2000). Positive psychology. *American Psychologist, 55.*

Luthans (2002a). The need for and meaning of positive organizational behavior. *Journal of Organizational Behavior, 23.*

Norville, D. (2007). *Thank you power: making the science of gratitude work for you.*

Emmons, & McCullough. (2003). Couning blessings versus burdens: An experimental investigation of gratitude and subjective well-being in daily life. *Journal of Personalith and social Psychology, 86.*

Wood et al. (2008). Gratitude uniquely predicts satisfaction with life: Incremental validith above the domains and facets of the five factor model. *Personalith and Individual Differences, 45.*

Alder, & fagley. (2005). Appreciation: Individual differences in finding value and meaning as a unique predictor of subjective well-being. *Journal of Personality, 73.*

McCullough et al. (2001). Is gratitude a moral affect. *Psychologist Bulletin, 127.*

09 긍정심리학의 행복

김재춘(2012). 실천적 인성교육이 반영된 교육과정 개발방향 연구. 교육과학기술부.

송준호, 우문식(2013). 조직구성원의 성격 특성이 직무 만족과 조직시민행동에 미치는 영향: 행복의 매개효과를 중심으로, **기업경영연구**, 20(6), 45-65.

우문식(2013). 긍정 심리의 긍정 정서와 성격 강점이 조직 성과에 미치는 영향. 안양대학교 대학원 박사학위 논문.

우문식(2010). 긍정 심리가 리더십에 미치는 영향. 안양대학교 대학원 석사학위 논문.

우문식(2012). 행복의 관점과 인구 통계적 차이에 관한 연구, **복지행정연구, 28,** 51-72. 안양대학교복지행정연구소.

우문식(2012). **긍정심리학의 행복.** 경기: 물푸레.

우문식(2013). **행복 4.0.** 경기: 물푸레/한국긍정심리연구소.

우문식(2014). **만 3세부터 행복을 가르쳐라.** 경기: 물푸레/한국긍정심리연구소.

우문식(2016). **긍정심리학은 기회다.** 경기: 물푸레/한국긍정심리연구소.

정창우 외(2013). **학교급별 인성교육 실태 및 활성화 방안.** 세종: 교육과학기술부.

정창우 외(2015). 학교 현장 인성교육 어떻게 실천할 것인가? 위즈덤교육포럼.

Achor, S. (2010). **행복의 특권(***Happiness advantage***).** 박세연 역. 서울: 청림출판.

Bryan, T., & Bryan, J. (1991). Positive Mood and Math Performance, *Journal of Learing Disabilities, 24,* 490-495.

Damon, W. (2012). **무엇을 위해 살 것인가(***Path to Purpose***).** 정창우, 한혜민 역. 서울: 한국경제신문.

Fredrickson, B. (2001). "The Role of Positive Emotions in Positive Psychology: The Broaden and Build Theory of Positive Emotions," *American Psychologist, 56*(3), 218-226.

Fredrickson, B. (2008). *Positivity.* New York. Three Rivers Press.

Fredrickson, B. (2015). **내 안의 긍정을 춤추게 하라(***Positivity: top-notch research reveals the 3 to 1 ratio that will change your life***).** 우문식, 최소영 역. 경기: 물푸레/한국긍정심리연구소. (원저는 2009년에 출판)

Losada, M. (2008). Work Teams and the Losada line: New result, *Positive Psychology News Daily, Dec. 9.*

Luthans, F. (2002a). The Need for and Meaning of Positive Organizational Behavior, *Journal of Organizational Behavior, 23*(6), 695-706.

Lyubomirsky, S., & Ross. L. (1997). Hedonic Consequences of Social Comparison: A Contrast of Happy and Unhappy People, *Journal of Personality and Social Psychology, 73*(6), 1141-1157.

Lyubomirsky, S., king, L. A., & Diener, E. (2005). The benefits of frequent positive afffect, *Psychologycal Bulletin, 131*, 803-855.

Fredrickson, B., King, L., & Diener, E. (2005). The benefits of frequent positive affect: Does happiness lead to success?, *Psychological Bulletin, 131*, 803-855.

Peterson, C. (2006). *A Primer in Positive Psychology.* New York: Oxford University Press.

Peterson, C., & Seligman, M. E. P. (2004a). Character Strengths and Well-being, *Journal of Social and Clinical Psychology, 23*, 603-619.

Peterson, C., & Seligman, M. E. P. (2004b). *Character Strengths and Virtues: A Handbook and Classification.* New York: Oxford University Press/Washington, DC: American Psychological Association.

Shannon Polly, MAPP. (2015). *Character Strength Matter: How to Live A Full Life,* Positive Psychology News, LLC.

Seligman, M. E. P. (1999). Positive Social Science. *Journal of Positive Behavior Interventions, 1*(3), 181-182.

Seligman, M. E. P. (2002). *Authentic Happiness: Using the New Positive Psychology to Realize Your Potential for Lasting Fulfillment.* New York: Free Press.

Seligman, M. E. P. (2004). *Character Strengths and Virtues: A Handbook and*

참고 문헌

Classification. New York: Oxford University Press/Washington, DC: American Psychological Association.

Seligman, M. E. P. (2006). *Learned Optimism: How to Change Your Mind and Your Life*. Now York: Vintage.

Seligman, M. E. P. (2011). *Flourish: Visionary New Understanding of Happiness and Well-being*. New York: Free Press.

Seligman, M. (2012). **낙관성 학습**(*Learnd Optimism*). 우문식, 최호영 역. 경기: 물푸레/한국긍정심리연구소. (원저는 2006년에 출판)

Seligman, M. (2014). **긍정심리학**(*Authentic happiness*). 김인자, 우문식 역. 경기: 물푸레/한국긍정심리연구소. (원저는 2003년에 출판)

Seligman, M. E. P., & Csikszentmihalyi, M. (2000). Positive psychology: An Introduction. *American Psychologist, 55*(1), 5-14.

Seligman, M. E. P., & Peterson, C. (2002). Character Strengths and Well-being. *Journal of Social and Clinical Psychology, 23*, 603-619.

Seligman, M. E. P., Peterson, C., & Park, N., (2005). Orientation to happiness and life satisfaction: The full life versus the empty life. *Journal of happiness Studies, 6*, 24-41.

Seligman, M. E. P., Rashid, T., & Parks, A. (2006). Positive psychotherapy. *American Psychologist, 61*(8), 774-788.

Seligman, M. E. P., Steen, T. Park, N., & Peterson, C. (2005). Positive psychology progress: Empirical validation of interventions. *American Psychologist, 60*(5), 410-421.

손봉호(Son Bong Ho)

동덕여자대학교 총장을 역임한 서울대학교 명예교수인 손봉호 교수는 나눔은 사랑이며 감사이고, 즐거움이자 기쁨의 의무라는 슬로건을 내세우고, 나눔 문화의 확산은 물론 따뜻한 공동체를 실현하려고 노력하고 있다. 현재 기아대책, 나눔국민운동본부, 푸른아시아 이사장직을 맡고 있다. 한국외국어대학교 교수, 경제정의실천시민연합, 공명선거실천시민운동협의회, 기독교윤리실천운동 대표를 맡은 바 있다.

전영(Chun Young)

인하대학교 교육대학원 전영 교수는 행복연구전문가로서 감사의 기적을 통해 사랑을 실천하고 있다. 호원대학교 법경찰학부 교수, 월드피스코아카데미대학원 원장 및 교수, 인하대학교 사범대학 사회교육과 교수, 대한민국 사이버국회 국회의장(공동), 대한민국을 빛낸 21세기 한국인상 심사위원장을 역임하고 현재 위즈덤교육포럼 공동대표, 국회인성교육실천포럼자문위원을 맡고 있다.

강선보(Kang Sun Bo)

고려대학교 사범대학 교육학과 강선보 교수는 이스라엘 벤구리온대학교 및 미국 위스콘신대학교 연구교수, 고려대학교 학생처장(전국대학학생처장협의회 부회장), 고려대학교 사범대학 학장 겸 교육대학원장, 고려대학교 교무부총장, 전국교육대학원장협의회 회장, 전국대학부총장협의회 회장을 역임하였다. 주요 저서로는『만남의 교육철학』,『교육학 개론』(공저),『교육철학』외 다수가 있다.

우문식(Woo Moon Sik)

우문식 박사는 안양대학교 교수를 역임하고, 안양대학교 사회과학연구소 전문연구위원, 한국긍정심리연구소 소장으로 재직 중이다. 저서로는 베스트셀러인『행복 4.0』,『긍정심리학이란 무엇인가』외 다수가 있고, 역서로는 마틴 셀리그만의『긍정심리학』,『플로리시』등 다수가 있다. TED에서 <긍정심리학의 행복은 과학이다>라는 제목으로 강연을 하기도 했다.

노동영(Noh Dong-Young)

대한암협회 회장, 대한종양외과학회장, 대한암학회 이사장, 한국유방암학회 이사장 등을 역임하였다. 서울대병원 강남센터 원장이자 서울대학교 의대에 재직하고 있는 노동영 교수는 한국에서 유방암 인식운동인 핑크리본캠페인, 핑크런 등을 2000년도에 시작, 지금까지 이어오고 있으며, 여성의 건강과 행복을 위해 한국유방건강재단을 통해 꾸준한 사회활동을 하고 있다. 또한 국제적으로 한국의 의학을 알리는 일을 하고 있다.

김영순(Kim Young Soon)

독일 베를린 공과대학교 대학원에서 문화학, 미디어학, 교육학 등을 수학하여 석사학위를, 베를린 자유대학교에서 문화학, 교육학, 언어학 등을 수학하고 박사학위를 받았다. 현재 인하대학교 사회교육과 교수 및 동대학 교육대학원 원장과 아울러 전국교육대학원장협의회 회장직을 맡고 있다. 또한 일찍이 다문화교육의 중요성을 깨닫고 인하대학교 부설 아시아다문화융합연구소를 설립하고 다문화교육연구를 통해 지속 가능한 다문화 사회에 기여해 오고 있다. 공동 저서 『우리는 무엇으로 행복해지나』 외에 40여 편의 책과 100여 편의 논문이 있다, 2015년에 '대한민국을 빛낸 한국인상' 학술 분야 대상을 수상하였다.

전성수(Jeon Seong Soo)

서울교육대학교 교육학 학사, 서울대학교 대학원, 한국교원대학교 대학원 교육학 석사, 홍익대학교 대학원 교육학 박사학위를 받았다. 초등학교교사, 대학교수를 비롯하여 30년 동안 교육 현장에 있으면서 한국 교육의 현실을 깨닫고, 이를 보완하는 방법으로 유대인 교육의 핵심인 하브루타 교육을 연구 보급하고 한국의 교육을 혁신하는 데 지대한 공헌을 했다. 부천대학교 유아교육학과 교수로 재직한 바 있다.

이철원(Lee Chul Won)

연세대학교에서 학사와 석사를 마친 뒤, 미국 오하이오 주립대학교에서 여가학 박사학위를 받았다. 한국 여가학의 지평을 한 단계 높였다는 평가를 받는 국내 여가 및 스포츠학계의 석학이다. 한국여가레크리에이션학회장을 역임하였으며, 현재는 연세대학교 스포츠응용산업학과 교수로 재직 중이다.

정창우(Jeong Chang Woo)

서울대학교 윤리교육과 정창우 교수는 서울대학교에서 학사와 석사를 마친 후 미국 조지아대학교에서 철학박사학위를 받았다. 국가 인성교육진흥위원회 위원, 서울대학교 인성교육연구센터장을 맡고 있으며, 국회인성교육실천포럼과 한국 교육과정평가원 자문위원을 역임하였다. 국회 및 교육부와 함께 「인성교육진흥법」 초안을 마련하였고, 유·초·중·고에서 인성교육이 확산되는 데 중추적인 역할을 담당하였다. 주요 저서 및 역서로는 『인성교육의 이해와 실천』, 『질문하는 십대, 대답하는 인문학』, 『무엇을 위해 살 것인가』 등이 있다.

행복은 어디에서 오는가

Where does happiness come from?

2019년 3월 15일 1판 1쇄 인쇄
2019년 3월 20일 1판 1쇄 발행

지은이 • 손봉호·전영·강선보·우문식·노동영·김영순·전성수·이철원·정창우
펴낸이 • 김진환
펴낸곳 • (주) **학 지사**

　　　　　04031 서울특별시 마포구 양화로 15길 20 마인드월드빌딩
대표전화 • 02)330 – 5114　　팩스 • 02)324 – 2345
등록번호 • 제313 – 2006 – 000265호

홈페이지 • http://www.hakjisa.co.kr
페이스북 • https://www.facebook.com/hakjisa

ISBN 978-89-997-1798-7 03370

정가　14,000원

이 도서의 국립중앙도서관 출판시도서목록(CIP)은 서지정보유통지
원시스템 홈페이지(http://seoji.nl.go.kr)와 국가자료공동목록시스템
(http://www.nl.go.kr/kolisnet)에서 이용하실 수 있습니다.
(CIP 제어번호: 2019008087)

교육문화출판미디어그룹 학 지사

심리검사연구소 **인싸이트** www.inpsyt.co.kr
원격교육연수원 **카운피아** www.counpia.com
학술논문서비스 **뉴논문** www.newnonmun.com
간호보건의학출판사 **학지사메디컬** www.hakjisamd.com